Luis Trenker

Meine besten Geschichten

Luis Trenker

Meine besten Geschichten

Kameraden der Berge

Herbig

Das Bildmaterial stammt aus dem Archiv des Autors oder wurde ihm freundlicherweise überlassen.

Um unveröffentlichte Erzählungen erweiterte und mit einem Bildteil versehene Jubiläums-Ausgabe der *Kameraden der Berge*.

Umschlaggestaltung: Nick Hermanns, München
Layout und Herstellung: Franz Nellissen
Reproduktionen: Mediacolor, Verona
Gesamtherstellung: Welsermühl, Wels
Printed in Austria
ISBN: 3-7766-1222-3

Inhalt

Die geweihten Kräuter

Aus den Felsensockeln der Dolomiten zieht das Grödnertal zum Eisacktal hinunter. Die Geislertürme säumen es im Norden; die Sellagruppe schließt wie eine große Mauer das Tal gegen Osten hin ab, und weit und gewaltig überragend und alle übertrumpfend steht im Süden der Langkofel. Vor seiner mächtigen Bastei liegt als idyllisches Paradies, weit ausgedehnt, die Seiseralm, zu der die schweren Massen des Schlerns herüberschauen. Unten im engen Tal rauscht der schäumende Grödnerbach über große Felsblöcke dahin. Und wo das Tal breiter ist, haben die Grödnerbauern ihre Häuser und Höfe hingebaut.
Dort, in St. Ulrich, bin ich zur Welt gekommen. In einem alten Bauernhof. Und das freut mich heute noch, daß man von diesem Hause aus so wunderschön den hohen Langkofel sieht. Und das wird mich freuen, solange ich lebe.
Kleine Leute müssen in die Schule gehen. Klein wie wir Buben war auch die Schule. Ein alter Lehrer war da und eine Klosterfrau aus dem Orden der Barmherzigen Schwestern und ein junger, strenger Geistlicher.
Der alte Lehrer hatte eine Spezialmethode, uns bei den Ohren zu nehmen, die zwar sehr weh tat, aber doch sympathisch war. Die Klosterfrau hatte immer einen Stock, mit dem sie uns gelegentlich beim Lernen ein wenig nachhalf. Das war nicht so sympathisch. Der Religionslehrer war jung und nahm alles ein bißchen zu ernst. Da war der alte Pfarrer Anderlan, der allen Bauern und Böcken die Sünden verzeihen gelernt hatte, doch viel netter.
Sehr gern saßen wir kleinen Krauterer gerade nicht in der Schu-

le. Die Zeit wurde lang, und da die Schulzeit fast unseren ganzen Tag ausfüllte, so waren wir gezwungen, unsere privaten Angelegenheiten auf der Schulbank zu erledigen.
Der Schmidt Martl hatte eine Uhr mit Kette; protzig trug er dieses Zeichen erwachsener Größe auf der Brust, und geringschätzig streifte mich sein Blick, sooft er nachsah, wie spät es sei. Daß die Zeiger nur gingen, wenn man am Knopf drehte, war ihm und mir gleichgültig. Das Ding kostete beim Juden am Thomasmarkt zehn Kreuzer und hatte Zifferblatt und Zeiger. Ich bot dem Martl zwei Kreuzer und eine Handvoll Kugeln. Er wollte nicht. Ich legte einen Bleistift dazu. Auch das zog nicht. Schließlich versprach ich ihm noch ein Kaninchen aus unserer Zucht. Gerade als wir so mitten im besten Handeln waren, kriegt der Martl links und ich rechts eine heruntergehauen. Und der Herr Religionslehrer nimmt ihm die Uhr samt Kette und mir die Kreuzer, den Bleistift und die Kugeln ab.
Über einen solch offensichtlichen Bruch jeglichen Rechtsempfindens war ich dermaßen aufgebracht, daß ich aufschnellte und dem zum Katheder schreitenden Lehrer zwei lange Nasen nachschickte. Dies petzte sofort ein Mitschüler, der mich nicht leiden konnte, indem er dem Vorgesetzten nicht nur sagte, sondern auch zeigte, wie ich es gemacht hätte. Das ergab zwei neue sehr kräftige Ohrfeigen. Mein Rechtsempfinden war damit keineswegs beruhigt, und ich stand wieder auf und machte dem Spender nun *drei* lange Nasen nach. Daraufhin nahm mich der Herr Katechet bei den Ohren, warf mich zur Türe hinaus, schrieb ein Brieflein an meinen Vater und übergab es einem Mädchen zur freundlichen Besorgung, das es schließlich trotz meiner Bitten auch prompt überbrachte.
So bekam ich eine sehr schlechte Note im sittlichen Betragen. Der Vater machte kurzen Prozeß und schickte mich den Sommer über hinter das Grödnerjoch zum Schrottbauern in Colfuschg.

»Soll nur lernen früh aufstehen und sein Brot verdienen, der Lausbub.«

Nun kam eine Zeit, die gar nicht so schlecht war. An dreißig Schafe und etliche Ziegen kriegte ich zur Obhut. Einen Geißelstecken schnitzte ich mir selbst, und so ging es täglich beim Morgengrauen hinaus und hinauf gegen die Felswände vom Saß Ciampatsch und Saß Songher.

Zum Frühstück gabs eine Schüssel Milch und ein Laibl Hartbrot. Über Tag erhielt ich einen ordentlichen Brocken Käse mit Brot, das ich mir so einteilte, daß es bis zum Abend reichte. So lag ich den Tag über in den Almwiesen herum, lief durch die lichten Lärchenwälder, schimpfte mit den Ziegen, die immer zu weit liefen, oder ich schlief irgendwo unter der Sonne ein, träumte auch wohl von Tirol und der Welt, von der ich ganz spaßige Vorstellungen hatte.

Stundenlang starrte ich hinauf zu den Felsen, die drohend und unmittelbar aus dem saftigen Rasen in den Himmel schossen. Ich glaube, daß ich damals die Berge lieben und fürchten lernte, trotz meines jugendlichen Alters von neun Jahren.

Oft lag ich im Gras und überlegte, wie das eigentlich sei, daß da plötzlich aus dem Boden solch große, senkrechte Berge wuchsen. Und ich nahm mir vor, hinzugehen bis an ihren Sokkel und dann ein Stück hinaufzusteigen. Mein Wunsch, den leuchtenden Fels der Wände mit den eigenen Händen zu greifen, wurde immer stärker.

Als ich eines Tages schließlich drauf und dran war, Ernst zu machen und meine Neugierde zu befriedigen, zogen schwarze, unheimlich schwere Wetterwolken über die gegenüberliegende Sellagruppe heran.

Im hastigen Aufsteigen bemerkte ich nicht, daß auch die Wand ober mir ihren verlockenden Glanz verloren hatte und finster ins Tal schaute. Im Weitersteigen überkam mich bald eine merkwürdige Angst vor der düsteren Umgebung und ich begann mich zu fürchten. Ein merkwürdiges Sausen zog durch die zerrissenen Felssockel. Trotzdem stieg ich bis zu einer vorspringenden Felsnase, an der ich von Angst gejagt emporkletterte. Kaum stand ich oben, fuhr ein greller Blitzschlag in die Wand, dem ein ohrenbetäubender Donnerschlag folgte, der mich fast umwarf. Ich zitterte an allen Gliedern und wagte keinen Schritt mehr weiter, ein zweiter vom Himmel niederfahrender Blitz und Donnerschlag zeigte mir, daß die Berggeister daran waren, meinen Frevel zu bestrafen. Hals über Kopf flüchtete ich im niederprasselnden Hagel mit großen wilden Sprüngen über die Schotterreißen hinunter, zurück zu den Schafen, die vor dem Unwetter unter den Lärchen zusammengeduckt Schutz gesucht hatten. Mitten unter den Tieren wartete ich bis das Gewitter vorbei war, die hohe Felswand betrachtete ich von jenem Tag an mit mehr Furcht als Bewunderung, sie hatte mich zu sehr erschreckt in ihrem Zorn.

Kaugummi gibt es nicht nur in Amerika. Jörgl, der Sohn meines Dienstbauern, kaute den ganzen Tag Pech, wie es zum Reinhalten der Zähne Bauernbrauch ist. Er konnte seinen Speichel herrlich wie ein Großer im Bogen zwischen zwei Zähnen weit hinspucken und treffen oder sogar über ein Pferd mir mitten ins Auge.

Die Art, wie er das machte und die kleine eiserne Reggelpfeife rauchte, imponierte mir ganz außerordentlich. Jörgl war für mich das Vorbild des starken Mannes, der alles kann. Wenn ich doch auch so spucken könnte! Ich suchte mir Baumharz im Walde zusammen, nahm einen großen Klumpen mit nach Haus und freute mich diebisch.

Das Harz muß aber erst gebrannt werden, bevor man es kaut, da es sonst zu sehr an den Zähnen kleben würde. So suchte ich mir ein ruhiges Plätzchen hinter dem Bauernhaus. Dort war eine ebene Wiese, sie strahlte blaugrün, tausend Vergißmeinnicht hatten sie sich als ihren Garten gewählt.

Mit einer Schachtel Schwefelhölzchen und einem Brett schlich ich aus der Küche. Das Pech klebte ich auf das Brett und lehnte dieses an die Hauswand. Darunter legte ich einen Stein, um das herabrinnende Pech aufzufangen. Dann zündete ich an. Das Pech brannte schön und knisterte lustig. Wart nur, Jörgl, ich werde auch spucken und kauen wie du! – Die Sonne war gerade am Untergehen; drüben über dem Grödnerjoch leuchteten die letzten Strahlen zu den Gipfeln der Sellaburg hinauf. Ich stand mutterseelenallein und zufrieden wie ein Spatz vor meinem Feuerlein. Der Vergißmeinnichtteppich verschluckte jegliches Geräusch; außer dem Knistern des brennenden Harzklumpens hörte man nichts ringsherum.

Plötzlich spürte ich einen Knall, flog in die Wiese und hörte dann den Bauern sagen: »Lausbub, verfluchter, Feuer anzünden, ich werds dir geben!« – Die Ohrfeige in all meine Ruhe hinein war so stark gewesen, daß ich beinah ohnmächtig geworden bin vor Schreck und Schmerz.

Der Traum von Kauen und Spucken war aus.

Ich wollte aber groß und stark sein wie der Jörgl. Deshalb holte ich mir an einem Sonntag heimlich die eiserne kurze Reggel des Jörg. Alle waren drüben in Corvara in der Kirche, nur ich hatte daheim bleiben müssen. So hatte ich Ruhe und Muße, das Pfeifel anzuzünden und einige Zeit zu paffen.

Als die Bäuerin heimkam, sah sie mich totenbleich auf der Ofenbank liegen und stöhnen. Ich war überzeugt, daß ich sterben müsse. Vom Reggel sagte ich kein Wort, nur husten konnte ich und stöhnen. Aufrechtstehen war mir nicht möglich.

Ein Unglück kommt selten allein. Die erschreckte Bäuerin lief sofort in die Küche, warf einige Hände voll geweihter Kräuter in eine Pfanne und röstete sie über dem offenen Herd. Mit den stark rauchenden Kräutern stürzte sie dann in die Stube und hielt mir das qualmende Zeug unter die Nase.

Mir war mehr als elend zumute, und vom Rauch hatte ich an

und für sich schon genug, so wollte ich also davonlaufen vor der dampfenden Pfanne. Aber ich war zu schwach, die Bäuerin erwischte mich am Kragen und lief mit mir in der Stube herum, mit der Linken immer die verdammte Räucherpfanne unter meiner Nase schwenkend. Ich hielt diesen schrecklichen Kampf nicht lange aus und brach schließlich auf der Ofenbank zusammen.

Die Reggel habe ich fortan in Ruhe gelassen, und gesagt habe ich auch niemandem, warum ich so krank gewesen war. Die Schrottbäuerin lobte ihre geweihten Kräuter und meinte, nur deswegen sei ich so schnell gesund geworden, wer weiß, welches Fieber sonst über mich gekommen wäre . . .

Sechzehn Jahre später stand ich als fünfundzwanzigjähriger Soldat mit einer Bergführerkompanie oben am Fanesturm an der Dolomitenfront. Ein hartes Leben führten wir hoch in den Felswänden, von Lawinen, Kugeln und Minen umlauert.

Tief unten im Tale, gerade unter uns, lag Colfuschg, und oft habe ich mit dem Fernglas das kleine Häuschen des Schrottbauern herausgesucht und geschaut, ob die Vergißmeinnicht dort, wo ich die furchtbare Watschen gekriegt habe, noch leuchten.

Der Schrottbauer ist längst gestorben, der Jörgl ist Bauer geworden, die Vergißmeinnicht blühen noch wie früher und wenn ich in die Gegend komme, besuche ich die freundlichen, guten Leute unter dem Saß Songher und bin glücklich.

Die Musikantenhose

Die hellen Wolken zogen in gleichmäßiger Ruhe über die Gipfel hinweg, dem Süden zu. Das bedeutete Gutwetter für lange Zeit, und mein Onkel, er war siebzehn, ich neun Jahre alt, hatte vom Großvater den Auftrag erhalten, den Fritz auf die Roßalm zu bringen.

Es muß ein besonderer Tag gewesen sein, denn auch ich hatte ein freudiges Erlebnis an jenem Morgen, weil ich die neue Hose zum ersten Male anlegen durfte. Das heißt, streng genommen, ganz neu war sie gerade nicht. Die Musikbande von St. Ulrich in Gröden hatte nämlich neue blaue Uniformen erhalten, weil die alten nicht mehr schön genug aussahen. Die blaue Musikantenhose meines Vaters, der die Baßposaune blies, war von der Mutter für mich umgeschneidert worden. Angetan mit diesem traditionell bedeutungsvollen, etwas zu breit und zu groß geratenen Prachtstück wollte ich hinunter zu meinen drei Onkeln. Der Weg führte mich über eine Wiese am Pferdestall des Großvaters vorüber, und es wunderte mich nicht wenig, daß mein Onkel Numero eins, Leo, gerade da stand und den gesattelten Fritz an eine zweiräderige Protze mit zwei Holzschleifen schirrte.

»Wo gehst denn hin, Leo?«

»I reit mit'n Fritz auf die Seiseralm!«

Auf die Alm, dachte ich, die Alm, ja die war oben, wo der Wald aufhört und der Langkofel anfängt. Und Leo, der für mich ein Mittelding zwischen Vater, Held und Freund war, stieg noch um ein Gewaltiges in meinem Ansehen.

Im Vollbesitz und Bewußtsein meiner neuen Hose fragte ich:

»Nimmst mi mit?«

Leo war nicht abgeneigt. Er sagte:

»Ja, ja, da lege ich halt eine Decke auf die Protzen, du kannst darauf sitzen und ich reite. Aber du mußt heimgehen und fragen, ob du mitgehen darfst, weil wir zwei bis drei Tage ausbleiben.«

Ich lief schon und sagte, ich käme gleich wieder. Im Laufen fiel mir die Möglichkeit ein, daß der Vater am Ende nein sagen könnte. Darüber erschrak ich so, daß ich mich hinter einem Holzstoß fünf Minuten lang versteckte und nachher wieder zum Leo hinunterging.

»Darfst du?«

»Ja, freilich.«

Also zogen wir dahin. Zuerst über die Brücke auf die andere Talseite, dann in den Wald. Leo hoch zu Roß auf dem Fritz, ich auf dem rumpelnden, holpernden, schlagenden Querholz über den zwei eisenbeschlagenen Protzenrädern. Knapp hinter meinem Rücken flitzten die Hufe des Schimmels. Ich spürte sie fast im Kreuz. Es rüttelte und schüttelte mich ganz gut durcheinander. Der Weg war grob. Ich mußte mich mit beiden Händen festhalten, um nicht unter die Räder zu kugeln. Wenn der Weg steil wurde, stiegen wir beide ab und gingen hinter dem Fritz im Schritt daher wie Bauern. Wenn's leichter wurde, saßen wir wieder auf und ließen den Fritz traben.

So kamen wir nach drei Stunden auf die Hochwiesen über den Wäldern. Das letzte Stück bis zu den Tirler Almhütten war für unsere Begriffe fast eben. Leo ließ nun das Pferd im lustigen Trab springen. Es schüttelte mich wieder drunter und drüber, hin und her, daß mir übel wurde. Als plötzlich das eine Protzenrad auf dem oberen Wegrand, das andere über die schuhgroßen Bachsteine des unteren Weggrundes polterte, war nichts mehr zu machen. Zwischen Hufe und Räder flog ich in den Schotter. Großes Glück verschonte meinen Kopf vor den Hufen des Schimmels. Ich hatte mich überschlagen, blieb halb benommen liegen. Aus dem Sturz machte ich mir weniger, aber die Hose! Die neue, schöne Musikantensonntagshose! Sie hing zu einem Viertel an den Protzenrädern, während drei Viertel noch Teile meines verbeulten Allerwertesten deckten. Unterhosen gab es damals bei uns noch nicht. So saß ich also mit dem nackten Hintern auf Gottes Erdboden.

Leo trabte munter weiter. Die selbständig gewordenen Teile meiner Hose drehten sich im lustigen Takt des Rades, oben, unten, oben, unten. Fröhlich trabte der Fritz dahin, endlich merkte Leo, daß sein Passagier verlorengegangen war. Der Zustand meiner Hose war so, daß ich in bittere Tränen ausbrach. Die schöne Musikantenhose! Der Stolz meines Vaters. Die Prügel waren nicht auszudenken.

Leo tröstete mich lachend.

Wir klaubten die Fetzen aus den Rädern, nahmen sie mit und gingen in die Hütte.

Bei der Tirler-Schwaige gab es eine Schwefelquelle und eine alte Sennerin. Ich schämte mich furchtbar, aber die alte Wetterhexe machte kurzen Prozeß, nähte rasch Hintern und Beine der Hose mit groben Stichen zusammen, gab mir Milch, Brot und Käse, so daß alles Unglück bald vergessen war.

Dann stiegen wir hinauf zur Roßalm. Die liegt ganz hoch unter den Wänden des Plattkofels, ein freies, hohes, schönes Gebiet, ein Kurort, eine Sommerfrische für die Schimmel, Füchse, Rappen und Braunen!

Als es dunkel wurde, hockten Hirten, Sennerinnen und Bauern beisammen um den viereckigen Tisch, beteten das Vaterunser und aßen ihr geschmalztes Milchmus aus der Pfanne. Nachher erzählten sie sich Geschichten. Unsicher flackerte die Kerzenlaterne, warf unruhige Schatten und Lichter. Bald huschten Hexen über unser Hüttendach, ritten auf Besen über die Grate, verschleppten junge Mädchen, die nie mehr wiederkamen, trieben unheimliche Gesellen in den Ställen ihr Unwesen, daß die Tiere unruhig stampften und mit den Ketten rasselten. Teuflische Gespenster und verirrte Seelen schwirrten durch die Stube. Überall, in den Felskaren, in den Wänden, hinter jedem Stein, hinter jedem Baum lauerten Teufel. Die Stimmen und Gesten der Erzählenden wurden geheimnisvoll und flüsternd. Man spürte es, die ganze Alm stand unter dem Bann der bösen Geister. Der Wind strich durch die Fugen, das Brüllen der Kühe klang wie schmerzliches Stöhnen, und als ich dann laternenbewehrt mit Leo unseren Heustadel aufsuchte, erfaßte mich die Angst vor der Nacht und Dämonie der Alm so stark, daß ich in jeder Staude eine Hexe und hinter jedem Stein einen Teufel vermutete.

Tief im Heu vergraben, schlief ich erst spät ein.

Ich muß jedoch ein bißchen zuviel Milch getrunken haben, denn in tiefster Nacht erwachte ich wieder, konnte nimmer einschlafen, hatte keine Ruhe und wußte nicht, wohin mich wenden.

Es geisterte an allen Ecken und Enden. Das Schnarchen der Almknechte machte die Stimmung nicht gemütlicher. Ich stand leise auf, blickte in der Finsternis durch die Ritzen des Heustadels, draußen lag alles still und geheimnisvoll im kalten Mondlicht. Ich getraute mich nicht vom Fleck, dachte mir, wenn das Heu ein bißchen naß wird, macht das gar nichts, und ließ dem Brünnlein seinen Lauf mitten ins Heu.

Die Richtung, die der Strahl nahm, war falsch. Er sprang einem der Heuknechte mitten ins Gesicht. Eine Hand tappte nach mir, ich wollte weg, trat dabei meinem Onkel Leo auf den Bauch und flog nun, von zorniger Hand geschleudert, in die unterste Ecke des Heubodens, wo ich still wie eine Maus liegenblieb.

Die Geister waren durch die handgreiflichen Vorkommnisse und zahlreichen Flüche, die mir galten, vorerst aus meinem

Gemüt verflogen. Ich hatte nun andere Sorgen und fürchtete mich vor den Folgen meiner ruhmreichen Tat.
Am anderen Morgen aber waren Gott sei Dank alle Geister vergessen und verschwunden. Auch die Heuknechte. Die Sonne schien, die Blumen neigten sich im Winde, und der Bergbach rauschte geschäftig zu Tal.
Die große Fahrt war zu Ende, der Fritz blieb auf der Alm, Leo und ich gingen wieder heim. Wieder im Tal, unweit unseres Hauses, bekam ich Herzklopfen und sagte zum Onkel:
»Geh mit mir, Leo, ich glaub', der Vater wird sehr schimpfen.«
»Warum soll er denn schimpfen?«
»Weil ich vorgestern gelogen habe, als ich sagte, daß ich mit dir gehen darf.«
»Nachher haben sie dich ja zwei Tage lang gesucht, Bub! Ja, da gibt's freilich Prügel, mein Lieber!« –
»Bittschön, geh du voraus!«
So ging denn der gute Onkel als diplomatischer Vertreter voraus, während ich wie ein Fuchs an Küche und Wohnstube vorüberschlich und in meine Dachkammer huschte und mich dort still ins Bett legte und ein Bittgebet zum Himmel schickte.
Ich hörte den Vater, die Mutter und den Onkel Leo reden. Man hatte geglaubt, ich sei in den Bach gefallen, hatte im ganzen Dorf suchen lassen. Halb im Schlaf noch spürte ich die Mutter an mein Bett kommen. Sie nahm die zerrissene Hose, beugte sich über mein Bett, strich über mein Haar und sagte:
». . . er schläft schon . . . er ist halt müd' . . .«
Nun erst waren alle Wetter gewichen, alle Sünden verziehen, und selig schlief ich ein.

Reise in die Unterwelt

Unser Haus steht am südlichen Talhang, Birken, Ahorn und Vogelbeerbäume umsäumen es. Ein paar helle Lärchen und dunkle Fichten, die der Vater setzte, als ich zwei Jahre alt war, sind unterdessen groß geworden und spenden der Mutter, wenn sie im Garten Kaffee trinkt, guten, angenehmen Schatten. Vor dem Haus stand eine Reckstange. Dort turnte ich tagtäglich morgens und abends. Wir machten alles, die Kippe, den Bauchaufschwung, die freie Felge und auch schwerere Sachen, trotz unserer jungen Jahre.

Besuch war immer da, Bubenbesuch. Der Meyer Peppele, der schlangenwendige Steiner Wastl und der verschmitzte Spangler Ferdinand. Diese kamen weniger zum Turnen als zum Spielen und Essen. Ich trieb immer etwas auf: Honig, Obst, oder wenn's gar nicht anders ging, schlichen wir zum Bäcker und stahlen dort Weinbeerlbrot. Der Steiner Wastl war so mager und dünn, daß er leicht zwischen den Eisensprossen des Ladenfensters hindurchkriechen konnte, um uns dann Brot in beliebiger Menge herauszureichen.

Leider ging das aber nur so lange, bis wir erwischt wurden. Da gab's heiße Hintern, der Bäcker machte seine Eisenstangen enger, und der schöne Sport war zu Ende.

Zum Turnen kam gern und oft der Zenzl Sartour aus dem Glasscherbenviertel herüber. Auch St. Ulrich in Gröden hat seine gewissen Bezirke, nicht nur Wien oder Berlin.

Zenzl war ein ausgezeichneter Läufer und Turner. Auch in der Schule war er nicht schlecht. Er hatte immer geschorene Haare und war an und für sich sehr still und schüchtern.

Wir übten schon über eine Stunde am Reck, als der Zenzl sagte, er müsse dringend aufs Häusl gehen. Er sagte, ich solle mit ihm kommen und ihm Gesellschaft leisten. Es war ihm wohl zu langweilig, allein die Holztreppen durch das ganze Haus hinaufzusteigen.

So schlichen wir zwei achtjährige Lausbuben leise über die drei Holzstiegen hinauf zur Häusltüre. Dort verschwanden wir im ländlich duftenden, zwei Quadratmeter großen Raum. Er war nicht englisch eingerichtet, sondern grödnerisch: in ein dickes Lärchenbrett waren zwei runde Öffnungen geschnitten, deren jede mit einem dicken Holzdeckel verschlossen war, eine große für die Erwachsenen, eine kleine mit vorgebautem Schemel für die Kleinen. Das Depot war eine Grube außerhalb des Hauses, denn das Häusl selbst war nur angebaut, während die Grube praktischerweise ins Freie gerichtet war, damit man sie im Frühjahr leichter ausmisten und ihren für die Landwirtschaft so wertvollen Inhalt auf Wiesen und Feldern verteilen konnte. Damit niemand hineinfiel, war sie mit holprigen Brettern zugedeckt.

So weit war alles in bester Ordnung. Wir hatten sicherheitshalber die Häusltüre von innen zugeriegelt, und in hellem, lustigem Bogen strahlte nun das Brünnlein des Zenzl in die finstere Grube. Er machte es nicht anders als das »Manneken-Pis« in Brüssel oder das »Brunnenbuberl« in München.

Ich schaute mit viel Interesse zu. Aber – mitten hinein in unser Vergnügen trampelte ein Geselle aus meines Vaters Schnitzerwerkstatt über die Stiege herauf – und ehe ich mich's versah, knackte schon die Klinke an unserer Tür. Wir erschraken natürlich, denn unser Gewissen war doch nicht ganz rein, und so standen wir völlig versteinert da, ohne uns zu rühren und einen Muck zu tun. Die Tür war noch immer fest zugeriegelt. Das Herz pumperte mir bis zum Halse herauf.

Der Grobian, der nicht wußte, was sich schickt, wenn das

Häusl besetzt ist, klumperte noch einige Male an die Tür, und dann blieb er mit der störrischen Geduld eines Heuochsen davor stehen. Er wollte warten, bis der Patient da drinnen fertig war. Gesellen haben immer Zeit. Aber wir!

Wie herauskommen, ohne erwischt zu werden? Wir waren ja zu zweit, und unser schlechtes Gewissen drückte uns jetzt ganz fürchterlich, und eine schauerliche Angst überkam mich. Den schüchternen Zenzl nicht minder.

Ich legte zunächst den Zeigefinger vor die Lippen, damit der Häuslkumpan ja ganz still sei. Dann hob ich sachte den Deckel von der großen, runden Öffnung weg und schaute hinunter. Die Grube mag wohl drei bis vier Meter tief gewesen sein. Unten kam genug Tageslicht durch die Bretter herein, so daß ich die Situation gut übersehen konnte. Mein Entschluß war gefaßt. Ich flüsterte dem tapferen Kumpan, der vor Schreck seine Hosen gar nicht mehr zugebracht hatte, zu, er solle warten und still sein. Sobald ich drunten in der Grube wäre, solle er, wie es sich gehört, den Deckel wieder schließen und dann aber schleunigst und so, als wäre nichts gewesen, zum Tempel hinausgehen, hinter dem Haus in die Holzhütte laufen und dort die kleine Leiter holen. Mit der solle er in den Garten kommen, zwei Bretter wegnehmen und mir die Leiter herunterlassen – auf diese Weise käme ich ganz leicht und unbemerkt aus dem Häusl.

Der Weg war schwer, aber sicher.

Der Zenzl hatte sich inzwischen wieder zusammengeklaubt und nickte eifrig mit dem geschorenen Kopf, woraus ich entnahm, daß er alles richtig verstanden und es seine Billigung gefunden habe.

Und nun ließ ich mich unter Aufwendung aller meiner turnerischen Fähigkeiten in die tiefe, schwarze, schaurige Unterwelt hinunter. Mit beiden Händen hing ich noch am Rande des runden Kreises, der sonst zu bequemeren Gelegenheiten konstru-

iert ist – ein letzter Blick hinab ins Dunkle, noch einen hinauf zur lichten Oberwelt, von der mir der Zenzl etwas entsetzt und doch in neugieriger Spannung zusieht – dann lasse ich mit beiden Händen gleichzeitig aus.
Kurzer Flug. Weiches, sehr weiches Aufkommen. Bis weit über die Hüften stehe ich in einem unaussprechlichen Gemisch.
Zenzl flüstert von oben herab: »Bisch unten?«
»Ja, ganz«, flüstere ich hinauf, »jetzt lauf und hol die Leiter!«
Zenzl haut den Deckel zu. Dann geht droben der Riegel und die Tür. Mit Grausen und Gruseln wate ich an die Wand. Die sitzt voll von Kristallen und anderen Dingen. Wird wohl Salpeter gewesen sein. Ich bleibe hart, wenn mir auch etwas schwindlig wird. Aber ich reiße mich mit äußerster Energie zusammen.
Oben dröhnt der Deckel. Helligkeit kommt herab. Dann wird es wieder dunkel.
Der wackere Geselle ist am Werk.
Fast bin ich am Weinen. Doch nichts dauert ewig. Endlich ist der da oben fertig, und schon ist auch der Zenzl bei den Brettern als rettender Engel. Es ist nicht hoch hinauf bis zu ihm. Zwei Meter.
Jetzt ist die Leiter bei mir, und ich krieche aus der Häuslsure hinauf in die schöne Oberwelt. Blauer Himmel, weiße Wolken und grüne Bäume sind wieder da! Oh, Gott sei Dank! Der Kumpan sieht mich entgeistert an, denn ich schaue schrecklich aus und stinke ärger als zehn Misthaufen. Dann rennen wir beide, was wir können, hinunter zum Grödnerbach.
Dort wird gebadet und gewaschen und geruppelt und geputzt, der ganze Mensch und sein Gewand. Drei Stunden liege ich an der Sonne, um auszuduften und zu trocknen. Treu leistet mir der Zenzl Gesellschaft.
Dann, als die Sonne fort ist und die ersten Schatten der Nacht mein mitgenommenes Äußere gnädig umhüllen, schleiche ich

heim. Mit frisch gewaschenem, unschuldigem Gesicht setze ich mich an den Tisch zum Abendbrot.

Stehend beten wir das Vaterunser.

Der Vater sieht mich verdächtig an. Die Schwestern rümpfen die Näschen. Dann nimmt mich die Mutter vor, schaut mich kopfschüttelnd an und schnuppert an meinen noch feuchten, verhutzelten Kleidern. Das sieht nach bösem Ausgang aus, und ich erzähle, ich sei nachmittags beim Spielen in den Grödnerbach gefallen und beinahe ertrunken. Das mit dem beinahe Ertrunkensein rührte gar nicht. Man wunderte sich nur darüber, daß das Bachwasser so nach Häusl duftete. Und man jagte mich sofort ins Bett. Gottlob fand ich noch ein altes Weinbeerllaiberl. Mit dem legte ich mich ins Bett. Und während ich das harte, trockene Brot hinunterkaute, freute ich mich, alles so glücklich überstanden zu haben.

Mein Freund Mansueto

Wiesen, Häuser und Zäune waren tief in die runden weichen Polster des Winters gebettet, der Atem vor den eigenen Augen dampfte und meine Hände suchten Wärme in den dünnen Hosentaschen. Ich lief, von der Mutter ins Freie geschickt, meist schnell hinunter in den Kuhstall zum guten Mansueto. Dort war es warm und wohlig, die Mäuler die Kühe mahlten schnaufend ihr Heu, Mansueto nickte mir freundlich zu und tat weiter seine Arbeit, ohne sich um mich zu kümmern. Ich hockte zufrieden in einer Ecke, da war eine kleine Kiste mit allerlei Habseligkeiten, und schaute dem Mansueto beim Füttern der Tiere zu. Stundenlang konnte ich so sitzen, ohne ein Wort zu sagen. Nachher, wenn die Kälber versorgt, die Milch gesammelt oder die kleinen Kälber unter gutem Zureden getränkt worden waren, setzte sich Mansueto zu mir und erzählte mir von seinen Schützlingen, beschwerte sich über die Bleß, lobte die Perla und fragte auch mich um meine Meinung über dies und jenes. Die Stallkatze, die Schafe, die Kühe und die Kälber, alle waren mir gut bekannt, am liebsten mochte ich aber den stillen Mansueto. Er war vielleicht der Geringste unter den Leuten, die bei meinem Großvater im Dienst standen, aber gewiß nicht der Unwichtigste, denn er betreute und melkte zehn Kühe, vier Kälber und viele Hennen. Ich hatte Mansueto lieber als meinen Großvater, der, bärtig und streng, ehrgeizig, immer voller Eile, sehr viel zu tun hatte, mich kaum sah, wenn ich ihm begegnete. Dabei war er aber geachtet und geschätzt wie kaum ein anderer im Tale. Hunderten armer Holzschnitzer hatte er in unermüdlichem Fleiß Arbeit und Brot verschafft, und manch armes

Bergbäuerlein verdankt die Tatsache, daß es heute noch auf seinem Höflein als eigener Herr schalten und walten darf, der Umsicht und Hilfe meines Großvaters. Er hatte drei Söhne, deren jüngster, der Leo, damals fünfzehn Jahre alt war und zur Zeit dieser kleinen Geschichte in der Tischlerei des Großvaters arbeitete.

Einmal schaute ich ihm zu, wie er Bretter hobelte. Stolz zeigte er mir, wie er aus einem einzigen Hobelstrich über das ganze Brett hin einen einzigen langen Hobelspan hervorzauberte. Immer wieder setzte er den Hobel an, und ich hatte nichts zu tun, als ihn und die zischend sich ringelnden Hobelspäne zu bewundern. Das Spiel wäre ergötzlich noch lange so fortgegangen, wenn uns nicht plötzlich schwere Tritte den Großvater angezeigt hätten! Die Gesellen hobelten schneller, der Onkel Leo, selbst noch ein Lehrbub, schaute sich erschreckt um. Ich mußte verschwinden, irgend etwas mußte sofort mit mir geschehen. Kurzerhand packte er mich am Kragen und warf mich in eine fertige Kiste, warf einen Deckel darauf und zwei bis drei leere Kisten darüber. Der Gefürchtete trat ein, ging hin und her, gab Anordnungen und stellte Fragen.

Mit klopfenden Schläfen, den Atem anhaltend, blieb ich im finsteren Gefängnis, bis die Luft wieder rein war, dann packte mich Leo wieder aus, und unser Spiel konnte weitergehen.

Das war nun beim Mansueto alles ganz anders, da kam niemand plötzlich in den Stall gerumpelt, da war es immer ruhig, und es roch nach Bergheu und trockenen Blumen.

Immer hatte der einsilbige Mansueto ein gutes Wort für mich, nie war er unleidig oder eilig, zur Marktzeit war auch stets ein kleines Geschenk bereit, ein bleierner Hahn, der laut krähte, wenn man hinten hineinblies, oder eine kleine Mundharmonika oder eine Handvoll Nüsse. »Schau, Luis«, pflegte er zu sagen, »das habe ich dir vom Markt gebracht.« War es ein Wunder, daß ich Mansueto viel wärmer in mein Herz geschlossen hatte als alle strengen Großväter zusammengenommen? Wenn ich eine Freude hatte, lief ich zu Mansueto, wenn mich ein Schmerz bedrückte, trug ich meine Sorgen weinend zu ihm in den dunklen warmen Stall, er wußte immer Rat und hatte immer ein gutes Wort.

So ging das auch eines Tages mit einem meiner zehn Finger. An unser Haus war eine Holzhütte gebaut. Gern spielte ich dort, meist konnte ich auch der Versuchung nicht widerstehen, mit dem schweren Beil Holz zu hacken, wie es mein Vater jeden Mittag machte. Das Schicksal wollte es, daß meine siebenjährige Schwester eines Tages selbst mit dem Beil spielen wollte. Ein Hölzchen, das sie gerade abgespalten hatte und das nun verlockend auf dem Hackstock lag, gefiel mir und ich wollte es nehmen. Aber mein Schwesterlein hielt das Beil drohend in beiden Armen, ich langte mit dem Zeigefinger nach dem Ding.

»Ich hacke dir den Finger ab, wenn du das Hölzchen nimmst.«

Ich konnte der Versuchung nicht widerstehen, und so fiel das Beil mit dumpfen Schlag nieder, direkt auf meinen Zeigefinger, Blut floß, und das vorderste Gelenk meines armen Fingers hing nur mehr an einem Hautfetzen, pendelte halt- und hilfslos am schmerzenden Gelenk. Linchen tat, was siebenjährige Mädchen meistens in solchen Fällen zu tun pflegen, sie lief davon. Ich stand hilflos und weinend vor Schmerz und Schreck da. Zum Vater? Nein, das gab Prügel. Zur Mutter, die krank im Bett lag? Nein, dann erfährt's sofort der Vater, und es gab doch Prügel.

Heute weiß ich selbst nicht mehr wie, aber nach wenigen Minuten stand ich schluchzend im Stall vor Mansueto und hielt ihm die in mein Taschentuch gehüllte blutende Hand hin. In seiner stillen Art beruhigte er mich, kniff die Lippen zusammen, schüttelte besorgt den Kopf, setzte mich auf ein Heubündel, ging an seine kleine Kiste, öffnete sie, fand bald die richtige Medizin und begann mich zu behandeln, indem er mit einem

Holzstäbchen aus einem Tiegel wohlriechendes Baumharz herauskratzte und es in und um meine Wunde schmierte. Dies tat furchtbar weh, aber dann band er barmherzig alles mit einem alten Leinenfetzen zusammen und sagte, nun müsse man den Finger heilen lassen.

Erst abends, als es zu dämmern begann, ging ich heim. Die Mutter war krank, der Vater saß an diesem Tag allein in der Küche mit uns Kindern. Die Magd stellte das Essen auf den Tisch. Links von mir saß mein Schwesterchen, sie zeigte keine Spur von Reue. Ich hatte ein schlechtes Gewissen, und so ließ ich die rechte Hand unter dem Tisch, nahm den Löffel in die linke und begann zu essen. Ich saß rechts vom Vater, die Mutter, deren Fehlen uns alle sehr bedrückte, schlief schon. Bei mir trug allerdings der stark schmerzende Finger sein gutes Teil zu meinem besonders stillen Benehmen bei. Die Wunde tat weh, und ich wußte nicht, wie ich die Hand, während ich meine Suppe aß, halten sollte, da fragte der Vater:

»Seit wann hält man den Löffel in der linken Hand?«

Schüchtern antwortete ich:

»Weil mir die rechte Hand so weh tut.«

»Was fehlt denn?«

»Weil er nicht nachgegeben hat«, platzte nun Linchen heraus, »ich habe gesagt, er soll den Finger wegtun, aber er hat nicht gefolgt, und nachher hab' ich ihm hineingehackt.«

»So, so, in den Finger gehackt. Eigentlich sollte ich euch beide durchhauen«, murmelte der Vater und ließ mich, ohne sich weiter um die Wunde zu kümmern, mit der linken Hand weiterlöffeln. Später fragte er, den Verband betrachtend, wer mich verbunden hätte. Ich antwortete: »Der Mansueto«, worauf der Vater nichts mehr sagte und uns schlafen gehen ließ.

Am folgenden Tag besuchte der Gemeindearzt die Mutter. Der Vater muß an Mansuetos medizinischen Kenntnissen doch gewisse Zweifel gehegt haben, denn als der Doktor gehen wollte, bat er ihn, doch einmal nachzusehen, was mit meinem Finger sei. Was nun in unserer Küche begann, war kein Spaß für mich. Der Herr Doktor entblößte vorerst die Wunde, sah, daß der Finger tatsächlich nur mehr an ein paar Fleischfasern hing, Knochengelenk, alles durchgeschlagen war, sah noch etwas Schlimmeres, nämlich, daß die Wunde innen und außen und rundherum mit dickem schwarzbraunen Baumharz verschmiert und verklebt war.

»Ja, ja, ja«, machte der Doktor und schnalzte mit der Zunge, »ja, Bub, wer hat denn das gemacht?«

»Der Mansueto«, sagte ich.

»So, so, der Mansueto«, wiederholte er und ließ sich eine Schüssel siedend heißen Wassers geben, »ja, der Mansueto ist ein braver Mensch, er kann vielleicht Viecher kurieren, weißt du, aber nicht Menschen.«

Dann begann er das viele Pech mit einem Taschenmesser abzulösen und abzuschaben. Das tat höllisch weh und dauerte furchtbar lange. Nach einer halben Stunde war er damit fertig und legte mir einen frischen Verband an.

Von nun an mußte ich jeden zweiten, später jeden dritten Tag zum Doktor. Natürlich ging ich auch zum Mansueto, erzählte ihm, was man mit seinem Pech gemacht hatte, und zeigte ihm den neuen Verband.

»Ah, nein, nein«, sagte er kopfschüttelnd und ein bißchen verlegen, »was diese Doktoren alles machen, ich hatte dich so schön verbunden, das gute Pech hat dir sicher für's erste geholfen, tut's dir noch weh?«

Noch viele, viele Jahre blieb Mansueto mein Freund, jahraus, jahrein schnitt er das Heu, lieferte die Milch, mähte das Gras und pflegte das Vieh. Ich wurde größer, kam in die Fremde und wieder heim. Wieder vergingen Jahre, Mansueto blieb. Sein Kopf wurde grau und schließlich weiß. Er überlebte meinen Großvater um viele Jahre. Aber als dann später vom Hof viele Wiesen und auch noch der Wald verkauft worden war und nur mehr zwei Kühe im Stalle standen, begann er Schnaps zu trinken. Oft und oft sah ich den guten Alten zum Stall schwanken, ohne ihm helfen zu können. Und so fand man ihn eines Morgens im Winter friedlich schlafend an der Türe seines Stadels. Aus jenem Schlummer ist er nicht wieder erwacht. Die mächtige Scheune mit ihrem tiefragenden Dach, dem Hof und dem Brunnen steht heute noch da und mir ist's, wenn ich daran vorübergehe, immer, als schauten mich die guten Augen Mansuetos an, als grüßten sie mich und als sagten sie: »Schau, Luis, das hab' ich dir heute auf dem Markt gekauft . . .«

Der Fuhrmann mit den zwei Schimmeln

Die Wiesen standen grün und blumig. Der Bach rollte und rauschte bald laut und nahe, bald fern und leiser vor dem Fenster meiner Dachkammer. Der Wald stand ruhig, voll süßer Dunkelheit und Kühle. Die Berge ragten wie leuchtende Götterkronen über die Landschaft in jenen reichen Sommern der Jugendzeit.

Aber das Spielen in den Wiesen und am Bach und das faule Zuschauen, während Mägde und Knechte auf den Feldern arbeiteten, gefiel uns bald nimmer. Wir Buben wollten auch zugreifen und mithelfen.

Es gab männliche Arbeiten und solche, die etwas weibisch sein mochten, wie zum Beispiel das Auskehren der Stuben, das Jäten von Unkraut oder gar das Hüten der Gänse, was mir oft zufiel, so sehr ich auch versuchte, das Geschäft meinen Schwestern zuzuschanzen, die sich ja auch mit den plappernden, watschelnden Viechern viel besser verstanden als ich.

Am liebsten wäre ich damals Fuhrmann geworden. So ein Fuhrknecht, der hatte ein Pferd, das konnte man mit Hüh und Hott, mit »Hü, Brauner« oder »Eha, Mizzi« anreden, lenken und rufen. Man hatte zwei lederne Leitseile in der Hand und eine schöne Peitsche! Wie sie diese halten und schwingen konnten, die Roßknechte! Das waren keine Knechte mehr, wenn sie selbstbewußt und stolz neben dem Fuhrwerk hergingen, das waren Herren! Aus den hellen Hemdsärmeln schauten die kräftigen, braunen Arme hervor, und ihre Sehnen strafften sich, wenn sie ausholten zum schnalzenden Peitschenschlag. »Tlich – tlach – tlich – tlach – – – tlaaaaach . . .« Und vom Walde hallte es wider, und wenn einer von ihnen vorbeifuhr am Hause seiner Mutter oder wenn sie anzeigen wollten, daß sie bald kämen, dann schnalzten sie auch einmal drei schneidige Takte mit ihrer Peitsche. Der federnde Peitschenstecken wurde in der rechten Hand getragen, wie der Säbel vom Hauptmann der Kompanie.

Vorn am Ende des Peitschenstrickes war der Schmatz aus roter Seide befestigt. Den schenkte dem jungen Knecht nicht selten eine Magd, die er gern sah oder die ihn gern sah. Je lieber er das Mädel hatte, um so heller und schöner schnalzte der Schmatz.

Und erst der Wagen selbst, auf dem er Steine, Holz, Getreide, Mehl und alles, was ins Tal kam, führte! Bergab mußte gebremst werden, wenn's dann eben und geradeaus ging, wurden die quietschenden Bremsen wieder aufgemacht. Bergauf durfte nie aufgesessen werden. Gute Knechte, ordentliche Kerle saßen selten auf, sie gingen neben Roß und Fuhrwerk her und schauten zum Zeug. Wenn sie aber aufsaßen, dann wußten die Rosse schon, daß es flott gehen sollte, spitzten die Ohren und zogen im lustigen Trab davon.

Es war mein kindlicher Stolz, neben so einem Fuhrmann hergehen zu können, und stückweise aufsitzen zu dürfen. Es gab da brummige, grantige Teufel, die uns Buben gleich wegjagten, und es gab freundliche, lustige Gesellen, die uns gern ein Stück des Weges mitnahmen. Mein Großvater hatte zwölf Pferde im Stall und dazu vier Knechte. Der netteste hieß Albert. Der lachte und rief und schnalzte mit der Peitsche, daß es eine Freude war, und seine beiden Schimmel, die Poppa und den Fritz, die hielt er wie seine Geschwister, es waren die zwei schönsten Pferde des Tales. Sauber und blitzblank. Wie der Herr, so's G'scherr! Grünseiden glänzte sein Halstüchel auf dem zwilchenen Hemd, und stets flatterte eine schneidige Spielhahnfeder oder glühte eine rotseidene Nelke auf seinem Hut. Und

wenn's gar auf mehrere Wochen mit den Rossen hinausging nach Franzensfeste zum Holzführen, dann jodelte und jauchzte der Albert vor Glück und Freude. Sein »Hüh« und »Hott« hörten alle Leute gern. Nie gab er den Tieren die Peitsche, der Albert mit dem allzeit lachenden Gesicht. Wenn seine zwei Schimmel den Pflug zogen oder die Egge, wenn sie die schweren Erntewagen in den Stadel brachten oder im Winter das Holz führten, merkte man ihren Eifer und ihre Freude an der Arbeit. Und wenn sie sonntags einmal fein mit der Kalesche ausfahren oder im klingenden Lauf mit dem Schlitten über den Schneeweg dahintraben durften, trugen sie ihre Köpfe noch stolzer als sonst! Ja, Fuhrmann werden, das war mein Traum.
Eines Tages ging's im Hof des Großvaters besonders laut und lebendig her, fast wie vor einem Almauftrieb. Schon um vier Uhr früh kamen die Knechte, tränkten und fütterten die Pferde, richteten die Kummete und Protzen her. Alle zwölf Rosse sollten ins Pustertal hinaus, drei Wochen lang, ins Holz. Der Albert war ganz festtäglich heute. Ich durfte bis Waidbruck ins Eisacktal mitfahren.
Von da sollte ich mit einem der Knechte, der die Fuhrleute bis dorthin begleitete, wieder nach Hause zurückfahren.
Still und bewundernd schaute ich den Knechten zu, hörte das wohlige Grunzen der Pferdemäuler, die ihren Hafer zwischen den Kiefern zerrieben. Die Luft im Stall war warm und roch gut nach Pferden, Leder und Heu. Sauber hielten sie den Stall, das konnte man schon sagen, keine Hennen durften herein und kein anderes Viehzeug.
Der Albert war an jenem Tage ganz außer sich vor Freude. Seine Augen glänzten unheimlich, und was er redete, war nicht immer zusammenhängend. Aber niemand nahm das ernst, weil man's beim Albert nicht so genau nahm. Er war noch so jung, und nicht nur wir Buben, alle mochten den lebensfrischen, stets lachenden, fröhlichen Burschen.

»Hüh, Hott . . . Schimmel, Hüh!« – Alberts Fuhrwerk war das erste, das ließ er sich nicht nehmen. Wir saßen auf, der Albert rechts, mit Peitsche, Leitseil und Bremse zur Hand, ich links daneben auf dem Holzbock des niederen breiten Rädergestelles. Jeder hatte zwei gute Pferdedecken auf dem Sitz, damit die Knochen beim Holpern über Stock und Stein nicht weh taten. Es war fünf Uhr früh, als unsere beiden Schimmel in stolzem Trab durch das Dorf hinaus fuhren. Albert jodelte, und seine Spielhahnfeder flatterte im frischen Morgenwind.
Hinter uns folgten drei doppelspännige und vier einspännige Fuhrwerke. Es war eine große und schöne Expedition. Der Großvater grüßte den ältesten der Knechte und gab ihm noch einmal kurz Auftrag und Weisung mit auf den Weg.
Wir mochten noch gar nicht lange gefahren sein, als Albert plötzlich ohne Grund ein paarmal laut auflachte und mit sich selbst zu sprechen anfing. Dabei sah er mich mit glänzenden Augen an und rief den Pferden zu, redete mit diesen, trieb sie schließlich zu scharfem Trab an, stand auf, hielt die Leitseile in der linken Hand und ließ mit der rechten die Peitsche über die Rücken der Pferde sausen, daß diese erschrocken die Ohren nach rückwärts legten und hellauf wieherten, wenn ihnen der schallende Strick um die Ohren pfiff. Albert wurde immer toller, er schrie jetzt laut und hieb mit der Peitsche auf die Rosse ein, seine Augen glühten, in der linken Faust hielt er die Zügel und riß die nun wild dahingaloppierenden Rosse hin und her, wie es der holprige Weg verlangte. In toller Jagd hetzten die scheu gewordenen Tiere dahin. Der Weg war stark abschüssig. Immer toller und immer wilder jagten Rosse und Fuhrwerk dahin. Ich hielt mich laut schreiend mit beiden Fäusten am Holzbock fest, um nicht vom Wagen zu stürzen und unter die Räder oder Hufe zu kommen. Hilflos, ängstlich und verzweifelt starrte ich zum Albert auf, der wie ein König dastand und seine Peitsche schwang.

Das kleinste Hindernis, welches auf dem Weg auftauchte, mußte uns zum Verhängnis werden. Keine Gewalt hätte die mit fliehenden Mähnen jagenden, vollständig verrückt gewordenen Pferde mehr aufhalten können. Der Weg war schmal, steil und unübersichtlich. Rechts von uns ragten Felsen in die Höhe, links gähnte neben einem brüchigen Geländer der drohende Abgrund zum wilden Grödnerbach. Ich zitterte an allen Gliedern und schrie Albert immerfort zu, er solle bremsen.

An einer heftigen Biegung nach rechts flog ich schließlich, durch das Aufprallen der Räder auf einen Stein, im Bogen vom Wagen, überschlug mich und blieb im Gestrüpp einer Staude unterhalb des Weges über dem wildschäumenden Bach hängen. Alberts wilde Schimmeljagd raste talwärts davon. Ich kroch mit schmerzenden Knochen wieder auf den Weg hinauf. Hart am Rande blieb ich hilflos weinend sitzen.

Endlich kamen die nachfolgenden Fuhrwerke und nahmen mich mit nach Waidbruck. Die Knechte schüttelten die Köpfe, als ich ihnen von Alberts toller Jagd und den wildgewordenen Pferden erzählte.

In Waidbruck standen zitternd und schweißbedeckt die Schimmel. Auch den Albert sah ich. Das blitzweiße Hemd war frisch und die Halsbinde leuchtete festlich, den Hut hatte er verloren. Wirr hingen die schweißnassen Haare in seine Stirn. Seine Augen waren müde und glanzlos geworden, die kräftigen braunen Arme hingen schlaff herunter. Er war ganz still und erkannte mich nicht mehr. Zwei Männer führten den willenlosen armen Burschen fort, in ein Haus.

»Der isch narrisch gworden, der kommt nach Hall ins Narrenhaus«, sagten die Knechte.

Lange Jahre wartete ich auf den lachenden lustigen Albert. Sooft ich die Schimmel sah, bekam ich Sehnsucht nach ihm. Aber ich habe ihn nie wieder gesehen.

Der Stern von Bethlehem

In den ersten Dezembertagen wandert als Vorbote der Weihnachtszeit der heilige Nikolaus durchs Land. Bei uns in Tirol kommt er aber nicht allein, da wird er von einem Engel begleitet, einem freundlichen Engel mit Flügeln, aber das wird wohl überall so sein. Da kam also der Nikolaus, wir wissen ja, wie er ausschaut: gütig, mit weißem Bart und pelzverbrämter Kappe, den Bischofsstab in der Hand und in einem langen goldbestickten, roten Mantel. Der Engel trug ein Körbl, da waren Äpfel und Nüsse drin und andere gute Sachen. Aber hinter dem Nikolaus war, wie es meist im Leben ist, nicht nur Gutes und Schönes, sondern auch Böses. Ein richtiger Teufel ist hinter ihm gestanden, mit einem richtigen Schweif und klirrenden Ketten. Zottig und schwarz war er, auf dem Rücken hatte er einen großen Korb. Einmal hab' ich aus dem Korb zwei Paar Füße herausragen sehen. Kein Zweifel, die bösen Kinder waren vom Satan mit dem Kopf nach unten in den Korb gesteckt und mitgenommen worden.

Aber das war vor vielen Jahren, als ich noch ganz klein war. Wir haben uns natürlich vor dem Teufel gefürchtet, doch der heilige Nikolaus war ja da und der Engel, und das war ein großer Trost. Und dann war noch der Vater da. Der Vater war stark, der hätt' sich vom Teufel schon erwehrt, und die Mutter war ja auch noch da. Unsere Angst wurde aber sehr groß, als der Nikolaus die Mutter und den Vater fragte: »Waren die Kinder brav? Wie war es in der Schule?« Und die Mutter hat gesagt, das Linchen, meine Schwester, sei immer sehr brav, und auch das Hannele sei immer sehr lieb.

Mit einem Mal drehte sich der Nikolaus zu mir und fragt: »Der Bub da? War der auch immer brav?«
Der kalte Schreck packte mich; ich hab' genau gewußt, daß ich gar nicht immer brav war. Ich hab' mich mit beiden Händen an Mutters Rock gehalten und hab' mir gedacht: Was wird denn jetzt geschehen, wenn sie sagt, was ich alles angestellt habe? Aber die Mutter hat das nicht getan und hat gesagt: »Der Luis – ja, ja, der war auch immer recht brav.«
Nie hab' ich die Mutter lieber gehabt als in dem Moment, und da hab' ich mir gedacht, sie ist doch die beste Mutter von der ganzen Welt, und daraufhin, weil der Teufel trotz aller Ermahnungen des heiligen Nikolaus keine Ruh gegeben und wild herumgerasselt hat mit den Ketten – es waren richtige, eiserne, vom Stall –, hat der Nikolaus die Tür aufgemacht und gesagt: »Marsch! Hinaus mit dir!«
Und weil er nicht gleich gefolgt hat, ist die Stimme des Heiligen fast wie Donner geworden. »Fort mit dir, hinaus!« hat er gerufen, und der zottige Teufel ist wie der Blitz zur Tür hinaus. Der Nikolaus ist noch ein bißchen geblieben und hat uns ermahnt, brav zu sein und Vater und Mutter immer zu folgen. Der Engel hat Geschenke verteilt, und nachdem der Nikolaus gegangen war, hat die Mutter gesagt: »Bald wird Weihnachten sein, und wir werden die Geburt des Christkindleins feiern.«
Die nächsten Wochen waren voller Erwartung. Ich bin damals in die Grödner Volksschule gegangen und hatte in der Religionsstunde gelernt, was Weihnachten bedeutet: daß vor fast zweitausend Jahre das Christkind im Stall zu Bethlehem auf die Welt gekommen ist und ein Engel den Hirten vom Himmel die frohe Botschaft gebracht hat: »Fürchtet Euch nicht! Ich verkünde Euch eine große Freude, die allem Volk zuteil werden soll: Heute ist in der Stadt Davids der Heiland geboren, der Messias, der Herr. Und dies sei Euch zum Zeichen: Ihr werdet ein Kind finden, das in Windeln gehüllt ist und in einer

Krippe liegt.« Die Hirten eilten nach Bethlehem und fanden Maria und Joseph und das Kindlein in der Krippe.
Mein Vater hat viele Weihnachtskrippen gebaut mit dem Stall von Bethlehem, den Hügeln und Palmen von Jerusalem im Hintergrund, und ich hab' die Heiligen Drei Könige, die dem Stern gefolgt sind, gut gekannt, den Balthasar, den Melchior und den Kaspar, das war ein Schwarzer, ein Mohr.
Der Vater hat uns, als die Zeit kam, nachmittags meist hinausgeschickt auf den Weg, wo wir mit anderen Kindern gerodelt haben. Als uns die Mutter eines Nachmittags besonders sauber angezogen und gesagt hatte: »So, Kinder, geht jetzt ein bißl zum Mansueto in den Stall hinunter und kommt in einer Stunde wieder«, da ahnte ich schon etwas.
Es war schon dunkel, und es war viel Schnee, und meine Schwester Linchen ist neben mir hergestapft in ihren Patschen und hat gesagt: »Gehn wir lieber zum Großvater, vielleicht ist das Christkindl schon dort?«
Aber dem Großvater bin ich aus dem Weg gegangen, der war immer so streng. Ich hab' mir gedacht, da gehe ich lieber gleich zum guten Mansueto in den Stall, der war mein Freund, bei ihm ist es warm und gemütlich.
Im Stall war Licht, und wir sind hineingegangen und haben zum Mansueto »Grüß Gott!« gesagt. Er hat gerade eine Kuh gemolken, auf dem Boden war die Stallaterne mit dem Kerzenlicht.
»Ah! Ihr seid es, Kinder, ihr kommt zu mir heute, das ist lieb von euch!«
Wir haben beim Mansueto gewartet, bis er fertig war mit dem Melken.
»Du, Mansueto, heut kommt's Christkindl«, hab' ich zu ihm gesagt.
»Ja, heut' ist Heiliger Abend.«
»Kommt es zu dir auch?«

»Zu mir wird es wohl nicht kommen. Ich bin alt und allein, und keine Kinder sind da, und so fliegt das Christkindl wohl nur schnell durch den Stall«, meinte Mansueto.
»Dann kommst du zu uns. Zu uns kommt es gewiß.«
»Wenn ich darf, komme ich gern.«
Dann hat er die Milch versorgt, sich noch einen sauberen Rock angezogen und die Laterne genommen und ist mit uns gegangen.
An der Haustür haben wir geklopft und gerufen. Die Mutter ist gekommen und hat aufgeschlossen, der Vater hat den Mansueto begrüßt, und Burgl, unsere Magd, hatte eine frische Schürze um.
Ich hab' immer gemeint, das Christkindl könnte man vielleicht sehen, das fliegt ganz still hoch am Himmel durch die Nacht über das verschneite Tal hin, und darüber glitzern die Sterne, und darunter liegen der dunkle Wald und die Bergspitzen, und dann wird es vielleicht hereinhuschen durchs Fenster, und es wird ein Licht sein wie im Himmel, und ich hab' die Mutter gefragt, ob man das Christkindl auch sehen kann, wenn es kommt.
»Wie stellst du dir das vor?« sagte die Mutter. »Das Christkindl muß überall sein, draußen am Meer über den Schiffen, in den großen Städten wird es sein und in den kleinen Bauernhöfen, es muß bei den Armen sein und bei den Reichen, bei den Kranken und den Gesunden, überall. Also sehen kann man es nicht, man muß es sich denken und muß spüren, daß es unter uns ist.«
Dann ist die Stubentür aufgegangen – und da war ein heller Lichterglanz, viele Kerzen haben gebrannt am Weihnachtsbaum, und die Mutter hat uns an den Händen hingeführt. Linchen, das Hannele und mich. Es roch nach Tannenharz, Kerzenlicht und gebratenen Äpfeln. Am Fuß des Christbaums war die Weihnachtskrippe, die der Vater selbst geschnitzt hat. Der

heilige Josef mit dem Bart und die Mutter Gottes. In der Futterkrippe mit lachendem Gesicht und ausgebreiteten Armen das liebe Christkindl, dahinter eine Kuh und ein Esel.
Wir knieten nieder und beteten das Vaterunser. Der Mansueto kniete neben uns, er hat gut nach Heu gerochen wie im Stall und hat mit uns gebetet. Er ist ein bißchen länger auf den Knien geblieben als wir.
Der Mansueto hat Wollsocken bekommen und warme feste Fäustlinge. Als er wieder gegangen war, hat die Mutter gesagt, um arme Menschen, die niemanden haben, müsse man sich an solchen Tagen besonders kümmern und es sei recht gewesen, daß wir ihn mitgebracht haben.
Später bin ich manchmal auch recht einsam gewesen zu Weihnachten. So ist es mir einmal in Berlin nach der Premiere eines Films, in dem ich die Hauptrolle spielte, ergangen. Die Aufführung war sehr feierlich, und ich war ganz benommen von dem vielen Applaus der Berliner an jenem 22. Dezember 1926. Am 23. Dezember wollte ich heimfahren, um den Heiligen Abend mit Mutter und Vater und den Geschwistern zu feiern.
Aber am 23. begegnete ich meinem Freund, dem Kameramann Sepp Allgeier. Er war sehr lustig und fragte:
»Hast du schon dein Reisegeld von der Filmgesellschaft?«
»Nein«, sagte ich, »heute war das Büro gesperrt.«
»Dann bleibst noch da, morgen geh ich mit dir zur Kasse, und wir fahren am Abend gemeinsam, das ist für beide netter.«
»Ausgerechnet am Heiligen Abend soll ich mit dir im Zug sitzen? Nein, das ist nichts.«
»Ach was«, hat er gesagt, »denk doch an die Eisenbahner, die Matrosen und die vielen anderen, die am Weihnachtsabend ihren Dienst tun müssen. Und außerdem könnten wir uns morgen den Film noch einmal anschauen. Wär' doch auch ganz schön, nicht?«
Diese Verlockung hat gewirkt, daß ich blieb.

Aber am nächsten Abend habe ich am Bahnhof vergeblich auf den Sepp gewartet; er hatte mich sitzenlassen. Ich hab' den Zug versäumt, weil ich immer noch hoffte, der Sepp würde doch noch kommen. So stand ich am 24. Dezember 1926 um halb elf Uhr nachts allein auf dem Anhalter Bahnhof.

Während ich so verlassen dastand, kam ein Herr auf mich zu, an seiner Seite eine kleine, dunkle Frau, und sagte:

»Ja, Herr Trenker, was machen denn Sie so allein am Bahnhof?«

Ich hab' ihn gleich erkannt. Es war der Kritiker Dr. Mendl von der Filmzeitschrift »Lichtbildbühne«.

Ich sagte, warum ich hier sei.

»Dürfen wir Sie einladen, mit uns zu kommen? So allein am Weihnachtsabend, das ist doch nichts. Wir haben zwar nur eine bescheidene Wohnung, in Steglitz draußen, aber ein kleines Christkind, unser zwei Monate altes Töchterlein, liegt in der Wiege, und einen Weihnachtsbaum haben wir auch, also kommen Sie doch mit, wir freuen uns.«

Ich nahm die freundliche Einladung gern an und fuhr mit den beiden in der Elektrischen nach Steglitz. In der kleinen Wohnung war es warm und gemütlich, am Christbaum brannten die Kerzenlichter, die Wiege mit dem schlafenden Kind stand in der Ecke und wir blieben auf, bis die Glocken von allen Berliner Kirchen zur Christmette läuteten.

Nach jenem Abend sind dann viele Jahre vergangen. Im Sommer 1960, vierunddreißig Jahre später, befand ich mich in einer Buchhandlung am Berliner Kurfürstendamm und suchte ein bestimmtes Buch. Kam eine hübsche Verkäuferin auf mich zu und fragte:

»Herr Trenker, Sie kennen mich natürlich nicht«, sagte sie, »aber ich freue mich herzlich, Sie endlich einmal persönlich zu sehen.«

»Sie kennen mich wohl vom Fernsehen oder vom Film her?«

»Das auch, aber nein, nein, mein Vater und meine Mutter haben Sie gekannt, sie haben mir oft erzählt, daß Sie vor vielen Jahren das Weihnachtsfest bei uns gefeiert haben, als ich noch ein kleines Kind war und in der Wiege lag. Ich bin die Tochter von Dr. Mendl. Können Sie sich noch an ihn erinnern?«

Das war vielleicht eine Überraschung für mich – natürlich, vor dreißig Jahren war das gewesen . . . Ich erinnerte mich gleich und sagte:

»So liebe Menschen wie Ihre Eltern vergißt man nicht. Wie geht es ihnen? Leben sie noch?«

Sie schüttelte den Kopf und fügte leise hinzu: »Sie wissen, der Krieg und die Konzentrationslager – Mutter und Vater sind darin umgekommen – ich wurde auf dem Lande von guten Leuten aufgezogen.«

Als ich nach einem Jahr wieder in Berlin war und in derselben Buchhandlung nach ihr fragte, war Fräulein Mendl nicht mehr da. Kein Mensch konnte mir Auskunft geben, wohin sie verzogen war, so sehr ich auch fragte. Nun schicke ich ihr auf diesem Wege meine guten Gedanken.

Während der düsteren Kriegsjahre war meine Familie in Kitzbühel. Dort waltete in jener Zeit ein besonders guter Pfarrer. Er hieß Josef Schmid, und wir verehrten ihn sehr, weil er so schön von der Kanzel herunter predigen konnte. Keiner hat das Credo beim Hochamt mit so ergreifender Stimme gesungen, und nie werde ich die Weihnachtsbotschaft vergessen, die er jedes Jahr um Mitternacht den Besuchern der Christmette verkündet hat.

Während wir von unserem kleinen Haus am Lebenberg im tiefen Schnee zur Kirche hinuntergegangen sind, haben alle Glokken geläutet. Sie klangen in der Stillen Heiligen Nacht viel schöner als sonst. Meine beiden kleinen Buben, Florian und Ferdinand, führte ich an der Hand, die kleine Barbara ging an der Hand der Mutter. Es war so, als würde das göttliche Kindlein hoch über uns durch den stillen Himmel schweben und alles, alle Menschen, Tiere und Häuser segnen. Die Bauern kamen mit ihren schwankenden Laternenlichtern von ihren Höfen herunter.

In der Kirche herrschte eine tiefe Erwartung. Die Kerzenlichter, das Orgelspiel, die Priester am Altar, alles bereitete sich auf den großen Augenblick vor, an dem unser Pfarrer die Botschaft verkünden würde vom Engel, der den Hirten auf dem Berge die Geburt des Herrn, im Stall zu Bethlehem, brachte; das waren wahrhaftig unvergeßliche, ergreifende Stunden. Nie habe ich die Christnacht andächtiger erlebt als damals. Und als wir, noch ganz vom großen Ereignis erfüllt, in die kalte, sternenglitzernde Winternacht hinausgegangen sind, stapften wir wieder durch den Schnee heimwärts. Meine Frau mit Florian und Barbara voraus, ich mit dem kleinen Ferdl hinterher. Im Gehen so, blieb der Bub plötzlich stehen und zeigte zum Himmel hinauf.

»Du«, sagte er, »schau da oben: die vielen, vielen Sterne. Welcher ist denn der Stern von Bethlehem? Ist das vielleicht der glänzende dort?«

»Nein, das ist der Abendstern. Weißt du, den richtigen, den Wirklichen, den kann man hier und heute nicht sehen, das war ein ganz besonderer.«

»Aber der dort oben ist doch auch recht schön, nicht?«

»Ja, der Abendstern ist freilich schön.«

»Du«, sagte er und sah mich mit ernster Miene an. »Möchtest du ihn haben?«

»O ja, den möcht' ich schon gern.«

»Dann schenk' ich ihn dir«, sagte er nun mit fester Stimme.

Und sooft ich seit jener Christnacht zum nächtlichen Himmel hinaufschaue, weiß ich: Der Abendstern gehört mir, den hat mir der Ferdl geschenkt.

Meine liebe kleine Almhütte

Im Sommer, als die Sonne höher stand und ich als kleiner Bub von der Schule heimkam, und Vater und Mutter von meinen Ausweisen nicht gerade erbaut waren, gaben sie mich der Burgel, unserer tüchtigen Hausmagd, mit, die über den Sommer heim mußte, um in der Bauernwirtschaft ihres Vaters zu arbeiten. Ich sollte in Colfuschg drüben, über dem Grödnerjoch, die Schafe und Ziegen ihres Vaters und noch einiger Nachbarn hüten und mir so einen Sommer lang selbst mein tägliches Brot verdienen. Ich war elf Jahre alt und freute mich, unbekümmert und unbeschwert von allem, über diese Aufgabe. Der Weg über das Grödnerjoch war weit, die Sonne schien heiß auf uns hernieder, die Burgel erzählte mir Geschichten und so kamen wir nach fünf Stunden glücklich nach Colfuschg.

Bald, und mit fröhlicher Selbstverständlichkeit, hatte ich mich eingelebt zwischen Milchschüsseln, grasenden Kühen, Felszinnen, Bauern, dem Kirchturm und meinen Schafen. Jeden Morgen ging ich, ob nun kalte Nebel die Gipfel verhüllten oder frühe Sonnenstrahlen die taufrischen Wiesen im tausendfältigen Glanz funkeln ließen, auf meine Schafweiden, die hinaufführten bis zu den Sockeln der gewaltigen, farbenglühenden Felsenwand des Saß Songher, und hütete die mir anvertrauten Tiere. Ganz allein, auf mich selbst angewiesen, lebte ich meinen Tag, freier als ein König, gut Freund mit den Lerchen und Wolken und im dämmernden Begreifen vom göttlichen Sinn, der alles Sein dieser Welt durchwebt.

Die heiß niederbrennende Sonne veranlaßte mich eines Tages, nach einem von der Höhe kommenden Schneebächlein auszuschauen. Dem Instinkt nachgehend und auch den Schafen, fand ich in einer Mulde, zwischen den letzten knorrigen Lärchen, eine kleine verfallene Almhütte, windschief, niedergeduckt, uralt und allen Unbilden trotzend. Ihr Tor stand offen, sie lud mich ein, in ihren kühlen Schatten zu treten. Ein kleiner, kaum merkbarer Pfad führte etwas oberhalb zu einer munter sprudelnden Quelle. Ich war selig über ihren nie versiegenden Reichtum. Ich trank von dem köstlichen Wasser und ergriff von der schönen Mulde Besitz, indem ich mir eine Bank vor der Hütte richtete, Holz sammelte und, bevor ich ging, das Tor meiner Hütte schloß. Zwischen den Schafen und mir kam eine stille Vereinbarung zustande, möglichst alle Tage um die Mittagszeit dort oben, einmal höher, einmal tiefer, vorbeizukommen und dort Rast zu halten. Das Zeitgefühl der Schafe war nicht schlechter als das meine.

So verlor sich Tag um Tag wunschlos zufrieden im Zauber jenes unvergeßlichen Sommers.

An einem besonders heißen Mittag hatte ich mich, müde geworden, unter einer schattenspendenden Lärche ins Gras gelegt und durch die ziehenden Wolken in den Himmel geschaut, bis ich eingeschlafen war. Erwachend, wollte ich die Tiere zur Heimkehr rufen, als ich ein großes Rauschen wahrnahm und sah, wie die Lärchenstämme unter dem drohend aus den Himmelswolken niederstürzenden Sturm ihre Wipfel tief zur Erde neigten. Die große Felswand war düster und grau geworden, ein schweres Unwetter schien zu nahen. Bis zum Dorf hinunterlaufen konnte ich nicht mehr, das war zu weit, auch hätte ich die Schafe nicht mehr rechtzeitig ins Tal gebracht. Weiter jagte wilder Sturmwind den Himmel. Eng aneinander geschmiegt standen die Schafe, die Köpfe tief zu Boden gedrückt, im Schatten der weitausladenden Lärchenäste, und warteten schnaubend auf das Drohende, Kommende. Der Sturm hörte mit einem Male auf, und alles wurde noch dunkler und grauer, die himmelragende Wand wechselte in rascher Folge ihre Farbe vom fahlsten Gelb in ein tintiges Grau. Eine dumpfe Bangigkeit hatte sich über Hügel und Berge gelegt, in deren Bannkreis ich hilflos auf die Entfesselung der drohenden Wolkenwände wartete.

Als der erste blendend fahle Blitz im gleichzeitig ohrenbetäubenden Donnerkrachen niederzuckte und die hohe Wand in eine einzige, schwefelgelbe Flamme verwandelte, packte mich eine furchtbare Angst. Ich bekreuzigte mich und, schon naß von den überall niederschlagenden Regentropfen, floh ich, von den blökenden, erschreckten Schafen umdrängt, in die Mulde zu meiner schützenden Almhütte.

Im Innern der Hütte, deren Boden ein weicher Teppich von goldbraunen Tannennadeln und Heuresten war, fühlte ich mich samt meinen Schafen geborgen wie nirgends sonst und war doch mitten im Donner der Gewalten und im Prasseln des Regens, der in wilden Tonleitern auf die Schindeln niederströmte. Wie fühlte ich mich behütet zwischen den altersgrauen Wänden, wenn durch ihre Balkenritzen die jähen Lichtflammen blitzten und die Berge unter dem Donnerkrachen erzitterten!

Still lag ich am Boden. Den Kopf hatte ich an die wollige Lende eines Mutterschafes gelehnt und mir auf den Bauch ein Lämmchen gelegt, das mich wärmte. Allein, auf dem wetterumtosten Berghügel, zwischen tosenden Donnern, die sich an den Felswänden brachen, die Schafe beruhigend und selbst dann und wann erschreckend, wenn die Blitze niederfuhren, genoß ich dankbar die stille Einsamkeit meiner lieben kleinen Almhütte.

Eine Stunde verging und noch eine, bis sich das Unwetter grollend verzog. Ich trat vor die Hütte in die neue Welt. Die riesige Felswand stand nach dem Himmelsbade wieder leuchtend vor mir und reckte sich himmelan ohne Ende bis in die davoneilenden Wolken. Drüben im Westen, über dem Grödnerjoch, zerteilten goldene Strahlenbündel die zerrissenen Nebel und tauchten das Tal in den Glanz einer neuen Jugend. Ein lichter Regenbogen schwang sein Zauberband über den schimmernden Talgrund, wo in unfaßbarer Verklärtheit das Dörfchen träumte. In wundersamer Ruhe prangten unter dem farbenzarten Himmelsbogen die saftigen Wiesengründe, die Hügel, Hütten und Hänge. Heiter und friedvoll klang die Abendglokke herauf, während ich mich anschickte, bergab zu steigen in den Abend. Die Vögel sangen zwischen den Lärchen, dankbar schloß ich die Tür meiner Hütte. Ein kleines Weilchen noch, und auch der Gipfel des Saß Songher ragte klar und frei in die ungeheure Glocke des dunkel werdenden Himmels.

Glücklich kam ich ins Tal. Als die Schafe in ihrer Hürde untergebracht waren und ich mich zufrieden und müde schlafen gelegt hatte, träumte ich noch lange von meiner lieben kleinen Almhütte und dem in die Donner ragenden Gipfel des Berges. Den guten Hauch der frischen Gräser noch in der Nase, schlief ich dankbar unter den kühlen Sternen ein.

Der Wunderdoktor

Die Begebenheit trug sich zu, als es bei uns weder chinesische Akupunkturkünstler noch Heilpraktiker, dafür aber den klugen Wunderdoktor Serafin Loiblkas gab. Zu jener Zeit war ich ein unternehmungslustiger Bub, der an der k.u.k. Oberrealschule in Innsbruck fleißig studierte, wie man so sagt. Nebenher widmete ich mich nicht minder heftig dem Fußballspiel, bei dem ich manchmal auch außer mir geriet, was vom Schiedsrichter bestraft wurde.

Dies eigentlich nur deshalb, weil sich ein Gegenspieler bei einem Zusammenprall mit mir den Fuß verletzt hatte. Der Verletzte hieß Xaver Loiblkas, stammte aus dem Ötztal und wohnte in jener Gegend Höttings, die im Innsbrucker Volksmund die »Koatlackn« heißt, bei seinem Onkel Serafin. Und da wären wir also beim Problem.

Serafin Loiblkas war in Innsbruck weit über die Stadtgrenzen hinaus der berühmteste und bekannteste »Wunderdoktor« von ganz Tirol. Er hatte einige überraschende Heilungserfolge bei seinen Patienten erzielt, und wie ein Feuer hatte sich die Nachricht vom neuen Bauerndoktor aus dem Ötztal verbreitet.

Also der Loiblkasxaverle war bei seinen Verwandten gut aufgehoben und konnte sich wegen meines unbeabsichtigten Trittes, der rasch verheilte, nicht beklagen. Mit Stolz zeigte er uns in der Schule ein Riesenpflaster auf dem Schienbein als Signum seines berühmten Onkels, und zu mir sagte er: »Kannscht schun froah sein, daß dein Vater net so an tuiern Stadtdoktor zahlen muß _ wenn mein Onkel mir net gholfn hätt, hätt's euch a Vermögen gekoschtet, mein Lieber.«

»So a Trumm Pflaster hätt i dir schon selber a noch auffikleben können auf dein Haxn, do braucht's weiter koani Doktor«, meinte ich – und war im Grund bös mit dem Loibl. Vier Wochen Spielverbot sind ja schließlich auch kein Spaß.
Vom Skifahren her kannte ich einige Studenten der Universität in Innsbruck. Diesen erzählte ich eines Tages die ganze Geschichte während eines Wettspiels gegen Kufstein, an dem ich nicht teilnehmen durfte, wohl aber der bepflasterte Neffe des Loiblkas, was meinen Grimm gegen diesen nicht gerade verminderte.
Immer berühmter wurde der Ruf des Bauerndoktors, der alles auf den ersten Blick erkannte und, was nicht weniger wichtig war, auch alles mit eigenen Pflastern, Salben, Heilkräutern und Wässerchen behandelte.

»Serafin Loiblkas – Bauerndoktor«
»Sprechstunden von früh bis abends«

stand in einfachen Buchstaben vor der Wohnungstür des merkwürdigen Junggesellen.
Die ganze Stadt sprach vom Höttinger Wunderdoktor, und seine Wohnung war stets dichtgedrängt und voll hilfesuchender richtiger und eingebildeter Kranken. Und es war alles recht und schön, und der Loiblkas verdiente, so viel er nur heilen konnte. Immer größer wurde der Andrang zum einsilbigen Bauernmännlein, so daß die Ärzteschaft der Stadt bald das Tun und Treiben solcher gutgläubiger Patienten mit unverhohlener Mißachtung verdammte und sich endlich aufraffte, versammelte und beschloß, diesem Scharlatanentum ein Ende zu machen. Serafin Loiblkas sei kein studierter Arzt, kein Mediziner und schon gar kein »Doktor«, er hätte sofort den Titel »Bauerndoktor« von seiner Aufschrift zu entfernen – das Wort »Bauer« könnte er stehenlassen, es genüge auch allein. – Viele Studenten, besonders die der Medizin, nahmen regen Anteil an dem entbrannten Kulturkampf, und diese berieten rasch und

auf ihre Weise, wie man dem Leuteverführer beikommen könnte. Da einige davon von meinen unfreundlichen Beziehungen zu Pflaster und Schienbein des jungen Loiblkasxaver wußten, überredeten sie mich zu einem Besuch beim Wunderarzt. Ich sollte mich melden und ihm dann irgend etwas erzählen von starkem Bauch- oder Magenweh. Die Salben und Kräuter, die er mir für die verschiedenen Leiden verordnen würde, sollte ich dann den Studenten bringen. Meine hohe Mission im Dienste der Wissenschaften voll erkennend, sagte ich mit großer Freude zu.

Mit dem Pfnuttererhans, der zwei Jahre älter als ich, aber in derselben Realschulklasse war, weil er wegen seiner Faulheit zweimal hängengeblieben war, stand ich am nächsten Tag vor der Tür des Doktors. Das Schild war geändert worden, aber die Praxis war nicht um ein Haar schlechter geworden. Auf dem Schild stand jetzt unter seinem bekannten Namen, kürzer und eindringlicher als früher, nur mehr das einfache Wort: »Heilungen«.

Wir stiegen über die dunkle Treppe. Zu läuten brauchten wir nicht, denn erstens gab es keine Glocke und zweitens stand die Tür weit offen. Auf primitiven Holzbänken saßen dichtgedrängt Männer mit roten Weinnasen, Bauern mit ums Haupt geschlungenen Zahnwehtüchlein, eingepackten, fest umwickelten Rheumatismusknien, Frauen, alt und jung, in gottergebener, stiller Erwartung. Sie erzählten sich Geschichten von plötzlichen und überraschenden Heilungen. Den sommersprossigen Pfnuttererhansl interessierte alles sehr, und er glaubte bald so wie ich an die Wahrheit aller Erzählungen. Je näher die Reihe an uns kam, vor dem großen Loiblkas zu erscheinen, um so hörbarer klopften unsere Herzen.

Wir hatten alles genau festgelegt: »Du sagst Bauchweh, weil du eh so grün ausschaugst, und i sog, daß mir die linke Hüfte ollweil so weah tuet, als wenn's ausgekegelt wär.«

»Ja«, sagt er, »i bleib dabei. Bauchweh, dös merk i mir leicht.«
Nach zwei Stunden hieß es: »Der nächste!«
Und da standen wir auf: »Mir ghörn zsamm«, sagte ich schüchtern.
Wir stehen im Allerheiligsten.
Mager und dünn, grauhaarig und voller Falten steht Serafin Loiblkas vor uns. Im Zimmer ist nichts als ein Tisch und zwei Stühle.
Der Doktor lächelt freundlich, beide Hände hat er in den Hosentaschen vergraben.
»Also wo fahlt's, Büebeln? – Macht's schnell, es warten noch viel Leut!«
»I hob ollweil Bauchweh, und die Mutter schickt mi her zu Euch!«
»Und du?« fragt er, zu mir gewendet.
»I hob's Reißen in der linken Hüften, so als wenn i wos ausgekegelt hätt.«
»Tuet's in drei bis vier Tagen wiederkommen, Büebeln, und jeder a Flaschl Urin mitbringen. Nachher werd i schun draufkemmen, was euch fehlt.«
»Dankschien, Herr Doktor – dankschien!«
Schnurstracks gingen wir zur Kneipe der Thuringia und erzählten das Ergebnis des Besuches den Studenten. Einer davon schlug sich auf beide Schenkel und sprach dann laut und feierlich:
»Meine Herren Kommilitonen! Ich habe einen Vorschlag, der dem ruhmreichen Treiben des Ötztaler Hexendoktors rasch und schmerzlos ein Ende bereiten wird. Dazu muß ein viertel Liter jenes gewünschten Wässerleins von einer Kuh besorgt und in zwei Flaschen gefüllt werden. So bewaffnet, gehen die beiden Buben zum Doktor Loiblkas. Er kann ihnen dann die Diagnose stellen.«
Gelächter folgte, ein Glas Bier und ein Würstel mit Kraut wa-

ren vorderhand unser Lohn im Kampf um die Wissenschaft der Medizin, deren Belange in der Koatlackn bei Innsbruck auf dem Spiele standen.
Dann kam der große Tag. Mit je einem sorgfältig in Papier gewickelten Fläschchen jener für den Wunderdoktor so wichtigen Flüssigkeit zogen wir los. Wenn die Sache aufkam, gab es Ohrfeigen, das war gewiß. Ich für mein Teil fürchtete weniger die Watschen des »Doktors« als allenfalls jene seines Hausknechtes, der die Tür auf- und zumachte. Meinem Freund Pfnutterer gingen wohl ähnliche Gedanken durch den Kopf, denn schweigsam und voller Anteilnahme verfolgten seine Blicke jede Geste des Hausdieners.
»Nur nicht lachen«, hatten die Studenten gesagt. Aber da war keine Gefahr. Unsere Angst war zu groß, als wir nun wirklich und leibhaftig vor dem ernsten Mann mit den durchdringenden Augen standen.
»Habt's die Flascheln mitbracht?« fragt er freundlich.
»Ja! Da ist meins«, packte ich zuerst aus. Dann gibt ihm der Hansl sein Zauberfläschchen.
Der Wunderdoktor geht ans Fenster, schüttelt den Inhalt, schaut durch, schaut dann uns an. – Wir sind todernst, trauen uns kaum zu schnaufen.
Der Holzklotz, der Portier, steht vor der Tür. Ich denke jetzt an ihn, an seine genagelten Schuhe und an meine Ohrwatscheln.
Loiblkas schiebt die Brille hoch und studiert nachdenklich den Inhalt der Fläschchen.
»Ja, ja, Büebeln«, sagt er dann und klopft mir auf die Schulter, »sagt's dahoam, es ist so weit alles in Ordnung, und sorgen braucht sich niemand. In drei Wochen wird sie kälbern, eure Kuh, aber sonst ist sie gesund. Und kost'n tuet die Behandlung von eurem Bauchweh und Reißen nix dösmal, ös Lauser!«
Mit offenen Mäulern stehen wir da und bringen kein Wort heraus. Der Pfnutterer schaut schon ganz blöd daher, das bringt

mich zur Besinnung. Der Herr Wunderdoktor lacht ein bißchen, und mit »Vergelt's Gott z'tausendmal« hauen wir schleunigst ab. Wir beginnen sofort zu laufen, man kann nie wissen.

Nach einer Viertelstunde stehen wir vor dem versammelten Rund der Thuringia: »Der Doktor hat gesagt, an schönen Gruß sollen wir den Herren sagen und in drei Wochen kälbert sie, und sonst sei alles in Ordnung.«

Gleichzeitig stellen wir unsere Fläschchen auf den Tisch.

Daraufhin nahmen sie alle einen Schluck Bier und sagten gar nichts. Veröffentlicht haben sie über die Diagnose des Wunderdoktors nichts, und ich habe mir dies bis heute aufgespart.

Schön waren jene Tage – kehrten sie doch wieder

Die Berge leuchteten in hellen Farben, stolz standen sie da, umflutet vom Licht der sinkenden Sonne, als glühten sie von innen her, und ihre Füße badeten in den kühlen Wiesen. Der Wind wehte von den Gipfeln nieder, rauschte durch die sich neigenden Tannenwipfeln, im leisen Hauch strich er über die Blumen und Blüten, trug ihren süßen Duft in die Täler und schenkte jedem, der da ging, etwas von dem Wohlklang des göttlichen Friedens in der Natur.

Des Abends, wenn der Vater heimkam, wußte die Mutter, jetzt ist die Arbeit aus, und am Sonntag wurde in die Kirche gegangen, wo der Vater im Chor mitsang. Ganz genau konnte ich seine Stimme heraushören.

»Nun ja«, sagte der Vater an einem solchen Sonntag auf dem Heimweg zu mir, »morgen fährst du in die Stadt, zur Schule. Mir wäre es lieber, du bliebest daheim. Bleib ein braver Mensch, Bub, und behalte ein gutes Herz.«

»Wie tut man das?« fragte ich.

»Indem man alles für gut nimmt, eh man nicht ganz sicher weiß, daß es schlecht ist.«

»Ja, Vater«, sagte ich und wollte mir seine Worte merken.

Am anderen Morgen um vier Uhr früh weckte mich die Mutter. Es hieß fortgehen von daheim, von der Stätte aller schönen Stunden und Spiele, es hieß die hohen, kühlen Ahornbäume in unserer Wiese verlassen, den Bach und den Langkofel, und wäre die Mutter nicht mit mir gefahren an jenem Tag, ich glaube, ich wäre sehr unglücklich gewesen. Eigentlich hätte ich, wie

bei anderen Gelegenheiten, zu Fuß die drei Stunden Weges durch das Tal bis zur Eisenbahnstation gehen sollen, aber die Mutter hatte diesmal einen Einspänner bestellt, der uns durch das noch im Schlaf liegende Dorf in die Fremde führen sollte. Der Grödnerbach rauschte den Weg entlang sein Lied hell und fröhlich, je nach den Steinen und Blöcken, über die er dahinfloß. Stumm saß ich in der Kutsche neben der Mutter und war glücklich über ihre Nähe.
In der Stadt nahm man mich in die zweite Klasse der Bürgerschule auf, und an die Stelle der Mutter trat eine gutmütige, aber strenge Lokomotivführerswitwe, bei der ich in einem kleinen sonnigen Zimmer untergebracht wurde. Ihre Tochter Anna band in einem Hutmodeladen Schleifchen oder Blumen auf große Damenhüte, wie sie damals den Leuten gefielen.
Alles, was ich liebte, war mit einem Male weit weg: die grünen Blumenwiesen der Seiseralm, die rotglühenden Felsen und Türme der Sella, die kleinen Waldwege, die erdduftenden Äkker, die braven Schimmel des Großvaters, die sonnendunklen Almhütten, die Freunde alle, der schmierige, sommersprossige Meyer Peppele, der schlangenwendige Stainer Wastl, der gute Mansueto, die alte Anna Maria und die große Stille, die allabendlich vom Himmel heruntersank.
In der Schule gab es nicht selten Raufereien, die mein Gemüt erfrischten, oder auch sonst Dinge, die den Unterricht würzten; da ich aber von der Einsamkeit meiner kleinen Welt her an die Ruhe in der Natur gewohnt war, blieb ich immer etwas zurückhaltend und gern allein. Die ersten Wochen nach meiner Ankunft weinte ich, wie das wegen meines Heimwehs auch später oft geschah, oft und heimlich bitterheiße Tränen. Die Sehnsucht nach den stillen Tagen und der Stimme der Mutter war zu groß, später kühlte die Zeit den heißen Schmerz; ich lernte selbständig zu werden und erfuhr, daß es in der Welt außer dem Heimattal, dem Elternhaus und dem Langkofel

auch sonst noch schöne Dinge gibt, und lernte mit Eifer und Fleiß.

Selten einmal durfte ich spazierengehen, aber fast nie allein. Ich erwähnte schon, daß Frau Rainer, trotz ihrer Güte, auch mit ihrer Tochter und mit sich selbst sehr streng war. Ihr Mann, ein Lokomotivführer, war bei einem Eisenbahnunglück ums Leben gekommen; sie hatte mir den Hergang des Unglücks oft erzählt, und sie gedachte des Verstorbenen mit einer rührenden und treuen Anhänglichkeit. Sein Bild hing im Eßzimmer, sein Blick war frei und offen, ein starker Schnurrbart zierte das männliche Gesicht. Stets schmückte eine frische Blume oder ein Tannenzweig sein Bild. Das Unglück hatte den Sinn der Witwe vom Irdischen ins Jenseitige gelenkt.

Manchmal kamen auch ihre Schwestern zu Besuch, es waren zwei rundliche Tanten ohne Anhang. Sie kümmerten sich sehr um mich.

Immer hatten sie an mir etwas auszusetzen: einmal war ich ihnen zu laut, dann wieder zu still, dann zu blaß und dann wieder zu rot im Gesicht. Aß ich viel, war es nicht recht, aß ich wenig, fragten sie, ob ich krank sei. Immer aber vertratschten sie mich: einmal hatten sie mich naschen gesehen, ein andermal mich gerade ertappt, als ich aus einem Zuckerbäckerladen kam, und einmal gar, als ich mir morgens auf dem Schulweg bei einem Obststand um zwei Kreuzer Äpfel gekauft hatte. Einen ganzen großen Hut voll hatte ich bekommen, da rauschten die Tanten daher; vor Schreck fiel mir der Hut auf den Boden, die Äpfel rollten in alle Richtungen davon, ich hatte zu tun, um sie wieder zusammenzuklauben. Natürlich gab's daheim nachher Verhöre, Verdächtigungen und mißtrauische Blicke. Ich fürchtete die beiden Tanten mehr als den Teufel, der mir bisher viel weniger Scherereien gebracht hatte als sie, aber die Tochter Anna mochte ich gern, sie half mir bei den Schulaufgaben.

Da wurde einmal ein großes Alpenvereinsfest gefeiert. Es war das schönste Fest, an das ich mich aus meiner Jugendzeit erinnere. Große Edelweißsterne prangten als Lichtflammen an den Berghalden, viele Fremde waren da, die sich in bunten Scharen auf dem Waltherplatz und auf der Talferpromenade drängten. Musikbanden spielten, Fackelzüge marschierten durch die Stadt, Lampions glühten an hundert Stellen, es war alles voll Freude, und man genoß nach dem festlichen Sonntag den schönen Abend. Ich durfte mit den Tanten noch abends auf den Waltherplatz gehen. Im Vorgarten eines der großen Hotels spielte eine Militärkapelle, und man ging herum und staunte über die Höhenfeuer, die von den Bergen heruntergrüßten.

Ich brachte Mund und Augen nimmer zu, so viel gab es zu schauen und so viel stürmte auf mein knabenhaftes Gemüt ein. Bald aber zog mich der erste Geiger des Orchesters derart in seinen Bann, daß ich den Kopf zwischen die Buchsbaumbüsche steckte und um mich herum die laute Welt in ein Meer von Melodien versank. Ich hörte nur die Streicher und über allen den Sologeiger. Er spielte so schön und mit so viel Seele und innerer Beteiligung, daß ich bleiben wollte, soviel die Tanten und Frau Rainer auch zum Aufbruch mahnten. Und als sie mich wegzerren wollten, hielt ich mich mit beiden Händen so fest an den Buchsbaumbüschen, daß diese umzustürzen drohten. Also gaben die Tanten nach. Der Geiger hatte tiefdunkles, fast pechschwarzes Haar und einen Bogenstrich, der die Geige zum Schluchzen und Jauchzen brachte und mit ihr mein ganzes Herz. Ich war restlos glücklich; aber schon wieder mahnten die unerbittlichen Tanten. Sofort griff ich wieder in die Buchsbaumstauden und war entschlossen, eher eine Eiche umzureißen, als nachzugeben.

Alle Fenster der großen, breiten Barockfassade des Hotels waren erleuchtet, sie stand hinter dem schönen Konzertgarten, in dem sich die Gäste ihrer sorglosen Stimmung hingaben. Aus vielen Fenstern blickten Menschen auf den sommerlichen festlichen Platz, den das marmorne Denkmal des Minnesängers Walther von der Vogelweide zierte. Jetzt blieb mein Blick an einem seltsamen Kopf in einem Fenster des ersten Geschosses haften. Er war schmal, anziehend, die Gesichtszüge kräftig und klar gezeichnet. Die Haare fielen links und rechts des blassen Antlitzes fast bis auf die Schultern. Der Kopf war auffallend schön, ich habe ihn bis heute nicht vergessen, er erinnerte mich an das Bildnis eines Italieners im Zimmer meines Vaters. Der Mann lehnte allein am Fenster und lauschte regungslos, immer in derselben Stellung verharrend, den Kopf auf die rechte Hand gestützt, in der von flimmerndem Kerzenlicht erleuchteten Fensteröffnung.

Der Geiger hatte aufgehört zu spielen, das große Orchester strömte nun im Wohlklang der Instrumente über, der Fremde rührte sich nicht und ich schaute und schaute, unter den vielen Gesichtern und Menschen fesselte mich nur mehr jener merkwürdige Mann aus der Fremde. Wo mochte er wohl herkommen? Vielleicht aus einem Land, von dem ich noch nie etwas gehört hatte. Ich starrte noch zum erleuchteten Fenster als die Musik verklungen war, da fragte mich Frau Rainer, was es denn da oben zu sehen gäbe? Nur halb hörte ich ihre Worte. Nach nochmaliger eindringlicher Frage deutete ich zu dem fremden Mann hinauf und sagte:

»Siehst du den Herrn dort oben, den mit den langen Haaren, der ist aber schön!«

Frau Rainer schaute, ihrem Blick folgten auch die anderen, auch Anna, die Tochter, sah hin. Kopfschüttelnd fragte mich die Frau:

»Was willst du denn von dem?«

»Ich möchte gerne wissen, was der ist«, sagte ich.

»Was der ist?«

Die Achsel zuckend, sagte die eine Tante lächelnd:

»Was kann denn schon ein Mensch, der so aussieht, sein? Ein Schauspieler halt oder sonst so ein Künstler?«
»Oh, das möchte ich auch werden, ein Schauspieler oder Künstler!« rief ich begeistert aus und blickte wieder zu dem fremden Mann hinauf.
Die Tanten waren entsetzt. Die Köpfe schüttelnd, nahmen sie mich unter ihre Fittiche, führten mich aus dem Zauber jener gefährlichen Erscheinung fort und verboten mir, noch einmal derartige Gedanken zu äußern. Schauspieler werden – na, so was!

Wie ich Bergführer wurde

Endlich, endlich war es gelungen! Mit klopfendem Herzen unter dem groben Zwillichhemd hatte ich zugesehen, wie Josef Anton Sanoner, der St.-Ulricher Adlerwirt, seine Unterschrift unter den Alpenvereinssektionsstempel schrieb.

Mit freundlicher Geste übergab er mir das Büchlein, in dem bezirksamtlich eingetragen war, wer und wie alt ich sei, daß besondere Merkmale keine da seien und daß ich als Führeraspirant pro Übernachtung auf Schutzhütten Anspruch auf 2 Kronen Lohn hätte. Das war alles sehr schön, und ich las es mit strahlenden Augen. Mit dem Besitz dieses Dokumentes war ich nun trotz meiner achtzehn Jahre ein selbständiger junger Mann geworden.

Die Welt stand also offen vor meinen Augen. Die Sonne schien heller zu leuchten, die Wolken schimmerten verheißungsvoller, und die Zukunft war weit und rosig. Ich konnte endlich hier für mein weiteres Studium ein wenig Geld verdienen, die Eltern brauchten mir nimmer ihre hart verdienten Kreuzer in die Stadt nachzuschicken. Tragen und schleppen wollte ich schon, wenn ich nur erst »Engagements« bekäme!

Die Grödener Führerschaft war über den jungen Zuwachs zuerst nicht sehr begeistert, solch lebendige neue Burschen rühren sich zuviel, und das gibt Konkurrenz. Geschimpft haben aber nur die schlechten Führer, die guten, wie Nogler, Dimai, Dibona oder Tita Piaz, waren im Fels schon lange meine Freunde geworden.

Das selbständige Herumstreifen in den Bergen, dieses Alleingehen vor meinem Eintritt in die erfahrene Gilde der Führer, war vielleicht die gefährlichste Zeit für meine Knochen. Jung und heißblütig graste ich einen Gipfel nach dem anderen ab, lief um vier Uhr früh fort von daheim, ein Laib Brot war meine ganze Tagesverpflegung. Ging und kletterte richtige und falsche Routen, verstieg mich, hing minutenlang zwischen Leben und Tod irgendwo an den Wänden der Sella oder der Geislergruppe. An einem Sonntag stürzte ich zur Abwechslung zweimal hintereinander von einem bauchigen Überhang in eine steile, feinschotterige Rinne der Odlaschlucht. Wäre ich auf Fels aufgeschlagen, so hätte es schlimm ausgehen können. So aber setzte ich mich zornig nieder, aß voll Wut den Laib Brot auf, machte den Rucksack wieder zu und ging zum dritten Male an den bauchigen Überhang.

Der Laib Brot gab mir neue Kraft – ich kam hinauf.

Mit dem »Aspirantenbuch« hatte sich nun dies alles mit einem Mal geändert. Ich war von jetzt ab nicht nur für mein eigenes Leben, sondern in ganz besonderem Maße für das Leben der Gefährten verantwortlich. Das Gehen im Fels wurde nun ganz anders, weil ich durch meine neue Tätigkeit immer selbständiger und selbstsicherer wurde. Die ersten Tourenführungen, die ich bekam, waren allerdings keine Dolomitentürme – ich mußte mich mit bescheidenen Jochbummeln zufriedengeben und die schweren Rucksäcke der Touristen von Hütte zu Hütte tragen. Lifts und Seilbahnen gab es damals noch nicht.

Im Hotel Mondschein, in dessen Garten mein Vater jeden Donnerstag im »Regensburger Liederquartett« einen herrlichen zweiten Baß hinlegte, wohnte der Herr Oberbürgermeister Lehmann aus Lausitz. Er wollte mal die Langkofelscharte überschreiten.

»Junger Mann«, sagte er, »also da haben Sie eine Zigarre, es ist meine Lieblingsmarke«, dann fragte er mich, was ich für das Tragen seines und des Rucksackes seiner Frau pro Tag verlange. Ich nannte mit unterdrückter Stimme, aus Angst, er könne mich wieder heimschicken, den halben Tarif. »Na, zehn Kronen ist ein bißchen viel, da können Sie ja was nachlassen, sehen Sie, ich habe Ihnen da gerade doch eine Zigarre ...« – »Also acht Kronen«, meinte ich. Zufrieden gab mir Lehmann die beiden Rucksäcke. Sie wogen zusammen gut an die fünfzig Pfund. Kleinigkeit, denke ich mir. – Ich haßte von jeher das gar zu langsame Gehen im Gebirge und bat, gleich vorausgehen zu dürfen, was genehmigt wurde. Tapfer trug ich meine Last in die Höhe, die steilen heißen Serpentinen durch den Geröllschutt zur Langkofelhütte drückten mir viele Schweißperlen aus der Stirne. Um 11 Uhr mittags war ich oben am Joch. Weit herum sah ich keine Spur von meiner »Herrschaft«. Nur der schwere Rucksack lag mahnend neben mir. Was die wohl alles da drin haben mögen? – Gleichzeitig sehe ich links von mir die stolze, herrliche Fünffingerspitze in den blauen Himmel ragen und rechts den breit ausladenden Langkofel mit seinen zerrissenen Wänden.

Ich rechne: wenn ich schnell klettere, bin ich in zweieinhalb Stunden am Gipfel – herunter geht's noch schneller, also bis um 2 Uhr kann ich wieder da sein, und zum Sellajoch hinunter renne ich dann, was die Füße vertragen, dann bin ich immer noch vor dem Oberbürgermeister und seiner runden Frau da! Den Doppelrucksack verstaute ich unter hohlliegenden Steinklötzen, und in herrlicher Freude turnte ich durch die Kamine hinauf, saß am Gipfel genau so lang, wie man braucht, um eine kleine Pfeife Tabak zu rauchen, und glitt dann rasch wieder hinunter zum Einstieg. Es war 4 Uhr nachmittags geworden, als ich ins Schutzhaus am Sellajoch kam.

Große Aufregung! Ein Führer kommt: »Du Trenker, dein Herr schimpft fürchterlich, er sitzt drinnen und wartet auf seine Pantoffel!« Ich habe ihm sofort alles gebracht und sagte, als er mich fragte, wo ich gewesen sei, daß ich beim Warten am Wege in der großen Hitze eingeschlafen sei.

Am anderen Tage nahmen mich zwei Professoren mit. Die beiden gefielen mir besser. Den Rucksack des Herrn Lehmann übergab ich einem anderen zum Tragen. Die Professoren waren Holländer und wollten hinauf auf das Sellaplateau. Es war für mich noch nicht das Rechte, aber besser, als den Rucksack des Herrn Lehmann ins Tal zurückzuschleppen, schien es mir doch. Und die beiden waren freundlich und nett. Sie redeten viel und sagten immer »prachtock«. Lange hörte ich den beiden zu, doch kam ich einfach nicht darauf, welche Sprache sie eigentlich sprächen. Schließlich – wir waren schon an die drei Stunden unterwegs – fragte ich, wo sie her seien. »Aus Utrecht«, sagte einer. »Aha, Friede zu Utrecht 1642«, antwortete ich. Donnerwetter, die beiden schauten! Im Laufe der Unterhaltung meinten sie, daß ihr kleiner Führer sehr intelligent sei und allerhand wisse. Auch von Richard Wagner redeten wir und von Geographie. Schließlich fragten sie, was ich triebe, wenn ich nicht führe, also zum Beispiel im Winter. Ja, meinte ich, daheim sitzen und nichts tun, wie es halt so im Winter bei den Bauern üblich ist. Da schüttelten beide die Köpfe und sahen mich traurig an.

Auf der Schutzhütte schrieben sie viele Karten nach Utrecht und sonst in die Welt. Der Ältere winkte mich zu sich, gab mir die Feder und sagte: ich solle nur auch mit unterschreiben. – Krampfhaft tunkte ich sie ein und schrieb meinen Namen so hin, daß ich mich vor mir selbst schämte. Ich brauchte zu einer Unterschrift fünf Minuten. Auch mischte ich in einem Wort deutsche und lateinische Buchstaben. Ich schwitzte beim Schreiben, und es war mir sehr peinlich, als ich die Herren wegen meiner Saupfote um Entschuldigung bat.

Traurig sahen sie mich an. Der Gutherzige seufzte sogar, dann meinte er, als er mich so anschaute, es sei sehr schade um mich. Ich solle unbedingt in eine gute Schule gehen, um etwas Ordentliches zu lernen. Vielleicht werde er mit meinen Eltern re-

den. Man müsse mit solchen Eltern reden. Es sei unverantwortlich.
Ich blieb bescheiden und still, ja, ich wurde sogar ein bißchen traurig, als ich sah, was alles an meiner Erziehung versäumt worden war.
Am kommenden Morgen zogen wir bei himmlischer Sonne von der Bamberger Hütte weiter, ich ging voraus und führte die freundlichen Holländer über die Pordoischarte hinunter. Dort war die Tour beendet, und während meine Touristen in die Hotelhalle gingen, drückte ich mich in die Schwemme. Sie aßen oben und vornehm, ich unten und einfach. Geschmeckt hat es uns allen dreien. Mir aber vielleicht doch am besten, weil ich mit dem ersten verdienten Geld in der Tasche mein Viertel Rotwein bezahlen konnte. Weit und herrlich dünkte mir die schöne sommerliche Welt.
Bis die beiden Holländer erschienen und mich lachend bei den Ohren hinaufzogen in die Halle. Der Hotelwirt, den sie über meine Eltern befragten, hatte ihnen dummerweise erzählt, daß ich im vergangenen Juni das Abitur in Innsbruck abgelegt hätte und, soviel er wisse, im Herbst die Technische Hochschule in Wien zu besuchen gedenke. –
Später in Wien war ich Antialkoholiker geworden. Ein Freund, der Brillen trug und fürchterlich viel las, hatte mich so lange mit antialkoholischen Schriften bedacht, bis ich überzeugt war, daß ein Glas Bier ein Gifttiegel und Rotwein das verwerflichste Sündengesöff auf Erden sei. Schließlich führte er mich in einen Verein, und ich mußte feierlich versprechen, nie mehr im Leben einen Tropfen Alkohol zu trinken. Ein Jahr lang hielt ich dieses Gelübde streng. Es hat mir sicherlich nur genützt. Aber angefreundet habe ich mich nicht restlos mit den neuen Kameraden, weil sie nicht nur über den Teufel Alkohol die Nase rümpften, sondern auch über den Tabak.
Ich hielt mich streng an die antialkoholischen Vorschriften, so-

gar in den Bergen, wo mich die Führer manchmal wegen meiner Limonadentrinkerei auslachten. Das ging so den Sommer über ganz gut, bis es einmal Blitz, Donner, Hagel und Schnee gab. Da war ich mit Erich Schott aus Jena und seinem Freunde Dr. Schlegel durch den sehr schweren Adangkamin am Grödnerjoch geklettert. Schott wurde von mir, Dr. Schlegel von Engelbert Nogler, dem besten und nettesten Führer im ganzen Grödnertal, geführt. – Bei Hagel und Schneesturm landeten wir naß und zerfroren auf der Tschierspitze, deren Südwand in gerader Linie von einem gewaltigen Kaminschlund durchrissen wird. Der Wind pfiff so um unsere Ohren, daß wir schnell an den Abstieg dachten. Engelbert eilte mit den beiden Herren über die leichten Schrofen der Ostwand hinunter zur Grödnerjochhütte. Ich, als junger Führer, blieb am Gipfel, um Seile und Kletterschuhe einzupacken, die wir nach gelungener Durchkletterung des großen Kamins nicht mehr brauchten. Schließlich war auch ich fertig und trabte, naß bis auf die Knochen, bergab. Triefend trat ich in die warme Gaststube. Da stand Engelbert Nogler. Vor ihm auf dem Tisch ein Liter dampfenden Glühweines.

»Da nimm und trink, dann gehst dir das Gewand wechseln.«

»Na, Engel, Wein trink i net, i bestell glei an Tee.«

Jetzt hat's gedonnert. Der Engelbert ist wild geworden. »Du Stoanesel, du dummer, zuerst kommt die Gesundheit und dann deine Prinzipien. Jetzt trinkst!«

Und gebieterisch hält er mir ein Glas des herrlich duftenden heißen Weines unter die kalte Nase. Seit über einem Jahr hatte ich so etwas Herrliches nicht mehr gerochen. Die Situation war gefährlich. Hätte ich abgelehnt, dann hätte mir der Engelbert bestimmt das Glas nachgeworfen, überdies schlotterte ich vor Kälte und Nässe. Und der Wein duftete lieblich unter meiner Nase. Der Engelbert sah mich drohend an. Da meinte ich schließlich: »Gib her. – Prost, meine Herren!«

Seit jener Adangkamindurchkletterung bei Hagel und Neuschnee trinke ich wieder Wein, Bier, Milch oder Wasser, je nachdem. Immerhin habe ich bei allen Touren, Winter und Sommer, den Grundsatz beibehalten, wenig zu trinken.
Der Budenkamerad aus Wien ist während des Krieges über Sibirien als Soldat nach Japan gelangt. In Tokio baut er Häuser. Wie er es nun mit dem Wein hält, weiß ich nicht, ich kenne die japanischen Sitten nicht.

1 Vor meinem Haus: Die Grödner Musikanten bringen mir ein Ständchen zu meinem 80. Geburtstag.

2 Von meinem Balkon aus: Ein herzliches »Vergelt's Gott«.

3 Unter dem Hörnligrat: An einem Sonntagmorgen grüßt das Matterhorn.

4 *Vor 80 Jahren: Wolkenstein, als ich noch ein Bub war.*

5 *Mein Elternhaus, die »Hoamat«.*

6 *Die stets hilfsbereite Mutter.*

7 Mit Feder und »Marschallstab« neben Schwester Linchen.

8 Der hoffnungsvolle Mittelschüler im Sonntagsgewand und mit Plattfüßen.

9 Als 18jähriger Bergführeraspirant in meinem ersten selbstverdienten Cord-gewand.

11 Für Filmaufnahmen: Ungesicherte Kletterei in der Tofana.

10 Abgeblitzt! – beim Versuch, mit Hans Dülfer die Furchetta-Nordwand als erste zu durchsteigen.

12 Mit meinem unvergessenen, 1915 in Rußland gefallenen, Freund Hans Percosta leisteten wir uns den Luxus einer Aufnahme beim Photographen.

Der Bub muß ein Jäger werden

Als Geburtstagsgeschenk hatte sich mein Onkel Leo einmal etwas ganz besonders Schönes ausgedacht. Ich sollte an dem Tage, an dem ich fünfzehn Jahre alt wurde, durch die Erlegung eines Gemsbockes meine Eignungsprüfung als angehender Hochgebirgsjäger ablegen.

Wenn der Onkel auch von vielen Dingen dieser Welt recht wenig hielt, von der Jagd und vom Rotwein – davon hielt er etwas. Sein Plan wurde vor den Eltern geheimgehalten, sie sollten die Erlaubnis zur Bergtour geben und überrascht werden.

Wenn ich auch nur die Hälfte der wilden Geschichten von den schlauen Füchsen, den dumm-gutmütigen Dachsen und den kühnen Gemsböcken, die durch gewaltige Felswände von Absatz zu Absatz sprangen, begriff, die da von den Jägern immer erzählt wurden, so mag es nicht überraschen, daß ich meinem fünfzehnten Geburtstag mit einigem Bangen entgegenblickte. Noch nie hatte mich der Onkel auf eine Gemsjagd mitgenommen, nur dann und wann auf Hasen oder Schneehühner. Diesmal aber sollte ich ins Schwarze treffen, das heißt, einen Gemsbock schießen. »Der Bub muß ein Jäger werden«, hieß es, und daran, das wußte ich, war nicht zu rütteln.

Schon früh am Morgen verließen wir das Dorf. Onkel Leo trug die beiden Kugelstutzen selbst. Erst später, als wir aus dem Dorfbereich waren, durfte ich ein Gewehr tragen und natürlich auch, weil ja der Bub ein Jäger werden sollte! Dieser erste Pirschgang sollte eine Art Eignungsprüfung werden, denn wir kehrten in kein Wirtshaus ein, und bei der Mittagsrast gab es außer etwas Speck, Käse und Brot mit einem Schluck Trinkwasser nichts.

Über verlassene Almen wandernd, kamen wir gegen Abend in das einsame, verlorene Felsental von Travenanes.
Die kleine Hütte, die unter einem riesigen Felsblock kauerte, erschien mir wie ein Palast, denn hier durfte ich endlich Rast machen.
Links und rechts des Talbodens griffen steile Schuttkare in die wilden Felswände hinauf, spärliche Grasflächen und einige magere verwitterte Zirbelkiefern belebten das wilde Kar.
»Da schlafen wir«, sagte der Onkel, nachdem er Rucksack und Kugelstutzen niedergelegt hatte. »Such Holz und mach Feuer, damit wir uns ein warmes Essen kochen können. Ich geh derweil schauen, was die Gemsen machen.«
Als der Onkel zurückkam, brodelte die magere Suppe im Hafen. Wir brockten hartes Brot ein und löffelten mit großem Appetit die willkommene Stärkung. Im letzten Licht der versinkenden Sonne legten wir uns, wie wir waren, in das wohlriechende Heu. Vor dem Einschlafen bekam ich noch einige Ratschläge, wie ich mich zu verhalten hätte, wie wichtig der erste Schuß sei und welch eine Ehre es für einen fünfzehnjährigen Buben sei, an seinem Geburtstage einen Gemsbock schießen zu dürfen.
»Ja, Onkel«, sagte ich.
»Einen solchen Tag vergißt man sein Lebtag nicht mehr – und daß du ja gut ins Blatt triffst, sonst ist der Gemsbock weg«, hörte ich den Onkel noch sagen, und mit dem guten Vorsatz, diesen Ehrentag mein Lebtag nicht mehr zu vergessen, versuchte ich einzuschlafen, was wegen der Sorgen, die mir der Gemsbock bereitete, nicht ganz einfach war.
Um vier Uhr morgens standen wir auf. So früh war ich noch an keinem Geburtstag geweckt worden, außerdem hatte ich in meinem Leben noch nie so gefroren wie in jener Nacht. Ich fühlte mich fast noch müder und zerschlagener als beim Einschlafen.
»Auf geht's Bub! Und immer schön still hinter mir halten«, ertönte des Onkels aufmunternde Mahnung. Von einem Früh-

stück, Kaffee oder gar Suppe wurde nicht gesprochen. Dafür reichte mir der gute Onkel die Schnapsflasche: »Ein Schluck, Bub, der wärmt!«
Der scharfe Schnaps schüttelte mich und brannte, aber wenigstens, so schien es mir, wärmte er den Bauch.
Dann stiegen wir auf. So gerne hätte ich einen warmen Kaffee genommen mit einem Stück Brot, doch hätte ich es nie gewagt, dies zu sagen, denn wenn es auf der Jagd Sitte war, in der Früh nur Schnaps zu trinken, so mußte es wohl dabei bleiben. Wortlos, übernächtig und zum Umfallen müde, stieg ich hinter dem Onkel her, der zu allem Überfluß noch Pfeife rauchte, das steile, schotterige Schuttkar hinauf. Der Kugelstutzen, den ich nach Jägerart unter der Schulter trug, zog wie eine böse Last an meinem Körper. Schlappmachen durfte ich auf keinen Fall, eine solche Enttäuschung konnte und wollte ich dem Onkel Leo an meinem Geburtstag nicht antun.
Als wir eine schmale grasige Felsbank erreicht hatten, setzte sich Onkel Leo unter einer Lärche so nieder, daß ihn die Latschen verdeckten, bedeutete mir, jetzt dasselbe zu tun. Wir warteten eine dreiviertel Stunde lang. Vor uns lag ein schütterer Hang, der in eine steile Felswand abfiel. Plötzlich fuhren zwei schrille, kurze Pfiffe durch die Luft.
Drüben im Hang erschien ein Rudel Gemsen. Ein Tier sicherte, und etwas höher, keine zweihundert Schritt vor uns, stand überraschend und wunderbar anzusehen ein witternder kraftvoller Bock.
Wir legten die Büchsen in Anschlag, ich bekam einen leichten Stoß an den rechten Ellbogen. Es war das mit dem Onkel vereinbarte Zeichen für mich.
Ich zitterte am ganzen Körper. Aber schießen mußte ich. Die Gams, die arme Gams, dachte ich, zielte, hielt die Hand am Drücker und krümmte langsam den Finger zum Abzug, doch sah ich alles nur unscharf und verschleiert. Wenn ich fehlte – die

Schande – nicht auszudenken. In Bruchteilen von Sekunden flogen diese Überlegungen durch meinen Kopf. Ich biß die Zähne zusammen und machte vor dem Abdrücken beide Augen zu. Zwei Schüsse krachten. Der meine und fast zugleich der vom Onkel Leo, der gemerkt hatte, wie schlecht ich zielte. Der Gemsbock brach nach zwei Sätzen nieder.
In meiner Aufregung konnte ich Onkel Leo kaum folgen. Der kniete schon beim verendenden Tier und schrie mich an, ich solle kommen. Als ich bei ihm war, hatte er das Tier schon aufgebrochen und war dabei, die warmen, in der kalten Morgenluft sauer riechenden Eingeweide aus dem Körper zu lösen. Ich mußte das tote Tier an den Krickeln halten. Der Aufbruch roch so ungewohnt sauer, daß ich mich fürchterlich übergeben mußte, meinen ganzen Jammer auf die kalten Steine kotzte. Ich schämte mich sehr. Ein Schluck Schnaps richtete mich wieder auf. Der Onkel sagte kein Wort, während wir mit dem Bock zur Hütte hinunterstiegen.
Nachher gab es dann ein warmes Mus und heißen Kaffee. Nachdem wir uns gestärkt hatten, sagte Onkel Leo freundlich: »Gelt Luis, das war heut ein ganz netter Geburtstag! Ich dachte mir schon immer, du mußt einmal ein guter Jäger werden!« Nebenbei fügte er hinzu: »Vater und Mutter brauchst du nicht zu sagen, daß auch ich geschossen habe, gelt!«
Daheim lobten mich alle und glaubten, mit Ausnahme der Mutter, daß der Luis einmal ein guter Jäger werden würde.
War es der weite Weg, der Schnaps im Morgengrauen, der leere Magen, die Kälte oder der Tod des schönes Gemsbockes – meinen 15. Geburtstag habe ich bis heute nicht vergessen.

Drei Paar Skier

Der verwöhnte, mit dem modernen Skilauf vertraute Winterwanderer, Abfahrts- und Langläufer der heutigen Zeit kann sich keine Vorstellung von der Wirkung machen, die der um die Jahrhundertwende plötzlich entdeckte Ski trotz der äußerst primitiven Mittel, die zur Verfügung standen, auf jung und alt ausübte. Die Stunden des Bergaufspurens, des Sichzeitlassens am Ziel, die ungeahnten Freuden des Schwingens durch unberührte Pulverhänge empfanden wir als Offenbarung eines neuen, bisher unbekannten Lebensgefühls.

Von den vielen Dutzend Paar Skiern, die ich im Laufe jener frühen Jahre wachselte, fuhr und zerbrach, sind mir einige in besonderer Erinnerung geblieben, vor allem jene Eschenholzbretteln, die ich als zwölfjähriger Bub von meinem Onkel Leo erhalten hatte.

Diese »Lilienfelder« waren steife Latten aus Eschenholz, versehen mit einer starren, schweren Bindung aus Bronze mit Schrauben und Federn. Die Bindung wog doppelt soviel wie die Bretteln. In meinem Respekt vor dem Onkel wagte ich einmal zu fragen, ob ich versuchen dürfte, damit zu fahren. Zu meiner Verblüffung sagte er nach kurzem Überlegen: »Du kannst meine Skier haben, ich schenke sie dir.«

Im Winter 1908 hatte ich eine Anleitung der norwegischen Fahrweise gelesen und begriff sogleich: Die schwere, plumpe Metallbindung von Zdarsky war nicht das richtige. Also schraubte ich die Metallplatten und Scharniere ab. Was übrig blieb, wog zwar nur mehr ein Viertel von allem, aber es waren die Skier. Sie waren leicht, ein Meter sechzig lang, steif wie

Kistenbretter und vorne aufgebogen. Immerhin, für mich waren es die schönsten und besten Skier der Welt. Eine andere Bindung mußte her, das war klar. Ohne lange zu überlegen entschied ich mich für eine norwegische, leichte aus Leder. Geld hatte ich keines, aber in einer alpinen Zeitschrift entdeckte ich die Abbildung der sogenannten »Balata-Sohlen-Kappen-Bindung«. Zwischen dieser Patschenbindung und ein Paar alten Bergschuhen meines Vaters bestand eine große Ähnlichkeit. Sofort, und ohne zu fragen, holte ich mir diese, schnitt das Oberleder weg, nagelte die Sohlenspitze der Schuhe auf die Bretter, band zwei gute Riemen daran und hatte nun eine Bindung, wie sie im Buche stand, und kurz darauf die verdiente Anerkennung des Vaters auf dem Hintern.

Als ich in Innsbruck mit meinen alten Lilienfelder Bretteln und der wackligen, grobgenagelten Vater-Bergschuh-Sohlenbindung das erste Mal ausrückte, lachten die Schulkameraden, aber trotzdem habe ich mit meiner armseligen Ausrüstung ein Jahr später bei einem Mittelschulrennen ein Paar richtige norwegische – wir Buben sagten »nordwegische« – Telemarkbretter gewonnen.

Eines Tages hing ein Plakat in unserer Aula. Es kündigte das erste Innsbrucker Realschüler-Abfahrtsrennen an. Wie gern hätte ich mitgemacht.

Unser Klassenvorstand, der diesen Skiwettbewerb durchführte, forderte mich, da ich keine Nennung abgegeben hatte, auf, sie sogleich nachzuholen. Um ihn nicht zu enttäuschen, sagte ich zu, obwohl ich wußte, daß für mich keine Aussicht bestand, auch nur halbwegs gut abzuschneiden. Gewöhnliche Straßenschuhe, baumwollene Strümpfe unter den kurzen dünnen Hosen, eine kleine Wollkappe auf dem Kopf und ein gewöhnlicher Schulrock, dessen Taschen bei jedem Sturz voller Schnee waren, das war eine magere Sportausrüstung.

Gemeinsam stiegen wir zum Startplatz unterhalb der Muttereralm hinauf. Als uns der Professor in Abständen von dreißig Sekunden auf die Abfahrtsstrecke schickte, wußte ich, daß es nur eine einzige Chance gab: Mich auf keinerlei Schwünge einzulassen, denn das vertrug meine Patentpatschenbindung nicht. Ich schlotterte vor Lampenfieber. Schon waren die ersten gestartet. Sie hatten Huitfeldbindungen und konnten mit ihren Schwüngen das Tempo regulieren; diese Gegner waren nicht zu schlagen.

»Der nächste! – Aufpassen!«

Ich stellte meine Skier in Abfahrtsrichtung. Der Professor zählte die Sekunden: »Drei ... Zwei ... Eins ... los!«

Ohne nach links und rechts zu schauen, fuhr ich den ersten langen Hang senkrecht hinunter, überholte einige der elegant schwingenden Buben, ließ es laufen. Es war ja ein Abfahrtsrennen, also nichts wie hinunter! So klemmte ich die Augen zu, und auch sonst alles, und ließ es tuschen, so lange es ging – im Übergang zum Wald warf es mich kopfüberarsch zwischen die Lärchen, kam wieder auf die Beine und ließ es weiterrauschen, pfeilgerade durchs Loch hinunter, und landete, an den Zielflaggen vorbei, nicht schlechter als die anderen.

Als mir der Professor an jenem Abend bei der Siegerehrung im Hotel »Zum grauen Bären« ein Paar richtige »nordwegische« Telemarkskier mit einer Huitfeldbindung überreichte und die Hand schüttelte, wurde mir ganz schwindlig vor Freude.

Glückselig nahm ich die gewonnenen Preisskier mit heim in die Osterferien. Es lag noch viel hartgefrorener Hartschnee in den Schattenwiesen. Kaum angekommen, baute ich mit anderen Buben eine schöne Sprungschanze. Von morgens bis mittags haben wir geschaufelt und geschwitzt, am Ostersonntag stand ich am Anlauf oben, schnallte an und setzte an, zum ersten Sprung mit den neuen Latten hinaus in die frische Luft, direkt auf den bockharten Harsch – dreimal hat's mich überschlagen. Unten versuchte ich auseinander zu halten, was oben und was

unten war. Da sah ich in der Ansprungbahn einen Spieß aus dem Schnee ragen. Es war die Hälfte des linken Ski. Vom rechten fehlte nur die Schlaufenspitze. Eigentlich ganz nett, dachte ich mir so im verkugelten Ostersonntagsvormittagskopf und klaubte die Brocken meiner »Nordweger« zusammen.
Es war Sonntag und sonnig, so sangen wir im heimgehen:

»Zwoa Brettl, a gführiger Schnee, juhee!
Da hast jetzt die höchste Idee.«

Jahre vergingen, es kam die Kriegszeit. Vereiste Scharten und verschneite Felswände an der Dolomitenfront mußten oft genug bei knappster Nahrung und Kleidung passiert werden. Die Latten gehorchten dem abgehärteten Körper wie nie zuvor. Aber alle Skifreuden standen in keinem Verhältnis zu den Gefahren, die so manchem Kameraden das Leben kosteten. Gab's dann nach langer Zeit einmal Urlaub, so fuhr ich heim, und wenn es ging, auch einmal weiter, etwa nach München oder gar nach Berlin. Die Gegensätze lockten sehr, vom Krieg, von den Bergen und vom Schnee hatte man nach dem langen, harten Winter die Nase voll.
In München schien mir jedes Cafèhaus ein Palast, jedes Hotel eine Märchenburg zu sein und jedes Mädchen ein unerreichbares Wesen aus einer höheren Welt. Der Kopf war wohl ein bißchen benebelt, auch weil Nebel über der Stadt lag, und so mag der Zustand, in welchem ich ein bekanntes Münchener Sporthaus betrat, entschuldbar gewesen sein. Ich wollte aus meinen Ersparnissen ein oder gar zwei Paar Ski kaufen.
Norwegisches Zeug war kaum da, inländische Fabrikate gab es keine, mein Freund Lothar und ich überlegten enttäuscht, was da zu tun sei. Schließlich sah ich weit hinten zwei pyramidale Riesenklötze stehen. Zwei Meter vierzig lang, elf Zentimeter breit, schwarz lackiert, überdimensional, lehnten sie an der Wand.
»Teufel, schau her, Lothar, das sind vielleicht Bretter. So etwas

habe ich in meinem Leben noch nicht gesehen, was meinst du dazu?«

Lothar verzog sein Gesicht und meinte kleinlaut: »Ja, ja, schon – aber schwer werden sie halt sein, schwer.«

Der Verkäufer sagte, daß es sich um Spezialskier handle, die nach den Angaben des Münchener Läufers und Springers Leo Husler in Oslo hergestellt worden wären. Es seien aber nur drei Paar angefertigt worden: ein Paar hätte Husler selber übernommen und diese beiden Spezialbretter wären noch zu haben.

Aha, die Sache wurde interessant. Die Dinger bestanden nicht etwa nur aus Hickory, nein, dort, wo die Bindung sitzen sollte, war zur Versteifung ein Eichenholzpfosten aufgeleimt, der nach vor- und rückwärts gleichmäßig verlief. In der Mitte waren die Patentbretter gut und gern sechs Zentimeter dick. Gewogen haben sie zweimal soviel wie gewöhnliche Skier, aber wir waren ja auch keine »gewöhnlichen« Skiläufer. Lothars Gesicht war noch immer ein bißchen sauer, aber schon weniger als früher. »Ja, die Spannung«, meinte er. Ich stellte mich darauf, sie gaben nicht nach, ich sprang mit beiden Füßen auf den einen Ski – er federte kaum. »Wird sich alles geben! Lothar, solche Skier bekommen wir nie mehr. Du wirst sehen, die Sprüng', und verlaß dich darauf, die werden nicht schlecht schauen, wenn wir mit diesen Superklotzen auf dem Buckel daherkommen. Die halten einen Krach aus und sind so stabil, daß du damit überhaupt nicht stürzen kannst.«

Wir kauften und bezahlten. Die Spezialskier gehörten uns.

Wieder im Dienst beim Bergführerkurs auf der Hütte lasse ich zuerst auf mein Paar probeweise eine Bindung montieren. Lothar ist vorsichtiger, will abwarten und zuerst einmal sehen, wie sich die Sache bei mir bewähren würde. Nach drei Stunden ist die Bindung ordentlich aufgepaßt, die Herren Obersachverständigen schauen, wägen ab, grinsen, schütteln den Kopf, aber keiner weiß so recht, was er sagen soll. Nur der Gustl Jahn,

Bergmaler und Skipionier, sagt ein deutliches Wort: »Viecherei.«
Warm scheint mittags die Sonne. Drüben, gegenüber der Regensburgerhütte, liegt die Sprungschanze, auf der man bis zu fünfunddreißig Meter springen kann. Der Jahn ist vor der Hütte und hackt Holz.
»Trenker, komm raus, jetzt könntest du eigentlich die Sprungskier, weißt du, deine Patentklotzen, ausprobieren.«
Ich war sofort dabei. Denen wollte ich schon einen Sprung hinlegen; mit solchen Brettern, das wäre ja zum Lachen. Während ich zum Anlauf hinaufstapfe, hat sich der gesamte alpine Trainingskurs drüben vor der Hütte versammelt, gut an hundertundzwanzig gestandene Männer. Alle schauten erwartungsvoll zu mir herüber. Ich binde die schweren Latten an die Füße und bin sprungfertig. Das Gefühl auf den schwarzen Superklötzen ist ungewohnt. Ich stehe zentimeterhoch über dem Schnee, sozusagen auf der Luft, aber mein Optimismus wankt nicht. Entschlossen springe ich in die Sprungbahn und schon geht's unter den Zurufen der Zuschauer den steilen Anlauf hinunter, aber ... hinten bremst es und vorne stoppt es, in der Mitte liegt der Ski nicht auf, die Führung fehlt, ich kann nichts mehr machen, schon bin ich am Schanzentisch, springe, so gut ich kann, ab, die bleiernen Kanthölzer an den Füßen gehen über Kreuz, ich verliere die Kontrolle über mich und die Saulatten und stürze wie ein Sack kopfüber in den Aufsprung hinunter. Die Mastbäume an den Füßen verzerren meine Gelenke, schlagen auf Schienbein und Schulter, zwischendurch höre ich immer wieder das grausame Lachen der schadenfrohen Kameraden. Als ich im Auslauf liegen bleibe, weiß ich genau, wie unvergleichlich gut die Patent-Spezialklotzen sind, ihnen war gar nichts, mir aber allerhand verbogen worden.
Der Jahn meinte: »Hob i's net gsagt – Viecherei!«
Dreimal wurden die Bretter ab- und umgehobelt. Es blieben

trotzdem harte, ungefüge Böcke, sie brauchten die dreifache Kraft eines normalen Skiläufers. Es war ein zwar hartes, aber doch gesundes Training, diese Klötze zu fahren. Als der Krieg aus war, habe ich sie einem Jäger geschenkt, der sonst Wilderer wäre, dem Naz dela Grones. Da er ein bißchen gescheiter war als ich, hat er sie zusammengehackt und seine Stube damit geheizt.

Weiter flogen die Jahre dahin und davon, Skilifte und Seilbahnen wurden gebaut, Skischulen übernahmen die Ausbildung, neue Fahrweisen wurden erfunden, Clubs gegründet, Schneeberichte in alle Welt gekabelt, Meisterschaften organisiert, Massen herangeführt, Parkplätze und Unterkünfte aus dem Boden gestampft, Maschinen aller Art ratterten in den Tälern über neue, von Transportbaggern erschlossene Hänge. Motoren, Kabel und Drahtseile überzogen bald die ehemals verträumten Almen und Hochtäler, geben dem Winter ein neues Antlitz. Millionen Menschen wurde damit die Möglichkeit geboten, sich dem Skilauf zu verschreiben. Der rasch vergessene Telemarkschwung wurde vom Christiania, dem gerissenen oder parallelen, abgelöst. Dieser nunmehr elegant gewedelt, schließlich mit Rückenlage, Hüftknickverschraubung tempogeladen von Kitzbühel und dem Arlberg aus ins Val d'Isère, Sun Valley um die ganze weite Welt gejettet.

Erschrocken denke ich, es sollte uns vor solch planmäßiger Zerstörung der Landschaft grausen. Aber derartige Anwandlungen werden wohl nur alte Hasen haben, die, wie ich, die Geburt des Skilaufs von seiner Unschuldszeit an bis heute miterlebt und die Entwicklung vom simplen Holzbrett zum computervermessenen Superplastik-Edelski mit allem Drum und Dran mitgemacht haben. Die Jungen sehen es anders, sie sehen das heute Gültige und, Hand aufs Herz, packt nicht auch uns helle Begeisterung, wenn wir das heiter harmlose Spiel eleganten Gleitens blondgelockter Elfen, lachender Kinder, junger

Mütter und gelenkiger Pistenrenner sehen, wie sie die Hänge gleichsam schwerelos heruntertanzen, schweben und flitzen? Welch ein Genuß, welche Bejahung freier Bewegung in Sonne und frischer Luft für jung und alt!

»Zwoa Bretteln, a gführiger Schnee, juchhee!
Ist auch heut' noch die beste Idee!«

Die dicke Geldtasche

Der Bergführer Josef Pescosta hatte etwas Vornehmes in seinem Gehaben. Er war der Vater meines Jugendfreundes Hans, und es kam vor, daß der Alte mit uns Jungen um die Wette kletterte. Der Sechsundfünfzigjährige ging so geschmeidig und flink über die Grate und Wandstellen, als ob sein behäbiges Bäuchlein nur aus Luft bestände.

Er gab uns immer wieder die einfache, aber eindringliche Belehrung: »Geht vorsichtig, Bubn, seid vorsichtig, merkt's euch: – ein einziger Augenblick genügt, um für's ganze Leben tot zu sein.« Das ließen wir uns schon sagen und nahmen uns vor, seine Worte nicht zu vergessen. Er hatte ja in seiner bald dreißigjährigen Führertätigkeit allerhand erlebt.

Hansl und ich waren junge Draufgänger und für jedes Bergabenteuer zu haben. Unser ganzes Denken und Handeln war im Sommer auf Klettern eingestellt . . . und sonst gar nichts!

Die »Saison« hatte begonnen, das Wetter war schön und heiß, der Schnee war von den Scheiteln der Türme weg, und die Postkutsche kam täglich voll und voller an. Die Pferde schwitzten, und der Postillion schmunzelte, wenn er vom Bock sprang. Der Adlerwirt auf der einen und der Postwirt auf der anderen Seite des Dorfplatzes machten vor ihren Gasthöfen die Honneurs.

»Grüß Gott, Herr Rat« – »Kompliment, meine Gnädigste«, wobei der eine nach verbindlicher Wirtsart beide Handflächen gegeneinander rieb, während der andere zählte und überschlug, ob die besseren Gäste bei ihm oder beim anderen drüben abgestiegen seien.

Der Tourist, den der Vater meines Freundes führen sollte, wohnte im Adler, war dick und Kommerzienrat. Er war nett und jovial und eigentlich kein Alpinist, aber den Langkofel und so ein paar bessere Berge, wie Ortler oder Marmolata, wollte er doch bestiegen haben.

Abends zogen die beiden auf die Hütte, am anderen Morgen früh stiegen sie in die rauhen, griffigen Felsen. Der Herr hatte eine dicke Geldtasche mit. Wozu, weiß ich nicht.

So kletterten sie durch die Südwestwand des Langkofels, deren Route später auf dem Gipfelgrat und ein Stück hoch oben durch die Nordwand führt. Am Gipfel schrieben sie ihre Namen in das Buch.

Ich war zu jener Zeit von zwei jungen Hamburger Lehrerinnen angeredet worden; ob meines schönen Führerabzeichens oder meiner Locken wegen, kann ich nicht beurteilen. Sie wollten klettern. Vom Fels, Seil und Gehen hatten sie wenig Ahnung. Der Eindruck, den sie auf mich machten, war nicht sehr sportlich. Freundlich bat ich sie, ordentliche Bergschuhe und dergleichen zu besorgen. Dies schien ihnen überflüssig und bedurfte allerlei guten Zuredens.

Aus alpinem Ehrgeiz führte ich im allgemeinen nur schwerere Felstouren und ließ mich auf leichte Jochbummel nicht gern ein. Nach längerer Beratung einigten wir uns; ich sollte mit den jungen Damen die Vajolettnordtürme, die leichter als die Südtürme sind, überklettern. Weil ich den sechsstündigen Weg von Gröden ins Vajolett, um schneller vorwärts zu kommen, lieber allein gehen wollte, vereinbarte ich als Treffpunkt den morgigen Abend oder, falls ich verhindert sein sollte, ganz bestimmt übermorgen früh um sechs Uhr auf der Hütte zu sein. – Etwas reserviert, aber anscheinend entschlossen, mit mir zu klettern, trennten sich die beiden von mir.

Die Mutter hatte Tiroler Knödel für das Mittagessen vorbereitet, die wegen der Güte in ganz Südtirol bekannt waren.

Platzte mitten in meine Knödelmahlzeit der Pescosta Hansl herein: »Hoi, viel Geld isch zu verdienen, machst du mit?«
Seine Augen glänzten.
»Wo? Wie? Beim Geldverdienen bin ich alleweil dabei. Hock dich her und iß mit!«
»Also«, Hansl hatte den Mund schon voll, »denk dir, mein Vater hat gestern einen reichen Herrn auf'n Langkofl geführt, und der hat sei Geldtaschn auf'n Grat oben verlorn. Durchs Seil hat's ihm seine Brieftaschn herausgebeutelt und ist in die Nordwand hinunter g'falln!«
»Was soll denn drinnen gewesen sein, in der Geldtaschn?«
»Viertausend richtige deutsche Mark und extra noch allerhand Dokumente. Er schenkt uns die viertausend Mark, wenn wir ihm die Brieftaschn mit den Dokumenten wiederbringen!«
»Ja, Himmel, dafür steig ich auf den Gaurisankar! Die Geldtaschn finden wir, viertausend Mark, jeder die Hälfte! Viertausend Mark! Du sollst leben und der Verlierer ebenfalls.«
»Muß ja ein Esel sein, der Herr, bei einer Klettertour so viel Geld mitzunehmen. Na, von mir aus, lauter solche Touristen sollten wir haben. Also gehen wir heute abend noch auf die Hütte und morgen früh in die Nordwand.«
»Abgemacht, und nachher kauf ich mir einen neuen Hut!«
Die Lehrerinnen fielen mir ein – na, übermorgen früh auf Vajolett – schon noch zu machen.
Im Geiste rechnete ich: heute abend Sellajochhaus, morgen vier Uhr früh Aufbruch in die Nordwand. Wenn's gut geht, sind wir drei Uhr nachmittags durch, haben die viertausend Mark, dann als reiche Männer Abstieg über die leichte Südwestwand. Sieben Uhr abends feiern wir im Sellajochhaus, rasten eine Stunde und dann Abmarsch zu den Lehrerinnen, wo ich, wenn ich flott gehe, zwischen elf und zwölf Uhr nachts eintreffen kann.
Im dämmrigen Morgengrauen schon stehen Hans und ich am

Einstieg. Fast zweitausend Meter breit strebt der Sockel der massigen Wand in wuchtigen Quadern, Pfeilern und Rippen aus dem Boden. In tausend Klüften, Graten, Türmen, Kaminen, Überhängen und schwarzen, nassen Platten, löst sich die gigantische Bergburg auf. Wir sind bald im großen Kamin, Wasser rinnt in den Hals, in die Ärmel, über den Buckel. Wir haben zwei Vierzig-Meter-Seile mit, schleppen wohl schwer daran, aber die dicke Geldtaschn, die werden wir schon mitbringen. So weit kann sie ja nicht gefallen sein, daß wir sie nicht angeln könnten. Und wenn wir am Gipfel sind, buchen wir einen doppelten Sieg: Ein Vermögen von viertausend Mark und eine Erstbegehung.

Während des Kletterns wird jedes Kar, jede Wand und jeder Kamin zuerst mit freiem Auge und dann mit einem Fernglas scharf abgeäugt. Bei jedem roten Stein glaubt Hansl, es sei der gesuchte Liebling, aber das Glas überzeugte uns jedesmal vom Gegenteil. Der Führerobmann hatte es uns mit der freundlichen Bitte geliehen, nicht abzustürzen, sonst sei das wertvolle Glas auch noch hin. Hansl hatte die Mauerhaken im Rucksack, ich die Wurst und das Brot.

Um vier Uhr nachmittags sitzen wir nach ununterbrochener schwerer Kletterei isoliert auf einem großen Turm, der aus dem Felsgewirr ragt. Fast drei Viertel der Wand liegt hinter uns. In der Hitze des Suchens haben wir uns derart verstiegen, daß wir, weitab von der eigentlichen Nordwandroute, auch jede mögliche Wanddurchkletterung verpaßt und verpatzt hatten, so daß wir schließlich trotz gewagtester Quergänge und Abseilereien kaum mehr in gut gängigen Fels gelangten. Mit unserem Glas suchten wir trotzdem die gewaltigen Schründe der Felswildnis ab.

So verging Stunde um Stunde. Dann war's plötzlich höchste Zeit, ans Umkehren zu denken. Es hieß, die Seile zusammennehmen und zurück hinunter. Ein brüchiger, tiefer Kamin bot sich an. Hausgroße Blöcke lagen locker und sturzbereit darinnen. Wie Katzen krochen wir ängstlich darunter durch. Manche Stellen mußten frei abgeseilt werden. Gegen halb sieben Uhr abends saßen wir noch immer in der Wand. Die Schatten waren dunkel und lang geworden; die Nordwand dämmerte im düsteren Grau. Keine Geldtasche. Keine Erstersteigung. Aber noch fünfhundert Meter Abklettern vor uns. Tief unten aus dunklen Almwiesen tönt das Läuten von Kuhglocken hinauf. Wie beneide ich den Hirtenbuben, der ruhig und unbesorgt hinter seinem Vieh herlaufen kann auf weiter blumiger Flur!

Wir reißen uns zusammen. Wenn man sich zusammenreißt, geht alles besser.

Fertig! Mauerhaken. Seil. – Hinunter.

Es beginnt zu regnen. Im großen Kamin rinnt kein Bächlein mehr, aber ein Bach. Oben zum Hals und Ärmel hinein, unten bei der Hose hinaus. Das ist nicht lustig, weil es kalt ist und bereits finster wird.

Und um Mitternacht wandern wir, wie der vorher beneidete Kuhhirte, über die geschorenen Almwiesen. Im Sellajochhaus sitzen die Führer beim Wein, den sie auf unsere nicht gefundene Geldtasche hin trinken. Der Vater vom Hansl war auch dabei. Sie glaubten uns nicht und bestellten lachend noch ein paar Liter auf unsere Rechnung. Wenn's wahr sein sollte, daß wir nichts gefunden hätten, dann müßten wir erst recht zahlen!

Noch in derselben Nacht laufe ich im Regen die sechs Stunden bis zur Vajoletthütte. Um halb acht Uhr früh traf ich dort ein. Müde und naß bis auf die Haut.

Die beiden Lehrerinnen saßen beim Frühstück. Ihre Rucksäcke waren gepackt. Freundlich wünschte ich guten Morgen und bat um Entschuldigung, daß ich nicht schon gestern abend da war. Es sei mir eben nicht möglich gewesen, und wir könnten ja gleich zum Aufstieg hinaufgehen. Das Wetter hatte sich gebes-

sert, es versprach schön zu werden. Die beiden Damen sagten, daß sie nun keine Lust mehr hätten zu klettern, ließen mich stehen und zogen talabwärts. Addio!
Ich stand da und überlegte: Touristinnen futsch, ein Paar Kletterschuhe futsch, Erstersteigung futsch, die verdammte Geldtasche futsch, und ich selbst müde zum Umfallen. Also ging ich schlafen.

Der Kognak

Ich war vom Führeraspiranten zum Bergführer befördert worden und auf allen Hütten und Wegen schon ganz daheim.

Das war wieder ein gottvoller Sommer, die Sonne brannte heiß auf die Häupter der kantigen Berggipfel, und es war ein großes Kommen und Gehen von Bergsteigern und Wanderern aller Art in den Schutzhütten.

Hans Pescosta und ich waren nicht nur »Berufskameraden«, sondern Freunde, die eisern zusammenhielten durch alle Zeiten der Ebbe und Flut ihrer mageren, aber ledernen Geldbeutel. Wenn irgend möglich, trachteten wir stets danach, zwei Herren zu führen, die gemeinsam ihre Touren machten, zwei Brüder oder Freunde, Vater und Sohn, Bruder und Schwester, oder, was auch ganz nett war, zwei Schwestern. Und dies gelang uns öfter als man glauben möchte. Wenn wir nichts zu führen hatten, wanderten wir ins Tal, heim nach St. Ulrich. Dort saßen wir am Dorfplatz auf einer Bank, wie es alle Führer machten, und ließen uns von der Sonne rösten. Wenn's dann 12 Uhr läutete, gingen wir zum Mittagessen, und nachmittags saßen wir wieder auf der Bank.

Der immer hilfsbereite Adlerwirt wußte ganz genau, was mit uns los war, und als einmal zwei Touristen bei ihm nach zwei guten Führern verlangten, winkte er uns in seine Gaststube und stellte uns vor. Der eine war zwei Meter lang und kräftig, er war Doktor im Sinne der Medizin, der andere war auch Doktor, aber im Sinne einer Handelsgesellschaft. Beide hatten schon allerlei Touren hinter sich. Der Kleine hatte nur vier Finger an der linken Hand und antwortete auf meine Frage, wo er den fünften gelassen, daß dieser auf der Dent Blanche im Wallis erfroren und dann amputiert worden sei.

Die beiden Fremden waren also ebenso gute Freunde wie Hans und ich. Sie müssen sogar verwandt gewesen sein, denn wenn sie voneinander sprachen, so gebrauchten sie immer die Verwandschaftsform »Schwager«.

»Also, mein Schwager geht mit Ihnen, ich gehe mit Pescosta«, sagte der kleine Doktor. So hatte ich also den Zweimeterlangen ans Seil zu nehmen. Wir freuten uns der vielen schönen Touren, die wir nun machen sollten, und freuten uns überhaupt, weil es schön ist, sich zu freuen, und mit gehobener Brust stiegen wir noch am selben Abend zur Langkofel-Hütte hinauf. Ich mußte manches Mal rasten, denn der Rucksack, den mir der »Schwager« gegeben hatte, war unanständig schwer. Er drückte mir fast die Halsadern ab. In der Hütte angekommen, hieß es, wir sollten den großen Rucksack nur bei uns behalten, es sei viel guter Proviant drinnen, und fallweise sollten wir immer etwas mitnehmen auf die Klettertouren.

Hans und ich waren neugierig, und Hunger hatten wir auch immer, daher untersuchten wir sofort den großen Sack und fanden allerhand in seinen dunklen Gründen. Mandeln, Äpfel, fünf Kilo getrockneter bosnischer Zwetschgen, Butter, Marmelade, getrocknete Aprikosen, ebensolche Birnenschnitten, geräucherten Schinken, Salami und ganz unten eine große Flasche Rotwein und drei halbe Flaschen Kognak.

Nun schätzte ich erst das Gewicht dieses Rucksackes und bot Hans etwas vom Inhalt an. Er entschied sich für eine halbe Flasche Kognak und eine Wurst. Ich verschlang zwei Pfund Zwetschgen und getrocknetes Obst, damit der Sack leichter werde. Nachher wurde die bevorstehende Tour besprochen. Wir kletterten am folgenden Tage auf die Fünffingerspitze, packten, zurückgekommen, abends noch auf und wanderten aufs Grödnerjoch weiter. Dort stiegen wir nach einem guten

Schlaf im Hospiz durch den Adangkamin auf die große Tschierspitze.
Der kleine Doktor hatte mich vorher gebeten, auf alle Fälle den Kognak nicht zu vergessen. Dies versprach ich gern. Um mir die Mühe zu erleichtern, steckte ich zwanzig getrocknete Pflaumen in die Tasche und füllte einen Teil des Kognaks in eine kleine Schnapsflasche, die ich rückwärts in die Gesäßtasche steckte.
Dann kletterten wir an kleingriffigen Wänden, Traversen und Überhängen in Ruhe und Freiheit immer höher. Es war schön, und alles ging glatt. Ein schmales Kaminstück folgte, ich ging als erster und stemmte mich mit Rücken und Beinen verspreizt in die Höhe; tief, tief unten glänzten im Sonnenschein die Fenster des Grödnerjochhospizes. An geeigneter Stelle hielt ich und ließ meine Seilgenossen nachkommen.
Der Fels roch merkwürdig gut und stark. Während ich das Seil nachholte, dachte ich, was denn da so riechen könnte? Blumen waren im nackten, sonnverbrannten Fels ja keine da. Langsam ging mir ein Licht auf, und ich griff in meine Gesäßtasche – ich hatte das Kognakfläschchen im Eifer des Kletterns und Stemmens zerdrückt. Schnell klaubte ich die Glasscherben aus dem Sack und sagte zu den Herren, als sie nachkamen, wer Kognak wolle, solle nur fleißig riechen, dann zu trinken gäbe es von da ab keinen mehr. Der kleine Doktor seufzte, doch die Scherben überzeugten ihn.
Am Tage darauf stürzte der Lange mitsamt einem großen Felsblock an einer sehr ausgesetzten, überhängenden Gratstelle in die Luft und ins Seil. Er baumelte, und mir fuhr es heiß und kalt durch den Körper, ich hatte furchtbare Angst, der kleine Felszacken, über den das sichernde Seil lief, könnte brechen, weil der Lange so außerordentlich schwer war, auch war ich auf einen solchen Sturz nicht gefaßt gewesen, ich stand äußerst ungünstig auf winzigem Tritt. Wir hatten großes Glück. Der

kleine Sicherungszacken hielt. Damit war das Leben des Herrn Schwagers und das meine gerettet. Am Ausstieg, am Fuß des Felsens, sagte der Lange, ich solle einen Wunsch äußern, er würde mir, wenn's nur halbwegs möglich wäre, jeden erfüllen. Nun hatte er eine recht nette Tabakspfeife, um die bat ich ihn als Erinnerung. Einigermaßen verwundert, gab er sie mir sofort.

So verkletterten wir bei herrlichem Wetter noch einige Wochen, bis wir schließlich zur Abschiedstour im Rosengarten aufbrachen.

Die Herren fuhren vom Pordoijoch nach Perra mit dem Postauto voraus, wir sollten zu Fuß nachkommen. Im Staub der Straße zu stiefeln, ist auch sehr schön, dachten wir. Wir hatten Sehnsucht durch Dörfer zu gehen und zwischen Wiesen, Feldern und Bauernhöfen wieder einmal Kühe, Schafe, Blumen und mähende Bauern zu sehen.

Die Rucksäcke waren immer noch schwer, und nach stundenlangem Gehen, von acht Uhr morgens bis drei Uhr nachmittags, spürte ich die Last der Ausrüstung kräftig genug am Rükken. Ich rastete, ohne mich zu setzen. Unter den Rucksack hatte ich den Eispickel geschoben, damit dieser ihn stützte. – Meinte der hinter mir stehende Hans:

»Du, ist noch ein Kognak da?«

»Ja, aber nur mehr eine halbe kleine Flasche, die darfst du um Gottes willen nicht anrühren, es ist die letzte, und du weißt ja, wie der Doktor auf jedem Gipfel nach einem Schluck lechzt.«

»Pah, was ich trinke, lasse ich einfach in der Hütte nachfüllen, und der Herr Schwager merkt gar nichts«, antwortete Hans und nestelte meinen Rucksack auf, nimmt die Flasche heraus und trinkt einen »Schluck«. Dieser dauert verdächtig lange. Ich passe nicht auf, weil ich die Landschaft betrachte, sage aber dann doch, er solle mir zeigen, wieviel er getrunken, beziehungsweise noch übriggelassen habe.

Die Flasche war leer. »Kümmere dich nicht darum, auf der Hütte lasse ich sie heute abend noch nachfüllen, stecke sie in deinen Rucksack und du kannst morgen deinem Doktor damit aufwarten«, sagte er. Nein, notleiden sollte der arme Doktor seinetwegen nicht – übrigens sei der Kognak ausgezeichnet. Ich war beruhigt und verließ mich auf sein Wort.

Am kommenden Morgen saßen wir bereits früh um acht Uhr am Einstieg des Winklerturmes und banden die Kletterschuhe fest. Der Lange an meinem Seil, der kleine Doktor am Seil Pescostas. Vor uns ist eine Partie, die sehr rasch klettert, ein deutscher Kolonialoffizier mit dem berühmten Führer Tita Piaz. Ich bin jung und mache den Weg zum ersten Male. Tita beobachtet mich und ruft herunter, wir sollten nachkommen. Der Lange geht sehr langsam, ich geniere mich vor Piaz. Nebel und Regenböen ziehen über die schwarzgrauen Türme. In der Hast springe ich leichtsinnigerweise nach einem Griff, weil ich in der Nähe nichts Passendes finde. Der Griff bricht, und ich stürze ... lande drei Meter weiter unten mit dem rechten Fuß auf einer Platte, nach Zehntelsekunden habe ich die Balance wieder und nun erst Zeit, zu erschrecken. Der Lange hat alles gesehen, aber bestimmt nicht gemerkt, wie nahe wir beide am Tode gewesen sind. Es war alles zu schnell und lautlos gegangen. Er war ja an meinem Seil, gesichert hatte er sich nicht, und so würde er unbarmherzig mit mir ins dreihundert Meter tiefer liegende Vajolettkar geflogen sein. Hans war weiß geworden vor Schreck. Er hatte begriffen und in ladinischer Mundart, die nur wir verstanden, gerufen: »Santa Maria, muschat, net verda!« »Heilige Mutter Gottes, Esel, paß auf!«

Diesen sehr kurzen aber äußerst eindrucksvollen Zwischenfall habe ich mir gemerkt bis heute. Nie mehr bin ich nach einem Griff gesprungen, nie mehr!

So standen wir zuerst auf dem Winkler, dann auf dem Stabeler- und schließlich auf dem Delagoturm. Man erklettert die Vajo-

lett-Türme meist alle drei an einem Tag hintereinander und nennt das im Kletterdeutsch eine Überschreitung.
Kälte, Nebel, Regen und die Anstrengung der Kletterei im nassen Fels hatten dem kleinen Doktor auf dem Gipfel den Rest gegeben. Ein Felsgang mit so außerordentlicher Ausgesetztheit ist trotz des sichernden Führerseils für ungewohnte Nerven eine harte Probe.
Halbtot flüsterte er nur das erlösende Wort: »Kognak!«
Ich blickte Hans in die Augen, der tat, als merke er nichts und rauchte gleichmütig seine Zigarette. In der Tasche fand ich ein paar Zwetschgen, von den guten, bosnischen. Davon hielt ich dem Doktor eine Handvoll hin und bemerkte, mich entschuldigend, daß der Kognak leider unten beim Einstieg im Rucksack geblieben sei und er, sobald wir unten seien, sofort die ganze Flasche haben könne. Ich selbst trank damals fast nie Alkohol, das wußten beide, der große Lange und der kleine Dicke. Vielleicht haben sie mich nur deshalb nicht gleich die Wand hinuntergeworfen. Die bosnischen Pflaumen lehnte er mit freundlicher, aber bestimmter Geste ab. Hans, der Schuft, machte das gleichmütigste und dümmste Gesicht, das er zuwege brachte.
Schließlich waren wir wieder am Einstieg, wo wir die Rucksäcke und Nagelschuhe zurückgelassen hatten.
»Aaach, jetzt freue ich mich aber ehrlich«, meinte der Kleine. Verzweifelt kramte ich im Rucksack herum und wühlte alles hin und her, keine Spur eines Kognaks war da, Pescosta hatte vergessen, die Ersatzflasche einzupacken. Ich wollte mich entschuldigen, da platzte der unverschämte Kerl dazwischen: »Aber, meine Herren, lassen Sie sich doch nicht bluffen, der Trenker weiß genau, daß kein Kognak im Rucksack sein kann. Gestern, auf dem Weg zur Hütte, hat er die ganze Flasche ausgetrunken, als ihm schlecht geworden ist!«
Die beiden Schwager wechselten verständnisvolle Blicke. Ich

war über die Unverfrorenheit meines Freundes so platt, daß ich kein Wort herausbrachte, auf und auf rot wurde und mich mit der bescheidenen Feststellung begnügte, daß nicht wahr sei, was der sage.

Zwei Tage später saßen wir in der Schwemme des Hotels Karersee zu Füßen des Latemars beim Abschiedstrunk, erzählten und machten Pläne für die kommenden Jahre.

Und schließlich, als wir einander bei einer guten Flasche Rheinweins »Grüß Gott« sagten, meinte der Lange:

»Schade, eigentlich wäre ich gern dabei gewesen, als dem armen Trenker schlecht wurde und der Pescosta unsere letzte Kognakflasche ausgesoffen hat!«

Das Bergführerhonorar

Die Sonne schien prächtig. Ich saß mit meinem Freunde, dem Hans, der wie ich Bergführer war, auf einer Bank und freute mich über alles in der Welt.

»He, Sie, junger Mann!«

Ich stand auf, ging auf den Herrn in Knickerbockerhosen zu, der ohne viel Umschweife sagte, er wolle mich, da ich ihm gefiele, als Bergführer für drei Wochen engagieren.

Erfreut fragte ich den fröhlichen Herrn, ob er bestimmte Touren vorhabe oder ob ich ihm Vorschläge machen sollte. Er antwortete kurz und lebhaft:

»Quatsch! Ich mache alles, Westwand, Südwand, Nordwand, Ostwand, ist mir alles ganz gleichgültig. Nur schwer muß es sein«, setzte er laut und betont dazu.

Ich wunderte mich, dachte mir aber, es gäbe eben allerhand Leute auf der Welt und jeder habe das Recht auf seine eigene Weise zu spinnen.

Am folgenden Tag, pünktlich zwei Uhr nachmittags, stand ich vor dem Adlerwirtshaus in St. Ulrich und erwartete mit Spannung meinen Touristen, Herrn Emanuel Stiassny aus Brünn.

Er erschien im Türrahmen, reckte sich, stampfte mit den Beinen ein paarmal auf den Boden und fragte mich, was ich verlangen würde, wenn ich drei Wochen lang mit ihm gehen dürfte. Ich nannte das übliche Honorar. Es waren dreißig k. u. k. österreichische Kronen pro Tag, gleichviel, ob besonders schwere oder auch leichtere Kletterfahrten durchgeführt wurden oder ob an einem oder anderem Tag wegen schlechten Wetters eine Rast eingeschaltet werden mußte.

Der lebhafte Herr in den Knickerbockerhosen war damit sehr zufrieden. Wir wollten mit der Überschreitung der drei Sellatürme anfangen und stiegen also noch am späten Nachmittag desselben Tages hinauf zum Sellajochhaus.
Oben angekommen ging ich in die Führerstube, mein Tourist in das Restaurant. Abends sagte er, ich solle den Proviant auch für ihn bestellen und bezahlen, weil ich als Führer sicherlich billigere Preise erhielte. Er redete alle Hüttengäste an und fiel, wo er auch hinging und was er auch tat, durch seine auffallend betonte Leutseligkeit auf.
Der baltische Graf von Loringhoven und dessen Tochter schienen meinen neuen Touristen schon zu kennen, denn sie verließen ihren Tisch, als er ohne zu fragen, daran Platz genommen hatte. Später fragte mich der Graf: »Wo haben Sie denn diesen Menschen aufgegabelt?«
»Ich kenne ihn nicht weiter, er hat mich als Führer engagiert, heißt Emanuel Stiassny und kommt aus Brünn«, antwortete ich.
»Aber wir kennen ihn. Er war schon im vergangenen Sommer da. Wohin gehen Sie mit ihm morgen?«
»Auf die drei Sellatürme.«
»Wollten wir eigentlich auch, aber nun werden wir unser Programm ändern und morgen mit unserem Führer zum Murfreitturm gehen.«
Lachend stimmte die hübsche Tochter zu.
Ich hatte verstanden.
Eine dicke Zigarre paffend sagte abends mein leutseliger Tourist: »Also morgen, Trenker, die drei schweren direkten Südwände der Sellatürme! Sie werden staunen! Einen Felskletterer wie mich haben Sie noch nie am Seil gehabt. Ich gehe wie eine Katze, besser als der Tita Piaz!«
Ich war jung und hatte vor jedem Herrn aus der Stadt eine besondere Hochachtung, aber doch begann ich mich vor den an-

deren Bergsteigern ein wenig zu schämen, diesen lauten und gar so leutseligen Herrn auf die Hütte gebracht zu haben. Durch Eintragung in mein Bergführerbuch war ich von Herrn Emanuel Stiassny auf drei Wochen festverpflichtet und mußte nun sehen, wie sich alles weitere ergeben würde.

Schon am hellen Morgen waren wir auf dem Wege zu den Türmen. Am Einstieg seilte ich ihn fachgemäß an, reichte ihm seine Kletterschuhe und zog die meinen an.

Als ich einsteigen wollte, warf er mir ein langes, schweres Lodending in die Arme: »Das ist mein Wettermantel, den tragen Sie mit.«

»Lieber Herr, diesen dicken Lodenumhang kann ich beim Klettern nicht gut mittragen, außerdem scheint ja die Sonne.«

»Aber wenn's regnet, will ich ihn bei mir haben.«

»Wenn es regnet, werden Sie nicht zerrinnen. Sie sind ja nicht aus Zucker, wohl aber ein guter Bergsteiger, wie Sie sagen!«

Damit legte ich den Mantel zu den anderen Sachen, die am Einstieg blieben und begann zu klettern.

Noch bevor ich die erste Seillänge hinter mir hatte, fing mein Emanuel mörderisch zu schreien an. Ich rief ihm zu, nachzukommen und zog das Seil ein. Als er bei mir war, fragte ich nach der Ursache seines lauten Protestes.

»Sie dürfen mir nie aus den Augen kommen, verstanden! Sie sind viel zu weit vorausgeklettert. Außerdem warten wir hier. Es muß jemand nachkommen.«

»Ich habe niemand gesehen«, sagte ich.

»Der Graf und seine Tochter kommen nach.«

»Da irren Sie, die beiden sind heute zum Murfreitturm unterwegs.«

»Dann kehren wir um, ich will auch dorthin. Los, schnell. Umkehren!«

»Ich denke nicht daran. Das hätten Sie mir gestern abend sagen müssen, jetzt ist's zu spät«, antwortete ich.

»Dann zahle ich nur das halbe Honorar.«

Ich sagte gar nichts.

Die Route führte durch einen senkrechten Kamin, durch den man sich mit Händen und Füßen hochstemmt. Als ich oben war, sicherte ich meinen »Herrn«, indem ich das Seil über die Schulter legte und rief: »Bitte nachkommen!«

Drei, vier Meter Seil kamen gut nach, dann erhielt ich einen Ruck, fast so als ob er gestürzt wäre.

Vorsichtig und auf weiteres gefaßt, zog ich das Seil ein, aber schon nach zwei Metern erhielt ich den gleichen scharfen Riß nach unten. Der kann doch nicht noch einmal gestürzt sein, dachte ich, verstemmte den linken Fuß an der gegenüberliegenden Felsleiste und schaute in die Tiefe. Was ich sah, wunderte mich nicht wenig: Der Herr Emanuel hob, mit beiden Händen und Füßen sich aufstemmend, sein Hinterteil frei in die Luft und ließ sich dann mit der ganzen Wucht seiner achtzig Kilo ins Seil fallen. Dieses Spiel vier bis fünf Meter über dem Kamingrund schien ihm gut zu gefallen, denn er war gerade daran, es zu wiederholen.

Ich griff eine Handvoll kleiner Steinchen und salzte diesen Gruß zu ihm hinunter.

»Was treiben Sie denn? Sind Sie wahnsinnig geworden?« rief ich.

»Ganz und gar nicht«, gab er zurück, »ich wollte nur probieren, ob Sie mich auch halten können, wenn ich falle.«

»Dann engagieren Sie bitte das nächste Mal einen Kran für Ihre Übungen. Klettern Sie weiter und lassen Sie diese Dummheiten, sie sind gefährlich und sinnlos.«

Nun kletterte er unter kräftigster Seilhilfe weiter. Als er neben mir stand, sagte er: »Haben Sie je einmal einen solch fabelhaft guten Kletterer wie mich gesehen?«

»Nein, allerdings nicht«, antwortete ich. Als er nicht aufhörte, von seiner Gewandtheit im Fels zu reden, bat ich ihn, mit der

Aufschneiderei aufzuhören, denn er kletterte in Wirklichkeit sauschlecht.

Auf dem Gipfel angelangt reichte ich ihm seinen Proviant, setzte mich und zündete meine Pfeife an. Aber schon wieder fing er an:

»Sie, Führer, hören Sie, dreißig Kronen pro Tag, das ist auf jeden Fall zuviel für die Überschreitung dieser Türme. Soviel ist Ihre Führung nicht wert.«

»Wenn Sie das glauben, suchen Sie sich halt einen billigeren Führer.«

»Das werde ich mir überlegen. Aber auch die heutige Tour ist schon viel zu teuer.«

»Warten Sie, Herr, wir haben ja noch den zweiten und dritten Turm vor uns.«

»Das ist uninteressant. Ich gebe Ihnen fünf Kronen in bar und fünf Kronen in Naturalien, sagen wir Socken, Fäustlinge oder dergleichen. Ich besitze eine Tuch- und Wollfabrik und führe solche Sachen.«

Wollsocken als Honorar? Warum nicht, dachte ich, aber mir gefiel der Mann nicht. Jetzt, wo er auf dem ersten Gipfel ist, bietet er mir Socken an, auf dem zweiten zieht er wieder die Hälfte ab und auf dem dritten, da verlangt er am Ende seine Socken wieder zurück. Wenn es ein armer Kerl gewesen wäre, hätte ich nichts gesagt, aber dieser Wollbursche wurde unerträglich: »Hören Sie, Wollsocken sind wichtiger als Geld. Abgemacht? Ich werde Wollsocken schicken, mit Geld muß ich sparen.«

Wortlos stand ich auf, rollte mein Seil zusammen, steckte die Pfeife in die Tasche, nahm meinen Rucksack und sagte im Fortgehen freundlich: »Lieber Herr, Sie brauchen mir für den heutigen Tag gar nichts zu geben, auch keine Socken. Steigen Sie, wohin Sie wollen, aber ohne mich. Ich schenke Ihnen das Honorar und gehe heim.«

Ich war noch keine zwei Schritte weit, da schrie er: »Mensch, sind Sie verrückt? Allein gehe ich hier zugrunde! Ich sage ja nichts, es war ja bloß ein Vorschlag.«
»Geben Sie mir Ihr Wort darauf, während unserer Tour nicht mehr von Geld zu reden?«
»Aber um Gottes willen Mensch, natürlich! Wer redet denn von Geld? Ich doch nicht.«
Ich führte ihn auf den Gipfel des zweiten Turmes und seilte ihn über dessen Nordwand in die Schlucht des dritten Turmes ab. Er jammerte, strampelte in der Luft, fluchte, nannte mich einen Verbrecher, obwohl ich ihn doppelt gesichert hatte. Als auch ich mich abgeseilt hatte und auf dem breiten Felsband neben ihm stand, ließ er einen Redeschwall los, der größer war und lauter als der Grödnerbach nach einem Wettersturz.
Im Abstieg vom Gipfel des dritten Turmes versuchte der Wahnsinnige, während ich nachkletterte, mich durch einen scharfen Riß am Seil aus der Wand zu reißen.
Hätte ich keinen guten Stand gehabt, wäre ich unweigerlich in die Tiefe gestürzt. Mir war so etwas noch nicht passiert, ich wußte in der ersten Verwirrung gar nicht, was ich sagen sollte. Noch an allen Gliedern zitternd blickte ich hinunter zu dem Narren, der etwa 30 m unter mir stand.
»Haben Sie am Seil gerissen?«
»Ja!«
»Sie hätten mich beinahe zum Absturz gebracht.«
»Ich wollte nur prüfen, ob Sie sicher klettern.«
Warte, dachte ich mir, du Schuft. Dir zahle ich das noch heim. Bei ihm angekommen, nahm ich das Seil ganz kurz. Nur in ein bis zwei Meter Abstand ließ ich den Kerl vor mir gehen, behielt ihn scharf im Auge. Die Richtungsänderungen gab ich ihm durch deutliche Risse mit dem Seilzügel oder durch entsprechende Tritte mit den Knien an. Meine Fäuste hielt ich wie Schraubstöcke zu. Der Mensch mußte rasch und sicher an den

Einstieg gebracht werden. Ein Gewitterschauer verbesserte unsere Laune nicht. Am Einstieg löste ich das Seil, holte seinen Lodenmantel aus der Felsnische und überreichte ihm das kostbare Stück. Während ich meine Kletterschuhe auszog, warf er mir seinen Lodenmantel vor die Füße: »Bringen Sie das zur Schutzhütte nach, dort werden wir weitersprechen.«
Damit verschwand er, indessen ich noch ein wenig trödelte und eine Viertelstunde später gemütlich zum Sellajochhaus ging. Viel Fremde waren da. Sie saßen vor dem Schutzhaus, tranken Kaffee, bewunderten pflichtgemäß und auch sonst die Berge ringsum. Man unterhielt sich laut und sorglos. Als ich kam, wurde es plötzlich still. Man beobachtete mich feindselig. Die stummen Blicke sagten mehr als laute Worte. Wohin ich schaute, kalte Abneigung. Ich war allein. An den Tischen waren viele. Und die vielen haben immer recht.
Näher kommend hörte ich die krächzende Stimme meines Touristen aus der Wirtsstube schallen. Er bezeichnete mich als gefährlichen Burschen, so daß die guten Joch- und Hüttenwanderer glauben mußten, ich würde meine Touristen nur in die Schluchten und Wände locken, um sie zu überfallen und auszuplündern. Es schien mir nun langsam doch an der Zeit, etwas zur Wahrung meines guten Rufes zu tun. Und so bat ich den komischen Herrn laut und deutlich alles, was er gegen mich zu sagen habe, in das Bergführerbuch einzutragen; dies sei dazu da und werde von den Behörden alle Jahre geprüft.
Herr Emanuel Stiassny nahm es und ging. Ich setzte mich in die Führerstube und bestellte eine Schale Kaffee. Im übrigen wartete ich auf mein Buch und die Eintragung.
Er kam und warf es mir zu: »So, bitte.«
Darin stand nun, daß Herr Emanuel bereit sei, jedem Touristen persönlich weitere Auskünfte über mein unmögliches Verhalten zu erteilen, falls sie durch seine Eintragung an sich nicht schon genügend gewarnt sein sollten.

Den Brocken Brot, der mir beinahe im Hals steckenblieb, schluckte ich hinunter und bat den Kavalier, endlich seine Schimpftiraden einzustellen.
Angenehm war seine Eintragung nicht, aber sie wurde hundertfach durch die guten Zeugnisse aller anderen Touristen aufgehoben. Trotzdem regte sich tiefer Groll in meinem Herzen wegen der Unwahrheit, in die sich die ganze Sache zu wenden drohte. Viel brauchte Herr Stiassny nicht mehr zu lügen, denn dann, das fühlte ich, würde etwas geschehen.
Aber laut und unverschämt legte der Mensch weiter über mich los. Finstere Blicke richteten sich gegen mich, Bemerkungen wurden laut. Die beiden Fenster der Bergführerstube waren offen. Als das Wort Lump fiel, sprang ich zum Fenster hinaus, schon stand ich vor dem wirklichen Lumpen dieser kleinen Komödie, haute ihm eine gutgezielte Watschen ins Gesicht und holte, als er Miene machte, sich zu wehren, zu einer zweiten und dritten aus, drehte ihn um und versetzte ihm als Zugabe einen Tritt in den Allerwertesten, daß man nur mehr von hinten sah, wie er talwärts davonlief.
Beschämt und die Vorwürfe der vielen Hüttengäste erwartend blickte ich mich um.
Was jetzt geschah, schien mir unglaubhaft, so schnell war alles gegangen. Der Graf von Loringhoven war mit seiner Tochter aufgesprungen, reichte mir die Hand: »Das haben Sie großartig gemacht, bravo, kommen Sie, setzen Sie sich zu uns.«
Noch immer verlegen schaute ich mich um. Lauter lachende, freundliche Menschen saßen nun da. Beschämt setzte ich mich an den Tisch des Grafen und bestellte mir einen Schnaps – ich mußte mich erholen. Nicht wegen der Auseinandersetzung mit dem verrückten Touristen, sondern wegen des Publikums, das so leicht umfällt.

Gruß an den Langkofel

Frühmorgens, wenn ich in meiner Dachkammer erwachte, war das erste – ein Sprung zum Fenster. Schien die Sonne, so war draußen alles in ein einziges Licht verwandelt, die Talstraße, die grünen Wiesen und weiter unten der glitzernde Bach, aus dessen Talgrund der dunkle Wald zur lieblichen Seiser Alm aufstieg. Hinter und über dem scharfgezackten Waldrand aber war nichts als Himmel und mittendrein, hoch, geheimnisvoll und ewig, der Langkofel, unerreichbar und märchenhaft.
Von der Talstraße her klangen die munteren Stimmen der Fuhrknechte, die ihren Pferden zuriefen und die Peitschen schwangen. So ein Fuhrknecht, der hatte ein Roß, das konnte er mit »Hüh« und »Hott«, mit »Hüh Brauner« oder »Eha Mizzi!« anreden, lenken und rufen. Zwei Leitseile in der Linken und eine Peitsche in der Rechten, das waren seine Zunftzeichen. Wie sie diese halten und schwingen konnten, die Fuhrleute!
Einmal, frühmorgens, hörte ich ihre lauten Rufe von der Straße her und sah von meiner Dachluke aus zwei mit je vier Pferden bespannte, schwer beladene Fuhrwerke heraufkommen und unweit von unserem Haus halten. Die Männer spuckten sich in die Hände und wälzten mit Hilfe von Stangen, Rollen und Stricken rote Steinkolosse vom Wagen auf den oberen Straßenrand. Der Anblick, wie in den folgenden Tagen jene tonnenschweren Felsblöcke an langen Seilwinden auf primitiven Holzrollen Schritt für Schritt den steilen Hang hinaufgezogen wurden, gehört zu den ersten Erinnerungen meiner Kindheit. Neugierig schaute ich zu, ohne zu begreifen, wozu diese Arbeit

geschah, aber kurze Zeit später, als sich Lärchen und Birken zu verfärben begannen, ereignete sich oben auf der Steilwiese von St. Jakob ein unvergeßliches Fest.
Ich war sechs Jahre alt und durfte mit Vater und Mutter hinaufsteigen und dabeisein. Viele Männer waren zugegen, sie sangen ein Lied, und eine feierliche Stille trat ein, als einer von ihnen unter der neuerrichteten, über und über mit Blumen bekränzten Steinpyramide eine Rede hielt. Danach erhob sich ein anderer Mann und stieg hinauf, und alle jubelten ihm zu.
Der Mann war weißhaarig und deutete, während er sprach, mehrmals zur Langkofel-Gruppe hinüber, die von diesem Platz aus in ihrer ganzen, fast überirdischen Schönheit zu sehen war. Nach jenem Tag führte uns die Mutter oft zu jenem herrlichen Aussichtsplatz hinauf, erzählte uns Kindern, daß das Denkmal für einen großen Bergsteiger namens Paul Grohmann errichtet worden war, weil er als erster den fernen, unerreichbaren Gipfel des Langkofels erstiegen hatte.
Ich will nicht sagen, daß ich mit meinen sechs Jahren begriffen habe, was die Ersteigung jenes Berges oder überhaupt eines Gipfels bedeutete oder was Bergsteigen war, doch fühlte ich, daß dieser Paul Grohmann ein Reich betreten hatte, das für andere Menschen bisher unerreichbar gewesen war. Von da ab bewunderte ich immer wieder die Männer, die mit staubigen Nagelschuhen, Seil und Rucksack auf der Landstraße daherkamen, und ich fühlte, daß sie etwas Großes, Einmaliges erlebt haben mußten.
Als dann auch der Vater mit solchen Männern auf die Berge stieg und nachher begeistert erzählte, was er erlebt hatte – war es da verwunderlich, daß ich mit Sehnsucht den Tag erwartete, an dem er auch mich einmal mitnehmen würde?
Rascher als erwartet kam der Tag.
Aber anstatt zum Langkofel nahm er mich zum Begräbnis eines abgestürzten Engländers mit. Auf dem Weg zum Fried-

hof erzählte er mir, daß der berühmte Alpinist in der Langkofel-Gruppe verunglückt sei. Die Glocken schwiegen an jenem Morgen, während der lange Zug der Betenden den fremden Mann auf seinem letzten Weg begleitete. Ich stand neben dem Vater ganz nahe an der Gruft hinter dem Turm des Kirchleins und sah den zerbrochenen Eispickel und das Seil des Verunglückten, sah die Kränze mit Alpenrosen, Edelweiß und Enzianblumen und hörte das ergreifende Schluchzen der Frauen. Von jener Stunde an wußte ich, daß von den Bergen nicht nur Licht und Freude, sondern auch Schatten und Schmerz kommen können, und die Furcht vor ihnen prägte sich tief in mein Herz.

Oft und oft noch habe ich seither das einsame Grab des Bergsteigers Norman Neruda besucht, die zwei winzigen Zirbelkiefern an seiner Namenstafel sind inzwischen groß geworden, und auch das Buch habe ich gelesen, das er geschrieben hat. Die beschwörende Mahnung zur Vorsicht klingt darin immer wieder auf, fast so dringlich, als hätte Norman Neruda sein Schicksal vorausgeahnt.

So hatte ich also erfahren, daß die Berge nicht nur sonnig, erhaben und schön, sondern auch wolkenverhangen, düster und todbringend sein können, die Lockung blieb und ließ mich nicht mehr los.

Als mich eines Tages die Mutter mit ihren Schuhen zum Schuster schickte, um die Sohlen doppeln und mit Nägeln versehen zu lassen, wußte ich, das etwas Besonderes in Vorbereitung war. Mit erhobenen Händen bettelte ich, mitgehen zu dürfen, als ich erfuhr, daß sie mit dem Vater über das Langkofel-Joch gehen würde. Während ich neben ihr auf einem Stuhl kniete, zeigte sie mir vom Küchenfenster aus den Weg, den wir gehen würden, und an einem Sonntag im Juli des Jahres 1900 war es soweit.

Ich war acht Jahre alt.

Im Morgengrauen verließen wir das Haus und stiegen den Bach entlang, an kleinen Bauernhöfen vorbei, durch den Wald zum quellenreichen Confinboden hinauf, einem unbeschreiblich schönen Waldboden, der unter den Karen und Wäldern des Langkofels liegt und zu freundlicher Rast einlädt.
Außer Vater und Mutter waren noch viele Leute mitgekommen: Bergführer, Bildhauer, auch Touristen aus der Stadt, das ganze war wie eine fröhliche Wallfahrt in eine neue, rätselvolle Welt. Auch unser Pfarrer war dabei und hatte sich mit uns zur Rast gesetzt. Zufrieden und glücklich saß ich zwischen ihm und den Eltern, jetzt war ich den gewaltigen Felswänden ganz nahe, und ein merkwürdiges Gefühl von Furcht und Freude durchrieselte mich, so oft ich hinaufblickte zu den gewaltigen Pfeilern, Gipfeln und Graten.
Einige Leute liefen weiter drüben, wo der Wald aufhörte, aufgeregt herum, hoben Gegenstände auf und riefen sich allerlei zu. Wild verstreut lagen da zerschlagene Töpfe, Möbelstücke, Matratzen, Fensterstöcke, ja sogar ein Küchenherd.
Ich verstand nicht, was das bedeutete und fragte. Der Vater zeigte in die schattige Schlucht zwischen dem Langkofel und der Fünffingerspitze und sagte: »Dort oben auf dem Felskopf im Kar stand früher die Schutzhütte der Sektion Wien, eine Schneelawine hat sie vergangenen Winter weggerissen und bis hierher geworfen, jetzt gibt es keine Langkofel-Hütte mehr!«
»Ja, die Lawine!« sagten die Leute und schüttelten die Köpfe, und ich bekam eine Vorstellung, was eine Lawine ist und was sie anrichten kann. Dann stiegen wir weiter im Zickzacksteig empor, immer höher, an den Mauerresten der ehemaligen Hütte vorbei, durch die schattige Felsenschlucht zur Langkofel-Scharte hinauf, in der noch viel Schnee und Eis lag. Dort, fast 2700 Meter hoch, drohten links und rechts die Wände zum Greifen nahe auf uns nieder. Drüben aber, weit hingelagert gegen die andere Seite, zeigte mir der Vater die vielen Türme und

Felsburgen der Sella-Gruppe und südlich davon im gleißenden Licht der Mittagssonne die weißen Gletscherfelder der Marmolata. Eine neue, große Welt tat sich vor meinen Augen auf. »Bub, du bist heute recht brav gegangen«, sagte ein vornehmer Herr, während er mit der Hand über meinen Kopf strich. Der Vater flüsterte mir nachher zu: »Denk dir, Bub, das war der Herr Bezirkshauptmann von Bozen.«

Auf der anderen Seite der Scharte ging's dann die steilen, hellen Schuttkare tief hinunter zu den grünen Almen des Sella-Jochs. Ich kann mich nicht mehr erinnern, wie wir dorthin kamen, ich weiß nur noch, daß wir auf den Almwiesen lange vor einem Haus, das noch im Rohbau stand, warten mußten. Immer wieder stieg ein Mann auf einen erhöhten Platz und redete, und dann haben sie alle die Hüte vom Kopf genommen und gesungen, und nachher haben sie die Hüte wieder aufgesetzt, und ich hatte einen großen Hunger und war wohl auch müde und hatte keine Ahnung, warum das alles geschah. Daß die vielen Leute und der Vater und die Mutter und der Bezirkshauptmann zur Einweihung des neuen Sella-Joch-Hauses der Sektion Bozen des Deutschen und Österreichischen Alpenvereins gekommen waren, habe ich erst Jahre später erfahren. Endlich, als die Leute sich zerstreuten, durfte ich mich niedersetzen, ein Würstel essen und aus Vaters Glas Bier trinken.

An jenem Tag sah ich den geliebten Langkofel zum erstenmal im Leben von der Rückseite. Dreimal mußte es mir der Vater sagen, daß dieser gewaltige, häßliche Felskoloß mit der wilden, wasserdurchfurchten Wand ohne Gipfel und Glanz der Langkofel sei. Er gefiel mir nun gar nicht mehr. Seine Schlankheit, sein in den unendlichen Himmel fast bis zum lieben Gott hinaufreichender Gipfel, war nicht mehr da. Außerdem wußte ich, die Mutter hatte es mir oft genug erzählt, daß hartherzige Geizkragen und überhaupt böse Menschen, deren Seelen nach dem Tode keine Ruhe fänden, nicht auf dem stillen Friedhof

im Tal, sondern unter den Felsbrocken hinter dem Langkofel begraben werden mußten.
Merkwürdig: Manches prägt sich dem kindlichen Gemüt unauslöschlich ein, manches wiederum ist, als wäre es nie gewesen, total vergessen. So unser Weg vom Sella-Joch nach Hause, das Heimkommen, und das Einschlafen, von dem ich nichts mehr weiß.
Als ich am anderen Morgen in meiner Dachkammer erwachte und ans Fenster sprang, um zu sehen, ob wohl der Langkofel noch da sei, war ich überaus glücklich.
Über dem scharfgezackten Waldrand stand nichts als der Himmel und mittendrin, hoch, geheimnisvoll, unerreichbar und märchenhaft, der Langkofel.

Die Gipfelpfeife

Eine bange Minute lang hing das Leben meines Touristen sowie das meine an einem walnußgroßen Vorsprung einer senkrecht in die Tiefe abbrechenden Felskante, irgendwo in den Dolomiten.
Der Herr, der zwischen Himmel und Erde an meinem Seil baumelte, hieß Dr. Paul von Monakow und war Chefarzt des Züricher Krankenhauses. Sein Schwager hieß Hochschild, war ebenfalls Doktor, aber einer anderen Fakultät, er war Direktor der Frankfurter Metallgesellschaft. Er ging am Seil meines Bergführer-Freundes Hans Pescosta.
Am Gipfel war es recht gemütlich gewesen, hoch über Berg und Tal hatten wir in der warmen Julisonne gesessen und unsere wohlschmeckenden Gipfelpfeifen geraucht. Die des Herrn von Monakow war fast neu und elegant, die meine nurmehr ein alter Stummel. Dr. Hochschild und Pescosta rauchten Zigaretten, hatten wahrscheinlich auch nicht so gute Zähne wie Monakow und ich, denn eine kurze Tabakspfeife muß man mit den Zähnen halten, nicht nur mit den Lippen.
Der Abstieg vom luftigen Gipfel der kühnen, selten erkletterten Clarkspitze führte über eine äußerst ausgesetzte senkrecht in das tief unter uns liegende Schuttkar.
Hochschild und Hans kletterten vor uns ab. Ich ging als letzter. Mir oblag es, die Seile zu versorgen, im besonderen aber den 1,90 m großen, 180 Pfund schweren Professor von Monakow zu sichern.
Gegen sechs Uhr abends stand ich, auf winzigem Tritt frei an dem unter mir abbrechenden Grat, pfiff die Melodie des Lied-

leins »Kommt ein Vogel geflogen ...« unbekümmert und fröhlich vor mich hin. Das Seil, das mich mit Monakow verband, hatte ich zur Sicherung, da nichts Besseres da war, über den nußgroßen Vorsprung vor mir gelegt und, dieser eher moralischen als tatsächlichen Sicherung vertrauend, einen Blick auf den im unbeschreiblichen Glanz niedergehenden Sonnenball geworfen, als unter mir plötzlich ein gewaltiger Felsblock samt meinem Touristen in die Tiefe stürzte – ein kurzer Schrei Monakows – und dann war alles still. Gebannt, reglos und die unausbleibliche Katastrophe erwartend, stand ich auf einem winzigen Tritt über dem luftigen Abgrund, aus dem Staub und schwefliger Kalkgeruch heraufwallte. Das Seil, an dem Monakow baumelnd hing, konnte jeden Augenblick von der winzigen Felsnase abgleiten, diese ausbrechen und dann war es um uns beide geschehen! Wie ein Fakir auf seine Kobra starrte ich auf den kleinen Felszacken, mit der rechten Faust das Seil umklammernd, mit der linken an den Zacken pressend, reglos und entsetzt auf den Absturz wartend.

Aus der Tiefe gellte die halb erstickte Stimme Monakows:

»Trenker, halten Sie, halten Sie, bravo, gut haben Sie das gemacht!«

Mir war ganz und gar nicht nach Bravo zumute, denn jeden Augenblick konnte der winzige Zacken brechen und unser beider Schicksal besiegeln. Blitzartig flogen Überlegungen durch meinen Kopf, was zu tun wäre, um den drohenden Tod zu überlisten. Den 180 Pfund schweren Monakow zu mir heraufzuziehen, war unmöglich, auch bei ausgezeichnetem Stand und noch so guter Sicherung hätte dies kein Mensch fertiggebracht. Unsere Lage war hoffnungslos. All die bangen, langen Sekunden hatte ich nur den einzigen Gedanken: »Herr, gib, daß der kleine Felszacken hält, Herrgott, laß den Zacken nicht brechen ...«

Da klang auch schon die Stimme meines Freundes Hans zu mir

herauf. Er und sein Tourist befanden sich eine Seillänge tiefer in einem Kamin unter der verhängnisvollen Kante. Wenige Meter von ihnen baumelte der hilflose Körper Monakows über dem Felskar.

Hans warf Monakow mehrmals sein Seil zu, bis dieser es fing. Vorsichtig zog er nun den Gefährten zu sich in den schützenden Kamin. Als das Manöver gelungen war, fiel mir, ich stand noch immer regungslos auf meiner luftigen Kanzel, ein Stein, nicht viel kleiner als der Felsblock, der unter Monakows Gewicht ausgebrochen war, vom Herzen. Einen innigen Dankesblick zum Himmel werfend, konnte ich nun erleichtert die unterbrochene Melodie »Kommt ein Vogel geflogen . . .« weiterpfeifen und mich zu den Freunden abseilen. Die weitere Kletterei verlief unter dem Eindruck der überwundenen Gefahr froh und glücklich. Es war alles noch einmal gutgegangen, und wir waren um eine denkwürdige Erfahrung reicher geworden.

Zufrieden saßen wir schließlich am Fuße der Clarkspitze, es wurde Abend, eine große Stille waltete über die im letzten Sonnenlicht verglühenden Gipfel, den friedlichen Bergwiesen und den eindunkelnden Tälern. Der Professor blickte still vor sich hin und rauchte zufrieden seine Pfeife, während ich mit Hans die Seile einrollte. Es war eine schöne, gute Shagpfeife, sie hatte einen Holzdeckel, der das Herausfallen der Asche verhinderte. Dr. Hochschild sagte: »Ja, das ging aber heute haarscharf, – das haben Sie beide großartig gemacht!«

»Lieber Herr Doktor, das war gar nicht großartig, ich hätte vorsichtiger sein und Ihren Schwager viel besser sichern müssen, – eine Schweinerei war das, ich weiß gar nicht, wie ich das gutmachen kann. Ein Wunder, daß wir noch leben!«

Monakow nahm seine Pfeife aus dem Mund: »Immerhin, mein Lieber, Sie haben mir das Leben gerettet, das steht fest, und dafür möchte ich Ihnen etwas zur Erinnerung schenken. Wenn Sie einen Wunsch haben, ich will ihn gern erfüllen!«

Ich wußte nicht recht, was ich antworten sollte. Ich hatte nur meine verdammte Pflicht getan. Die Pfeife des Professors, ja, die hätte ich schon recht gern gehabt, aber ich schämte mich, es zu sagen.

»Rücken Sie nur heraus mit der Sprache.«

»Na, ja, wenn Sie mir wirklich eine Freude machen wollen, Ihre Pfeife, die tät mich schon freuen.«

Monakow war sichtlich überrascht, schon glaubte ich, zuviel verlangt zu haben, da überreichte er sie mir mit den Worten:

»Da, nehmen Sie sie, lieber Freund, sie soll Ihnen auf allen Touren ein guter Talisman sein.«

Sekt und Leukoplast

Wenn im gesegneten Herbst des Etschtales die Hänge und Hügel zu glühen beginnen und die Winzer Weinlese halten, wird es in den Hochtälern und Schutzhütten allmählich ruhiger.
In Bozen strömt alles zusammen, für kurze Tage lebt dort noch einmal die große Saison auf.
Man trinkt noch ein Glas guten oder sauren Südtiroler Wein, ißt Trauben und genießt diese letzten Urlaubstage, so gut man eben kann.
Wenn das Laub von den Bäumen fiel, sagte meine Mutter etwas schwermütig: »Ja, ja, jetzt fangt's an zu herbsteln.«
Der Hans Pescosta und ich saßen zu dieser Zeit meist irgendwo auf einer Hütte. Nicht als Bergführer, sondern als eigene Herren. Zur Erholung sozusagen. Wir lagen bis neun Uhr früh in den Pritschen, hockten oder standen rauchend auf den Wiesen herum, gingen in die Felsen hinauf, schauten da, schauten dort, vermuteten, besprachen, überlegten und packten schließlich etwas an. Kamen so bisweilen erst abends spät zurück und hatten eine schöne Erstbegehung gemacht.
So war es auch in diesem Herbst. Wir trieben uns in den Gefilden der Regensburger Hütte unterhalb der Geislergruppe herum.
Nepomuk Demetz hieß der Hüttenwirt. Er ist es heute noch. Er sieht gar nicht aus wie ein Nepomuk, er ist gescheit, freundlich, nett und hat einen großen dunklen Schnurrbart, den er pflegt.
Einmal, nach der Durchkletterung einer sehr schweren Kaminroute, die wir leichtsinnigerweise zu spät begonnen hatten, ka-

men wir erst gegen Mitternacht, ziemlich abgerissen und ein wenig blaß zurück. Es brannte noch Licht in der Stube. Ich sprang ans Fenster. Nepomuk saß allein am Tisch und las die Zeitung. Ich klopfte ans Fenster. Erschreckt sah er auf und schaute mich starr einige Sekunden lang durch die Scheiben an. Endlich kam er mit den Schlüsseln in der Hand an und sperrte auf.

»Nepomuk, was hast du denn?«

»Oh, i bin soviel erschrocken. Wie ich dein Gesicht gsehn hob am Fenschter, hon ich gmoant, dös isch dein Geischt, i hon gwiß gmoant, heut seid's ös zwoa ogstürzt.«

»Nepomuk, sei still und bring den Geischtern etwas zum Essen, sie haben Hunger.« Er ging und kam mit Wurst, Speck, Brot und Rotwein. Erst jetzt bemerkte ich in der Ecke drüben zwei deutsche Bergsteiger. Sympathisch aussehende Herren, denke ich mir, während ich unsere Erstbegehung ins Hüttenbuch eintrage. Sie mußten erst abends angekommen sein und wollten, wie uns der Wirt erzählte, einige Tage hier bleiben. Wir gehen bald schlafen.

»Gute Nacht allerseits.«

»Gute Nacht.«

Am anderen Morgen weckte uns Franz Lardschneider, der Sohn des Postwirtes, unser Studien- und Bergkamerad. Franzl war gekommen, um mit uns zu klettern. Mit zwei Flaschen Sekt saß er auf meiner Pritsche und schenkte ein. Die Flaschen hatte er aus dem Keller seines Vaters mitgehen lassen. Nach solchem Frühstück waren wir natürlich alle drei sehr schneidig, und unsere erste Frage galt, als wir Nepomuk polternd begrüßten, den beiden deutschen Touristen.

»Jo, die Hearrn sein auffi auf'n Saß di Mesdi, sie wöllen eueren Kamin von geschtern mochn. Vor zwoa Stunden sein sie fort.«

»Du, die derpacken den Kamin net«, sage ich zum Hansl, »die Leute sind ohne Training, das geht nicht gut aus.«

Wir beschließen, nachzubummeln, Seil und Kletterpatschen mitzunehmen und den Kamin mit Franzl zu durchklettern. Dabei würden wir schon sehen, wie es mit den beiden geht.
Nach zwei Stunden sind wir am Einstieg, eine Stunde später an der schwersten Stelle des Kamins, einem bauchigen Überhang. Dort wirtschaften die beiden Gesuchten. Sie kommen nicht weiter. Wir grüßen. Dann versuchen wir es, steigen an ihnen vorbei, zeigen ihnen genau, wie die sehr gefährliche, hoch in der Wand ausgesetzte Stelle zu überwinden sei.
Einige Versuche der beiden, die Stelle frei zu überklettern, mißlingen. Man merkt deutlich das fehlende Training, und so werfe ich von oben mein Seil hinunter, um den ersten der beiden, einen Maler Findeis aus München, zu sichern. Oben bei mir angelangt, bedankt er sich, ich grüße und klettere langsam weiter, Hans und Franzl nach.
Der Übergang bildet den Schlüssel zur Tour. Ich sehe, über Findeis weiterkletternd, wie er seinen gerade am Überhang hängenden Kameraden Hasenkamp ganz ungenügend sichert, nur mit den Händen, ohne irgendeine Verankerung. Schon will ich ihm zurufen, daß dies leichtsinnig sei. Aber im selben Augenblick passiert das Furchtbare. Ein Schrei gellt von unten aus der Wand, Findeis wird vorgerissen, das Seil saust durch seine beiden Hände. Findeis ist am Seil festgebunden, er muß jetzt, vom Stürzenden mit Wucht hinausgerissen, kopfüber in die Tiefe stürzen ... Starr vor Schreck sehe ich den Vorgang aus fünf Meter Entfernung und warte gespannt auf den unvermeidlichen grausigen Flug von Findeis. Alles spielt sich in Sekunden ab – der starre Schrei hängt noch in der Wand – ich schaue ungläubig, war's denn möglich? – – Findeis fliegt nicht. Er steht noch mit blutenden, aufgerissenen Händen auf dem Felsabsatz. Alles ist unheimlich still. Einige Seilschlingen liegen schlaff vor ihm auf dem Block. Das Blut seiner Hände tropft drauf.
Ich finde die Sprache wieder und sage zu Findeis nur: »Das Seil

ist gerissen. Ihr Kamerad ist tot.« Findeis sieht mich stumm an und nickt.
In zwei, drei Sprüngen bin ich bei Findeis unten, liege auf dem Bauch und schaue in die Wand hinab. Drunten, zwanzig Meter tiefer, liegt ein Körper auf einem Block, der im Kamin klemmt. Das Seil ist noch ganz, es ist nicht ausgestürzt, konnte daher auch nicht reißen. Es war dreißig Meter lang, und nach zwanzig Metern Sturz war Hasenkamp auf dem Block im Kamin liegen geblieben. So war die wunderbare Rettung der beiden leicht erklärlich. Pescosta war gleich da. In der nächsten Minute schon sind wir beim Verunglückten. Er lebt, hat den rechten Arm im Schultergelenk ausgekegelt, einige schwere Prellungen auf Brust und Beinen und eine blutende Kopfwunde. Wir geben ihm, als er zu sich kommt, eine Zigarette und einen Schnaps. Hans, der einen Sanitätskursus mitgemacht hat, schient ihm den Unterarm vom Ellenbogen bis zum Handgelenk mit einem Stück Holz. Er verwendet dazu den Holzstiel unseres Kletterhammers als Schiene, seine Hosenträger als Bandagen, und arbeitet fleißig und sachverständig, bis ich ihn verwundert frage, was er denn mit dem Verband eigentlich wolle.
»Erste Hilfe bei Unglücksfällen«, meinte er seelenruhig. Als ich ihm zeige, daß der Arm oben an der Schulter herausgeflogen sei, meint er, das sei gleichgültig, was er mache, sei ja nur ein Notverband. Erst als ich ihn frage, warum er dann diesen Notverband nicht um seine eigenen Knochen binde, geht ihm ein Licht auf. Nun macht er Hosenträger und Hammerstiel leise murrend wieder ab. Wir verbinden vorsichtig die Kopf- und übrigen Wunden Hasenkamps notdürftig und schnallen vor allem den ausgekegelten Oberarm fest an den Körper. Lardschneider versorgt die schmerzenden und vom Seil verbrannten Hände Findeis', dann geht es die Zweihundertmeterwand hinunter.

Der Transport war schwer. Um Hasenkamp nicht zu arg durch Abseilereien zu strapazieren, nehme ich ihn auf meinen Rükken und schleppe ihn, von Prescosta am Seil gesichert, hinunter. Es war die schwerste Rückenlast meines Lebens. Mit einem hundertsechzig Pfund schweren, ohnmächtigen Menschen durch ausgesetzte, kleingriffige Kamine und Wandstellen zu steigen, ist trotz aller Sicherungen nicht leicht. Lardschneider führte den hilflosen Findeis am Seil nach. Hasenkamp stöhnte, wenn er aufwachte, hielt sich aber im allgemeinen großartig ruhig und beherrscht. Nur wenn ich, was unvermeidlich war, beim Klettern mit seinem Arm oder Körper irgendwo am Fels anstieß, jammerte er und fiel in Ohnmacht.

Am späten Nachmittag waren wir am Fuß der Wand, zwei Stunden später, dank der Fürsorge Nepomuks, bereits in Christina, wo beim Dosseswirt eine Pferdedroschke wartete, wieder eine Stunde später beim Doktor in St. Ulrich. Dieser hat die beiden sofort verarztet: Arm eingekegelt, Watte und Leukoplast auf den, Gott sei es gedankt, nicht gefährlich verwundeten Schädel, Jod und Verbandmull auf die Kratzer und Schürfungen, dann noch ein bißchen Salbe auf die Prellungen. Nun erst sahen sie richtig abgestürzt aus.

Wir grüßten und sagten: »Vielen herzlichen Dank, lieber Herr Doktor, guten Abend!« gingen zur Tür hinaus und fuhren zum Postwirt.

Dort bestellte der nun wieder muntere Hasenkamp Sekt. Hatte der Tag mit Sekt angefangen, mochte er mit Sekt aufhören. Ich trank damals fast nie Alkohol, hier mußte ich mitmachen, ehrenhalber, da war kein Zweifel. Und das Zeug schmeckte. Findeis mußte das Glas immer mit beiden Fäusten heben, denn seine Hände waren zwei große Wattebündel. Schließlich spürten die beiden gar keine Schmerzen mehr, und Hasenkamp hielt sogar noch eine Laudatio für uns.

Bald konnte Hasenkamp mit seinem Kameraden die Heimreise

antreten. Einige Wochen nach der Abreise der beiden kam an einem regnerischen Oktobersonntag Hansl daher: »Geh mit mir ins Konzert, heute nachmittag spielt die Grödnermusik.«
Wir sitzen beim »Konzert« und sind fröhlich, lachen, reden, freuen uns der Welt und sind große Herren. Ohne sein Gesicht zu verziehen, holt Hans so nebenbei eine Hundertkronennote aus der Tasche und wirft sie auf den Tisch.
»Schenk i dir.«
. . . . ??
Eine zweite fliegt nach.
»Schenk i dir auch!«
??? . . . . . . ???
Eine dritte folgt.
». . . Bist du narrisch geworden??«
Eine vierte, eine fünfte – ich bin platt.
Dann greift er wieder in die Tasche, und mir wird schon angst, er sei vollständig übergeschnappt, aber diesmal kommt ein Brief zum Vorschein. Er war von Hasenkamp. Für jeden von uns hatte er aus München fünfhundert Kronen geschickt.
Diesen Brief haben wir uns an jenem Sonntag gegenseitig bis in die späte Nacht, als wir schon alle Buchstaben doppelt sahen, immer wieder feierlich vorgelesen.

Schneesturm am Fermeda

An einem frischen Sommermorgen sitze ich auf der Bank vor der Regensburger Hütte und esse mein Frühstück. Ich soll den Herrn Doktor Kowsky auf den Fermedaturm führen. Seine Frau langt nach meinem Arm und kontrolliert meine Muskeln.
»O ja, Sie sind stark, nicht wahr, Sie halten meinen Mann schon, wenn er stürzt?«
Sie sitzt mit zwei reizenden blonden Kinderchen auf der Bank vor der Hütte. Ich habe eine Schüssel voll Milchkaffee vor mir, ein Trumm Brot und einen Brocken Butter.
Den Mann halten, denke ich mir und muß lachen. »Mit zwei Fingern halte ich ihn, gnädige Frau, aber nicht auf meine Armkraft kommt es an, auf gute Seilverteilung, auf die Reibung im Fels, auf Erfahrung kommt es an. Haben Sie nur keine Sorge, vom Fermedaturm kommen wir zurück, das wäre ja gelacht!«
Indessen ist ihr Mann, Doktor Kowsky aus Breslau, zum Tisch gekommen.
»Sehen Sie, Führer, ich habe eine liebe Frau und zwei nette Kinderchen, ich darf nicht abstürzen!«
»Mein lieber Doktor, ich habe zwar noch keine liebe Frau und keine netten Kinder, aber glauben Sie mir, ich will trotzdem nicht abstürzen. Und am Fermedaturm überhaupt nicht!«
Wir gehen. Sind spät dran. Um neun Uhr vormittags steigen wir in die Felsen. Leichter Nebel streicht durch die Wände.
Doktor Kowsky hat einen grauen Schnurrbart; er ist nicht mehr jung. – Mit dem Doktor gehe ich nicht weit, denke ich mir, und lasse gleich, weil es so schwül ist, meine schwere Kletterjoppe am Einstieg unter einem Block liegen.

Zum Herrn sage ich: »Es wird vielleicht bald regnen, es ist furchtbar schwül, wir kehren um, wenn es nicht besser wird.«
Nach einer Stunde regnet es. Es ist sehr kühl geworden, mein Hemd ist schon bis auf die Haut durchnäßt. Der Fels ist unangenehm schlüpfrig. Bis zum Gipfel haben wir noch zwei gute Stunden zu klettern.
Mir gefällt die Luft gar nicht recht, und ich schlage vor, umzukehren. »Es kann nur noch schlechter werden«, setze ich hinzu, um meinem Vorschlag Nachdruck zu geben. Außerdem bin ich in Hemdsärmeln, und das ist auch nicht gerade angenehm. Kowasky hat einen festen Lodenrock an und ist durch das Klettern warm geworden.
Er will nicht zurück.
Wir gehen weiter. Es regnet stärker.
Wieder will ich umkehren. Noch einmal lehnt er ab.
Dreimal wollte ich umkehren. Dreimal lehnte er ab.
Gut, denke ich, wenn er absolut will, dann müssen wir gehen. So weit er kommt, komme ich auch, auch bei Regen und in Hemdsärmeln.
Rascher und energischer zog ich das naßkalte Seil durch die Hände, rascher und energischer stieg ich voraus, rascher und flotter mußte er nachkommen. Mit meiner Nervosität stieg seine Müdigkeit. Ich hätte doch umkehren sollen. Einige Sekunden lang bereute ich meine Nachgiebigkeit. Aber ich war schließlich neunzehn Jahre alt und Doktor Kowsky zweiundvierzig.
Wir sind am Gipfel. Für Sekunden reißt der regnerische Nebel auf. Es sieht aus, als ob das Wetter aufklaren würde. Was ich aber hinter dem Nebel herbrauen sehe, entsetzt mich. Schwarze, graue und schwefelgelbe Wetterwolken wälzen sich vom Schlern herüber auf unsere Felsenkette zu. Eine Stille herrscht, die, ich weiß es bestimmt, bald loskrachen wird in eine Hagelhölle von Blitzen und Finsternis.

»Herr Doktor, wir müssen schnellstens absteigen, es kommt ein furchtbares Wetter.«
»Was fällt Ihnen ein, ich bin viel zu müde, ich muß rasten!«
Ohne viel Worte packe ich das Seil, binde den Knoten und zwinge meinen Touristen zum Gehen. Einen Meter hinter ihm gehe ich auf dem Messergrat des Turmes und halte das Seil kurz und fest in der Faust: »Los, los, nur schnell.«
Der Doktor ist müde, ich sehe es. Aber weg, nur weg vom Gipfelgrat. Schon haut ein Windstoß in die Südflanke des Berges, regungslose Raben lassen sich vom Sturm über den Grat tragen, die ersten Hagelkörner schlagen auf meinen Kopf, auf die Ohren, ins Gesicht, auf die nassen Ärmel. Ein Blitz fährt flammend hundert Meter unter uns in die Wand, daß Kowsky zusammenbricht und ich mich geblendet ducke. Es kracht gleichzeitig, als ob der Fels aus allen Fugen bräche.
Schnell fasse ich Entschluß – nur nicht über die Südwand zurück, der Blitz erschlägt uns dort – und brülle Kowsky zu, er solle links hinunter in die Wand. Der Abstieg über die Nordostwand ist vor dem Wetter etwas geschützter.
Nach Minuten ist alles weiß, voll Hagel. Ununterbrochen krachen Donner, leuchten grell die Blitze um uns. Hagel, Schnee, Nebel und Sturm nehmen mir jegliche Orientierung. Ich schlottere vor Kälte.
Kowsky war willenlos geworden. Er flog mir in den verzweifelsten Situationen ins Seil. Einmal, als ich ihn nicht mehr halten konnte, weil meine nassen Kletterpatschen selbst den Halt im Gemisch von Schnee, Hagel und Sand verloren hatten, schrie ich bittend hinunter, er solle sich irgendwie Halt suchen. Nun verlor er vollends den Kopf, ich mußte ihn wohl oder übel, solang das Seil reichte, in die Tiefe lassen, bis er endlich auf einer Terrasse Stand und Sitz fand. Kaum hatte ich ihn in Sicherheit, mußte ich in den vereisten Fels greifen und nachklettern.

Die Finger waren klamm und erfroren vom Seilhalten, ich konnte sie nicht erwärmen, da ich nichts, nicht einmal einen Rock bei mir hatte. Ich durfte keinen einzigen unsicheren Schritt wagen, mußte aber andererseits schnell absteigen, da ich mich auf den apathisch gewordenen Touristen nicht mehr verlassen konnte. Zugleich wußte ich, daß auch ich diese Höllenfahrt nicht sehr lange würde aushalten können. Kowsky kletterte mit verzweifeltem Mute, aber er kam nicht weiter, seine Hände versagten, sein Herz und sein Wille.

Um fünf Uhr waren wir noch hoch in der Wand. Das Unwetter dauerte an, und es schneite nun, als sei es Winter geworden. Schneefall, Blitz und Donner ließen uns nicht los.

Ich durfte keinen Blick von Kowsky wenden, keine Sekunde das eisige Seil aus der Hand lassen, an dem er oft halb leblos hing. Keine Minute war zu verlieren. Es ging auf Leben und Tod.

Kowsky weigerte sich schließlich, von Kälte und Schmerzen zermürbt, weiterzugehen. Er wollte bleiben, ich solle allein gehen und ihn mittels eines Seils indessen sicher irgendwo anbinden, solle Hilfe suchen und nachher heraufkommen, ihn zu holen. Alles Zureden half nichts, bis ich ihn anbrüllte: »Idiot, verfluchter, jetzt gehen Sie weiter und nehmen sich zusammen in allen drei Teufels Namen, was glauben's denn, was ich Ihrer Frau unten auf der Hütte sagen soll, wenn ich allein komme? Reißen Sie sich zusammen, Sie müssen hinunter, und zwar mit mir, fertig!«

Kurz riß ich ihn beim Seil auf, und er ging weiter mit. Ich wußte, daß ich mit ganz grobem Geschütz auffahren mußte, sonst war alles verloren. Auch ich selbst brauchte Pulver, ich war schon zu sehr am Ende meiner eigenen Widerstandskraft angelangt. Um nicht zu ermatten, sagte ich mir selber vor: »Du mußt gut hinunterkommen, reiß dich zusammen, gib nicht nach, es geht bestimmt.«

So zwangen wir auch den Abstieg über die vorletzte Wandstufe.
Es war inzwischen sieben Uhr abends geworden, das Unwetter hatte nachgelassen. Kowsky lag neben mir in einer steilen Schneerinne, die in einen fünfzig Meter hohen Abbruch mündete. Dieser mußte links umgangen werden, dann konnte uns nichts mehr passieren. Ich schleppte ihn am Arm schrittweise weiter, ließ ihn dann am Seil ein Stück hinunter. Selbst kratzte ich mir mit dem Taschenmesser Tritte in den eisigen Schnee, um mit den nassen Kletterpatschen nicht zu rutschen. –
Wir froren fürchterlich. Kowsky kauerte hinter einem Stein. Schon oben in der Wand hatte ich viele Male aus ganzer Kraft gerufen, um einer etwa ausgerückten Rettungskolonne Signal zu geben, daß wir lebten und wo wir ungefähr seien.
Plötzlich schien es mir, als hörte ich Stufen schlagen, dann Worte und gleich darauf wieder das Geräusch von Eispickeln, die in den gefrorenen Schnee schlugen. Sofort rief ich hinunter über den Abbruch.
»Hoi, hoi, Trenker!« kam es zurück.
»Himmel, wer seid ihr denn?«
»Pescosta und Nogler, wir sind gleich da!«
Nun war ich meiner wieder sicher. Ich packte den Doktor auf und konnte ihn bald den frischen Führern übergeben. Weiter unten am Einstieg wartete ein Träger.
Pescosta und Nogler, wie überhaupt alle auf der Hütte, hatten mit unserem sicheren Tod gerechnet. Instinktiv gingen sie in die Nordwand, um unsere abgestürzten Körper zu suchen. Das Unwetter sei grausam gewesen, auch auf der Hütte, erzählten sie. Niemand sei auf der Tour gewesen, nur wir beide.
Plötzlich muß ich an die arme Frau und die Kinder Dr. Kowskys denken.
Die beiden Freunde bleiben beim halbtoten Dr. Kowsky. Ich renne ohne Aufenthalt und noch immer in patschnassen

Hemdsärmeln zur Hütte. Der einstündige Weg wird in zwanzig Minuten zurückgelegt. So wärme ich mich wieder.
Bald bin ich, noch naß und zerschunden, bei der Hütte und frage, in das Gästezimmer tretend, nach Frau Doktor Kowsky. Alles ist still und sieht mich einen Augenblick an, da stürzt sie mir entgegen, ihre Augen sind weit aufgerissen.
»Gnädige Frau, es ist alles gut gegangen, ich wollte Ihnen das nur sagen!«
Gellend ruft sie, daß es mir durch alle Knochen ging:
»Mein Mann ist tot, nun ist mein Mann tot, o Gott ... Sie Mörder ...«
»Ja, was fällt Ihnen ein, gnädige Frau, ich bin doch gekommen, um Ihnen zu sagen, daß er lebt!«
»Nein, nein, ich sehe es ja, Sie sind allein gekommen, er ist tot!«
Da riß mir die Geduld. »Schinkensemmeln frißt er und Glühwein trinkt er oben am Fuße des Turmes, während ich Esel vorauslaufe, um Sie zu beruhigen. So, und nun setzen Sie sich und warten, bis er kommt.«
Dann ging ich in den Führerraum, lieh mir vom Wirt eine trockene Hose und ein trockenes Hemd, zog mich um und rastete.
Der Schuldiener von St. Ulrich, der trotz seines dicken Bauches im Sommer leichte Touren führte, knurrte: »So sind die jungen leichtsinnigen Burschen«, broddelte er, »steigen hinauf in alle Wände, und wir können sie dann holen.«
»Du hast mich noch nie geholt«, antwortete ich ihm, »du ganz gewiß nicht.«
Ausgerechnet dieser Faulpelz hatte es nötig, mich nach allen überstandenen Strapazen zu belehren.
Am selben Abend kam ein alter Bekannter auf die Hütte: Doktor Johannes Pfeiffer.
»Lieber Trenker, sind Sie morgen frei? Machen wir eine Tour?«
Ich schau das Wetter an – es wird morgen schön sein.

»Ja, Herr Doktor, ich bin frei. Wir machen die Überschreitung des Fermedaturmes.«
»Einverstanden, also gute Nacht für heute!«

Abgeblitzt

Wir rasten auf dem Gipfel der Furchetta. Weit reicht die Sicht über hundert Dolomitentürme vom Heiligen Kreuzkofel bis zur Pala hinunter – Sonne und Wolken soweit wir sehen. Eine Pfeife Tabak und die Stille, was will man mehr. Täler, Wiesen, Wälder, Kirchen, Bauernhöfe, das halbe Südtirol liegt weit hingebreitet unter uns. Kein Laut tönt herauf. Wir sind, wenn auch nicht ganz im Himmel, so doch beinahe!

Die achthundert Meter hohe Nordwand der Furchetta ist noch nicht erstiegen. Hervorragende Kletterer sind daran abgeblitzt. Hans und ich sind über den Südgrat herauf, um uns diese Nordwand genauer von oben anzuschauen.

Auf dem Bauche kriechen wir vor, bis der Kopf über die Kante des Gipfelabsatzes hinausragt. Wir sehen tausend Meter tief hinunter. Die steilen Schutthalden am Fuße der Wand wirken in der Verkürzung flach. Von der Wand selbst sehen wir etwa hundertfünfzig Meter tiefer einen rippenartigen Vorsprung, sonst nichts. Die Tiefe wirkt. Wir stellen fest, da ist nichts zu wollen. Die Wand ist nicht zu machen, bei far means, wie der Engländer sagen würde, fertig.

»Wenn es wenigstens gelänge, bis auf die Rippe da unten zu kommen?«

Keine Antwort. Stumm starrt die tote Felswildnis herauf, wir kriechen zu unseren Rucksäcken zurück, zur Wurst und zum Brot. »Vielleicht käme man doch durch?«

Einige Tage später treffe ich auf der Regensburger Hütte einen bekannten Wiener Alpinisten und erzähle ihm von der Furchetta, schildere ihm die Wand. Die guten Führer Dibona und Riz-

zi seien im vorigen Jahr schon im unteren Drittel umgekehrt. Und wo Dibona umkehre, dort sei halt nichts mehr zu holen.
»Nur Geduld, junger Mann, auch diese Wand wird ihre Bezwinger finden!« Weiter sagte der Herr nichts.
Acht Tage später erschien der damals beste deutsche Kletterer in der Regensburger Hütte.
»Grüß Gott, Trenker.«
»Oh, Heiland, das ist ja der Dülfer! Was machen denn Sie da?«
»Nichts Besonderes. Aber vielleicht gehen wir mitsammen? Haben Sie Lust?«
»Wohin denn?«
»Das wissen Sie schon selbst.«
»Die Furchettanordwand?«
»Selbstverständlich.«
Wir werden rasch einig. Proviant: ein bißchen Speck und Brot, zwei Äpfel. Zwei Paar Kletterschuhe, zwei Seile, eine Laterne, dazu einige Mauerhaken und ein Kletterhammer.
Kein Tag Aufschub, weil Dülfer vermutete, der Tita Piaz wolle uns diese Wand wegschnappen. So konnte ich meinen Freund Hans Pescosta nicht mehr rechtzeitig verständigen, er war irgendwo drüben in der Rosengartengruppe. Telefon gab es nicht.
Hansls Vater, der alte Pescosta, riet mir dringend von unserem Vorhaben ab, weil er den gefährlichen, sehr brüchigen Fels in den Nordwänden der Geislergruppe kannte.
»Wenn ihr etwa den Gipfel erreicht, zündet eine Laterne an, damit wir wissen, was los ist.« Das versprach ich.
Um halb neun gingen wir schlafen. Um halb ein Uhr früh brachen wir auf. Der Weg über die Mittagsscharte war weit. Um fünf Uhr morgens standen wir am Fuß der düster aufragenden Nordwand. Wir rasteten nur kurz und stiegen ein. Um uns die Mitschlepperei der Nagelschuhe zu ersparen, hatten wir nur Kletterpatschen mitgenommen, sonst hätten wir die schweren

Schuhe über die ganze Wand im Rucksack mittragen müssen, da wir über den Südgrat zurück wollten. So nahmen wir nur je ein Paar dünnsohlige Reservepatschen mit; Hartgummisohlen gab es noch nicht.

Griff um Griff, Tritt um Tritt kommen wir höher. Es geht rascher, als wir angenommen hatten. Hoch in der Wand sind wir schon, unwahrscheinlich hoch. Nach etwa fünf Stunden machen wir einen auffallenden weißen Fleck über uns aus. Von dort, so schätzen wir, fehlen uns nur mehr etwas über vier, fünf Seillängen zum endgültigen Sieg. Es werden die schwersten hundertfünfzig Meter werden. Über dem weißen Fleck befindet sich die kleine Kanzel, die wir vom Gipfel aus bemerkt hatten. Die Ungewißheit treibt uns vorwärts, immer vorwärts. Die Zeit verrinnt viel zu schnell.

Endlich kommen wir zum weißen Fleck. Es ist drei Uhr nachmittags. Elf Stunden sind wir in der Wand. Links? Rechts? Hinauf geht es nicht mehr. Eine kleine Felskanzel ist da. Ich kann darauf sitzen, wenn ich mich schmal mache und an die Wand lehne. Der Blick in die Tiefe ist kaum zu ertragen.

Luft, nichts als Luft.

»Die Kante drüben. Gut sichern. Vielleicht ist hinter ihr eine Durchstiegsmöglichkeit.« Dülfer probiert am doppelten Seil. Ich lasse es über einen zweifingerbreiten Zacken laufen, halte es, auf einen Sturz gefaßt, so gut ich kann. Kleine Steine fallen ins Leere. Man hört ihren Aufschlag nicht mehr. Ich beobachte jede kleinste Bewegung Dülfers und merke, wie er das Äußerste wagt. Kein Griff oder Tritt ist sicher. Morscher Dreck anstatt guten Gesteins. Der Karboden lauert grau aus der Tiefe herauf. Von den dreißig Metern bis zur Kante hinüber hat Hans Dülfer nach Dreiviertelstunden noch keine zehn hinter sich gebracht.

Es geht nicht mehr weiter. Trotz verzweifeltem Wollen, es geht nicht, es – geht – nicht!

Die Mauerhaken, die Karabiner, die Scherensicherung, die verbissenen Zähne, alles hilft nichts.
Ein Wort bleibt mir zwischen den Zähnen, ich will warten, bis der andere es sagt. Der andere aber sagt es nicht. Er beißt die Zähne fest aufeinander – ich sehe es.
Keiner spricht es aus, beide wissen wir es: Abgeblitzt.
Dülfer bezieht den Felsnasensitz und sichert meinen Versuch, nach rechts durchzukommen. Die Hände suchen Griffe, während die Zehen an winzigsten Felsrauheiten kleben. Von oben drückt die starre Wand hinaus, hinter und unter mir zerrt die Leere des Raums von allen Seiten an meinen Nerven. Auch ich muß nachgeben.
Das Nichtgelingen der Erstersteigung wäre noch in Kauf zu nehmen gewesen, doch wir wehrten uns gegen den Gedanken, siebenhundert Meter zurück durch die Wand klettern zu müssen! Uns graute vor diesem Rückweg.
Könnten wir den Gipfel erreichen, so hätten wir außer dem schönen Sieg nur mehr einen leichten Abstieg über die Südostseite vor uns und einen ganz kurzen Weg zur Hütte.
Wir riskieren immer wieder das Alleräußerste. Der Absturz lauert hinter uns. Keiner von uns bringt als erster das Wort »Umkehr« über die Lippen. Inzwischen ist es vier Uhr nachmittags geworden.
Mit großer Besorgnis sehe ich, wie sich draußen im Etsch- und Eisacktal immer drohender schwarze Wetterwolken übereinander türmen. Dunkel wälzt sich die Gewitterbrandung näher. Elektrizität knistert in unserem Seil und in unseren Gliedern. Fahlgelb und düster fällt der schweigsame Panzer unserer Wand in die endlose Tiefe. Ein Biwak ist ausgeschlossen, wenn das Wetter nachts niedergeht, leben wir morgen beide nicht mehr. Das sagen wir nicht, das denken wir nur.
Nochmals lassen wir uns alle Möglichkeiten, durchzukommen im Kopf herumgehen. In einer guten Stunde könnte alles ge-

wonnen sein. Spähend neige ich mich zurück und suche den senkrecht nach oben verlaufenden Wandteil ab, da geschieht etwas Unerwartetes. Ein Riesenblock hat sich über uns, oben, am sturmverblasenen Gipfelgrat, gelöst. Er rauscht mit ungeheurer Wucht neben unseren erschreckten Körpern gespenstisch in die Tiefe.

Der schwarze Schatten des Todes hat den Bann zwischen uns und dem Berg gebrochen. Ich weiß heute nicht mehr, wer von uns beiden das Wort »zurück« zuerst gesagt hat. Minuten später waren Dülfer und ich schon ein Stück tiefer. Seillänge um Seillänge hasteten wir hinunter, zurück. Heulend brüllte der Orkan durch die Wände. Es pfiff und schrie und tobte in den Felsen, daß wir uns mit aller Kraft wehren mußten, um nicht in das Kar geschleudert zu werden.

Um neun Uhr abends stiegen wir triefend vor Nässe aus dem verschneiten Felsen; zur Mittagsscharte wateten wir bereits in knöcheltiefem Neuschnee hinauf. Donner, Blitz und Sturm begleiteten uns, als wir in finsterer Nacht ohne Windjacken und Bergschuhe zur Tschiesles-Alpe niederstiegen. Eine Stunde nach Mitternacht trafen wir auf der Regensburger Hütte ein.

Die vierundzwanzig Stunden, die hinter uns lagen, hatten uns sehr geschlaucht. Nepomuk, der treffliche Wirt, brachte uns Speis und Trank.

Der alte Pescosta und die Führer, die auf uns gewartet hatten, wollten einfach nicht glauben, daß wir im wahrsten Sinne des Wortes abgeblitzt waren. Vorwurfsvoll fragten sie uns, warum wir denn auf dem Gipfel das vereinbarte Lichtsignal nicht gegeben hätten, der alte Pescosta behauptete sogar, er hätte unser Licht am Gipfel gesehen!

Bald gingen wir schlafen. Im Führerraum lag ich neben dem alten Pescosta auf einer Pritsche und schlief schlecht. Die Anstrengung war zu groß gewesen.

Das Unwetter tobte die ganze Nacht. Ein scharfer Donner-

schlag prasselte nieder. Jäh erwachte ich. Es war drei Uhr morgens. Der Sturm heulte. Auch Pescosta fand keinen Schlaf.
»Seid froh, daß ihr da seid«, sagte er, »wenn ihr in der Wand biwakiert hättet, ihr wäret beide nicht mehr am Leben.«
»Ja, Teufel, das wäre schiefgegangen.«
Am anderen Morgen lag vor der Hütte fußtiefer Neuschnee. Alle Blumen und Gräser waren zugedeckt. Es war der 27. Juli 1914.
Dülfer mußte fort, in den Krieg; er fiel im Mai 1915 bei Arras. Der junge Pescosta fiel im Mai 1915 bei Kamiens, in Galizien.
Sooft ich später durch das Eisacktal fuhr und über Villnös den Gipfel der Furchetta flüchtig aufragen sah, überfiel mein Herz ein Gefühl von Stolz und Ohnmacht zugleich.
Unwillkürlich spannte sich mein Körper, und ich wollte wieder oben stehen beim weißen Fleck und es noch einmal versuchen.

Die Zigeunergeige

Mit viel Liebe und Eifer hatte ich in meinen freien Stunden das Geigenspielen so weit erlernt, daß man mir, wenn ich spielte, mit Vergnügen zuhören konnte.

Es war in Graz. In der grünen deutschen Steiermark hatte ich mich während der Winterstudienzeit mit einem klavierspielenden Bankbeamten und einem studierenden Cellisten zusammengetan. Unser Trio klappte vorzüglich, und jeden Donnerstag schwelgten wir in Kammermusik.

Ein besonderer Wunsch wollte mir damals nicht in Erfüllung gehen. Ich hätte um alles in der Welt gern eine bessere, möglichst italienische Geige besessen. Die Preise für derartige Instrumente waren aber so sündhaft hoch, daß es mir schon schwindelig wurde, wenn ich sie nur hörte. Auch ein mittelmäßiges Instrument wäre mir schon zu teuer gewesen. So blieb mir nichts anderes übrig, als auf eine günstige Gelegenheit zu warten. Inzwischen spielte ich auf einer Geige, die nicht gerade schlecht war, und die ich schon seit sieben Jahren hatte. Ein gedruckter Zettel war darin, auf dem stand: »*Antonius Stradivarius Filius, Cremonensis, Fecit* †††, *Anno Domini 1713* †«. Also mit diesem Zettel war die Geige schon etwas wert, wenn sie auch aus einer böhmischen Fabrik stammte und ganze zehn österreichische Kronen gekostet hatte. Und schließlich, so dachte ich zu meiner Beruhigung, kommt es ja auch sehr darauf an, *wer* darauf spielt.

Etwas Geld hatte ich mir aus meiner Bergführerzeit vom Sommer her gespart. Ich konnte manchmal in ein gutes Konzert gehen oder in die Oper; ansonsten studierte ich alles, was not-

wendig war, um von der Technischen Hochschule möglichst bald loszukommen.
Wenn die grüne Steiermark schön ist, so ist Graz gerade recht als ihre Hauptstadt. Große Parkanlagen und herrliche Barockbauten zieren diese alte Universitätsstadt. Im Winter sind die Alpen nahe; man kann von Graz aus nach Belieben Skitouren machen. Im Frühling und Sommer ist alles voll südlicher Sonne, voller Blüten und Saft.
In Graz wohnte ein drolliger Kauz, der Geigenbauer Palffner. Bei dem trafen wir musizierenden Studenten uns manchmal abends und plauderten über alte Geigen und Meister. Die Saiten kauften wir im Laden beim Palffner. Das Geigenbauen heimelte mich an, weil es mich an die Schnitzerwerkstätte des Vaters erinnerte.
Stets und alleweil spähte ich nach einer Gelegenheit aus, einmal eine alte Geige billig zu erwischen. Und ich hatte Glück!
Während ich durch die Herrengasse wandelte, schlenkerte drüben am anderen Trottoir ein verlotterter, schwarzbrauner Zigeuner daher. Er trug einen alten, verbeulten Geigenkasten unterm Arm. Ich blieb magnetisch angezogen stehen und schaute ihn fasziniert an. Er hatte dies wohl sofort gemerkt, denn schnell reagierte er und kam schnurstracks auf mich zu. Ich war ein wenig verblüfft, auch verlegen. Aber schon fragte er mich, rasch den Geigenkasten öffnend, ob ich seine alte liebe Geige kaufen wolle. Seine Mutter sei in Triest gestorben, und er müsse sofort hinfahren, habe aber kein Geld. Ich unterbrach ihn, gab ihm meine Adresse und sagte, er solle mich in zwei Stunden aufsuchen.
Mitten auf der Straße wollte ich nicht mit ihm verhandeln, da ich mich schämte.
Innerlich jubelnd, ging ich eine Stunde lang spazieren und überlegte immer, ob die Geige wohl sehr alt sei, ob es vielleicht gar eine italienische sei und was sie wohl kosten würde.

Kaum war ich daheim, kam schon der Zigeuner. Ich sah auf den ersten Blick, daß das Instrument sehr gut gebaut war, die Form, die Schnecke, die F-Löcher, alles war schön geschnitten und harmonisch. Der Lack war alt und verstaubt und zeigte die typischen Sprünge alter Instrumente. Ich hatte allerdings das Empfinden, daß der Zigeuner den dunkelbraunen Lack etwas aufgefrischt hatte. Nur zwei Saiten waren aufgezogen.
Ich zog die fehlenden Saiten auf, spielte, war begeistert, ließ mir aber äußerlich nichts anmerken und fragte, was die Geige kosten solle. Der Zigeuner jammerte mit tieftraurigem, melancholischen Augen, daß er das alte Familienstück hergeben müsse und verlangte zweihundert Kronen.
Schnell rechnete ich den Stand meines Sparkassenbüchleins nach. Das Geld sollte eigentlich bis Weihnachten reichen. Dann bot ich ihm einhundertfünfzig Kronen. Er lehnte ab. Ich legte meinen neuen Lodenmantel dazu, weil es Winter war und er keinen hatte, einen Hut, zwei Selbstbinder und zwei Kragen, damit er in Triest nicht gar so abgerissen ankäme. Schließlich ging der arme Teufel. Am liebsten hätte ich ihm noch irgend etwas mitgegeben, weil er mir leid tat.
Nun besaß ich eine Zigeunergeige, die sang und klang wie Gold! Ich übte drei Stunden lang, um mich darauf einzuspielen. Abends hörten mir einige Kameraden zu, waren begeistert und nickten. Meister Palffner wird Augen machen, wenn er sieht, was ich da erobert habe. Den Preis würde ich ihm unter keinen Umständen nennen, oder höchstens mit einer angehängten Null.
Palffner hatte in Paris bei Grones, einem aus dem Grödnertal stammenden berühmten Meister des Geigenbauens, gelernt und verstand etwas.
»Na, Trenker, was bringen's denn da Schönes?«
»Eine alte Geign hab' ich mir vorgestern von einem Zigeuner gekauft, etwas ganz selten Schönes an Ton und Form.«

Palffners Gesicht zeigte eine leichte Enttäuschung, weil ihm zwei Geschäfte entgangen sein mochten: der billige Einkauf bei einem Zigeuner und der in Aussicht gestandene Verkauf einer guten Geige an mich. Mit Kennermiene betrachtete er das Streichinstrument, drehte es zweimal um die Achse, legte es dann sorgsam wieder in den Kasten, und meinte, mich über die Brille anschauend: »Na, was haben S' denn zahlt dafür?«

»Oh, das ist wohl nebensächlich, Herr Palffner, aber was sagen Sie zur Geige überhaupt?«

»Die Geige ist ganz nett, aber ich kann gar nichts sagen, bevor Sie mir net sagen, was Sie dafür zahlt haben!«

»Warum müssen S' denn das unbedingt wissen?«

»Weil ich die Geige, die Sie da in Ihrem Kasten haben, vor drei Tagen einem Zigeuner gegen die seine umgetauscht habe. Sehen S'«, er drehte sich um und holte aus einem Glaskasten ein altes, dunkles Instrument, »das ist die Geige des Zigeuners, dem Sie die meine abgekauft haben. Also wert ist die Ihrige dreißig Kronen. Gebaut habe ich sie und ein bißl auf alt hergerichtet auch, denn da schaut so ein Instrument doch interessanter aus, net wahr? Nun müssen S' mir aber sagen, was Sie dem Zigeuner dafür gegeben haben. Hoffentlich hat er Sie nicht hereingelegt?«

Ich wurde sehr klein, schloß meinen Kasten, nahm den Hut und sagte: »Dank schön, Herr Palffner, für die gute Auskunft! Grüß Gott!« und stapfte, in tiefe Selbstbetrachtungen versunken, heimwärts in meine Studentenbude.

Die weiße Fahne von Lusern

Das Sperrfort Verle war eins der sieben Panzerforts, welche das Einmarschgebiet der italienischen Truppen von Lavarone-Folgaria in Südtirol abriegeln sollten.
Das Innere eines solchen Panzerwerks hat viel Ähnlichkeit mit einem Kriegsschiff: enge Gänge, finstere Kasematten, Beton oben, Beton unten, Panzer links, Panzer rechts. Fehlendes Tageslicht, schlechte Luft und eintöniges Leben zeichneten diese Grenzforts schon im Frieden aus.
Auftragsgemäß meldete ich mich beim Werkkommandanten Oberleutnant Gimpelmann. Mit Herzklopfen stehe ich vor der Tür des Gewaltigen und poche zaghaft an.
»Herein –«
Ich stehe kerzengerade, salutiere, melde:
»Herr Oberleutnant, Kanonier Luis Trenker meldet gehorsamst sein Eintreffen –«
»Was will der Kerl hier, sind Sie verrückt? Marsch hinaus!«
Der anwesende Zugführer zwinkert mir mit den Augen zu – ich haue ab.
Das war der Empfang auf Werk Verle. Es war April 1915. Befehlsausgabe und Rapport im düsteren, durch einige müde Kohlenfadenlampen erleuchteten Kasemattengang: stramm steht die Reihe, der Kommandant geht von Mann zu Mann, schrittweise, jeden schnauzt er an, kein gutes Wort, nur Plärren, Schnarren, Fluchen. Auch ich stehe unter den Herbefohlenen.
»Wer hat Ihnen erlaubt, Ski zu laufen?«
»Herr Oberleutnant, melde gehorsamst . . .«

»Maul halten! Zwei Tage Einzelarrest werde ich Ihnen geben, Haxenbrechen.«

Er geht und schnauzt den Nächsten an.

Haxenbrecherei, denke ich, Haxenbrecherei hat er gesagt, zwei Tage Einzelarrest! Warum? Es tut mir in diesem Augenblick leid, ihn nicht als Kursteilnehmer im Frieden unter mir gehabt zu haben, ich hätte ihm schon das Haxenbrechen beigebracht!

Im Mai erfolgt die Kriegserklärung Italiens.

Mörderisches Feuer schlägt in ununterbrochener Folge auf die Betondecken nieder, immer neue Schläge krachen in die berstenden Mauern, es ist, als ob sie in unseren Hirnen explodieren würden. Dumpfe, heiße Luft hemmt den Atem und das Herz zuckt unter den dröhnenden Einschlägen zusammen. Leutnant Wolfs Hund ist winselnd in den Keller geflüchtet, das Tier ist nicht mehr zu bewegen, unter der Pritsche herauszukriechen ... Die Nächte sind fürchterlich, aufbrüllend schlägt heißer Stahl auf kalten Beton, alles zerreißend, zerfetzend. Zweihundert Menschenherzen schlagen in Not und ohnmächtiger Wut.

Im Beobachtungsstand sitzen Weber und Papak. Sie wollen feuern, sich wehren. Wo ist der Kommandant?

Rauchgeschwärzt stolpert Fähnrich Knöpflmacher ins Sanitätszimmer.

»Wo ist Gimpelmann? Es muß etwas geschehen, wir müssen etwas tun ...«

Ein neuer schwerer Einschlag haut in den vorderen Haubitzengang – das Licht erlischt, es ist stockfinster, wir wollen nach vorn, der Gang ist verschüttet. Zurück. Zurück! »Platz da!« ruft einer, Licht glimmt auf, ein blutzerfetztes Gesicht taucht auf. »Einschlag – vier Mann tot – Platz da, Sanitäter, wo ist der Doktor ...?«

Angstschweiß, die ersten Toten. – Endlich finden Papak und Knöpflmacher den Werkkommandanten. Im Keller liegt er, der Gescheitelte, mit den blanken Knöpfen und dem eisernen Antlitz.

»Macht, was ihr wollt!«, das ist alles, was er sagt. Er läßt sich vom Werkarzt, der sein Untergebener ist, ein Zeugnis über einen Nervenzusammenbruch geben und verschwindet mit einer Matratze auf dem Rücken ins Hinterland.

Das zermürbende Nichtstun und Niederducken hört auf, wir bekommen wieder Mut. Weber, Knöpflmacher, Papak und die ganze Besatzung gewinnt wieder Ruhe und Selbstvertrauen nach dem Abzug jener Attrappe.

Es kamen Tage der Hölle auf Erden, ich möchte sie nicht noch einmal erleben.

Unsere Gesichter werden grau und eingefallen. Betonklötze stürzen quer in die Gänge, die Decken zeigen Risse, schwefelgelbes Ekrasitwasser sickert durch.

Die Totengruft drüben erhält täglich Zuwachs, die Blechsärge werden bald aufgebraucht sein.

Mein Strohsack war voll eingetrockneten Blutes, es waren zu viele darauf verblutet.

Bei Nacht wurde nasse Zementmischung in Säcken bereitgehalten. Nach jeder Einschlagserie wurden die Luken aufgerissen und auf Deck notdürftig Beton, Holz und Eisen in die aufgerissenen Trichter geworfen. Blitzte es drüben, erscholl ein greller Pfiff des Feuerwerkers und alles flüchtete wieder ins Innere. Nicht selten blieben einige Rekruten oben. Später, wenn dann noch etwas von ihnen zu finden war, kamen sie in Säcken herunter.

Manche waren da, die hatten keine Nerven. Sie arbeiteten, schufteten und schwitzten in dieser Hölle aus Zement und Irrsinn, als seien sie dies von Haus aus so gewohnt ...

Links hoch über uns thront das Nachbarwerk Vezzena. Es war in den Gipfel der Cima eingebaut.

Von uns aus sah es schauerlich aus, dreiwöchiges Trommelfeuer hämmerte, drosch und krachte darauf nieder. Kein Mensch konnte da oben noch am Leben sein.

Das Werk Lusern, etwas drüben rechts, war größer als unseres. Während die schwersten Granaten auf die Werke prasselten, waren stets die Telefon- und Wasserleitungen zerschossen, und wir mußten als Telefonpatrouillen aus der Hölle des Zementkastens in die Hölle des beschossenen Geländes, um die Defekte zu beheben.

Einmal war ich gerade mit dem Absuchen einer Sprechleitung beschäftigt, als drüben auf Fort Lusern mitten im schwarzen Rauch wilden Trommelfeuers eine weiße Fahne in die Höhe ging!

Schauer läuft mir über den Rücken. Das ist die Katastrophe. Wenn Lusern kapituliert, ist die ganze Höhenstellung von Lavarone verloren.

Wir sind ohne Verbindung, das Telefon ist durchschossen. Es muß etwas geschehen.

Hals über Kopf renne ich durch den zersplitterten Wald von Costalta zum Unterabschnittskommandanten. Als er von der weißen Fahne hört, wird er fahl im Gesicht. Wortlos nimmt er Mütze und Stock und läuft mit mir vor zu einer Waldkuppe.

Als wir oben stehen, hat das Trommelfeuer auf Lusern nachgelassen. Wir sehen Soldaten das Werk verlassen, während das weiße Leintuch über dem Fort im Winde flattert. Meraner Standschützen sind da. Sie schauen nicht gerade sehr kühn aus. Ein Unterjäger sagt:

»Herr Hauptmann, der Patrouillenführer Jöchler meldet sich freiwillig mit zwei Mann. Er will versuchen, die weiße Fahne herunterzuholen.«

»Viel Glück. Passen Sie auf, daß alles gutgeht.« Der Standschütze Jöchler geht. Die Mütze ist ihm zu groß, sie hängt ihm über die Ohren, auch die Bluse ist zu weit. Das Gewehr baumelt über seine Schulter wie bei einem Nachtwächter.

Schon ist er ein Stück weit unter uns. In fünfzehn bis zwanzig Minuten muß er drüben sein. Bang folgen unsere Blicke ihm und seinen beiden Kameraden.

Der Hauptmann sagt kopfschüttelnd: »So ein Bauernjunge, was? Soviel Energie und Schneid möchte man dem nie zutraun!«

Die Italiener setzen zum Sturm an. Unsere Geschütze von Verle schießen, was sie können, in das Vorfeld des Nachbarwerkes, um den Gegner niederzuhalten.

Rauch und Feuer liegt auf Lusern.

Da – zwei Gestalten rennen drüben über das Deck, fallen nieder, springen auf. Die Fahne geht nieder. Sprungweise laufen die Gestalten zurück, Granaten schlagen um sie ein.

Lusern ist gerettet!

Alle sieben Sperrforts hielten und wurden bis zum Ende gehalten. Sie haben ihren Zweck und ihre Aufgabe dank der Besatzungen erfüllt.

Und der bescheidene Soldat, der die weiße Fahne herunterholte?

Einige Tage nach seiner Tat ließ ihn der Hauptmann zu sich rufen. Ich war anwesend, als er eintrat.

Das Gesicht kam mir bekannt vor ... Wo hatte ich es schon gesehen?

Der Hauptmann gibt ihm die Belobigung im Regimentskommandobefehl zu lesen.

Jöchler greift unter dem zerdrückten, erdigen Mantel in die Hosentasche, holt ein Monokel heraus, klemmt es ins rechte Auge und liest. Dann schaut er auf und gibt dem Kapitän das Schriftstück zurück.

Nun erkenne ich plötzlich den vermeintlichen Bauernburschen: Es ist der Tanzmeister Jöchler vom Grandhotel in Meran.

Er war kein Soldat – aber ein ganzer Kerl.

Die stummen Reiter

Wir lagen auf der Hochebene von Asiago, die sich zwischen Trient und Vicenza, von hohen Bergen umrandet, hinzieht. Wenn es regnete, fühlte ich mich in der kleinen Bretterhütte in der Waldlichtung des Costalta-Rückens am wohligsten. Es wurde wenig geschossen, und die ewige Spannung über bevorstehende Ereignisse ließ im Nebel und Regen von selbst nach.
Ich war als Ordonnanzfähnrich dem Bataillonskommandanten zugeteilt worden.
Die vorderste Grabenstellung lag fünfzehn Minuten Gehzeit vor uns, es war der »Basson«. Fast ständig lag er unter schwerem Artilleriefeuer, er ragte wie ein zum Sprung niedergekauerter Panther weit ins Feld vor und war den Italienern naturgemäß ein schweres und gefürchtetes Hindernis.
Oberleutnant Godowsky und ich bewohnten dort draußen ein Erdloch, das weder bombensicher noch wohnlich war. Ein Laufgraben führte zurück bis an den Wald und dann als ausgetretener Steig weiter zu einer kleinen Lichtung. Dort befand sich die Bretterbaracke meines Unterabschnittskommandanten. Daneben das Grab eines Pioniers. Er hieß Reber und war aus dem Egerland. Pionier Reber blieb in seinem Waldfriedhof nicht lange allein; täglich kamen Gefallene aus dem Basson und den zwei Nachbarstützpunkten. Aus der zufällig ausgewählten Stätte für Rebers Grab wurde in kurzer Zeit ein großer Friedhof.
Am 13. August 1915, jenes in jeder Hinsicht so heißen Sommers, setzt plötzlich überall und unerwartet ein Höllenfeuer ein. Salve um Salve schlägt in unsere Gräben. Bald ist alles in

schwefeligen Rauch gehüllt, stündlich gibt es Tote, Verletzte, Zerschlagene und Verblutende. Es ist schauderhaft. Wir haben zahlenmäßig sehr schwache Besatzungen.
Das irrsinnige Feuer dauert sieben Tage und Nächte. Unsere Herzen sind voll Verbitterung und Not. Drückende Beklemmung lastet über uns. Wir waschen uns nicht, wir essen fast nichts. Ein Mann neben mir dreht sich eine Zigarette aus Packpapier und grobblättrigem Pfeifentabak. Das Zeug sieht aus wie eine große braune Zigarre und stinkt fürchterlich. Es ist sechs Uhr morgens. Die ganze Nacht hatten wir in den kalten Erdlöchern verbracht, nun sollte es bald heißen Kaffee geben.
Die vorderste Feldwachenstellung ist nicht mehr vorhanden. Ein Chaos von Holztrümmern und Menschenfetzen liegt dort in wüsten Haufen übereinander.
Am äußersten Vorkopf des Basson fielen sämtliche Feldwachposten, jeder, den es traf hinzugehen, wußte, daß dies sein Todesweg war. Und es war erschütternd zu sehen, wie die jungen armen Teufel wortlos ihr Gewehr nahmen, hinausgingen – und nicht mehr wiederkamen.
Jede Hölle nimmt einmal ein Ende, und so kam der Abend jenes siebenten Tages. Das schwere Feuer blieb bis acht Uhr unentwegt auf unseren Gräben liegen, immer neues Röcheln, immer neues Blut.
Ich will mit dem Bataillonskommandanten telefonieren. Der Telefonist sagt, die Leitungen seien abgeschossen, und die Patrouille sei vom letzten Kontrollgang noch nicht zurück. Wir brauchen Verstärkung. Die Bassongruppe ist zu groß, wir können kaum die Hauptstellung verteidigen. In den vordersten Gräben liegen nur mehr Gefallene. Plötzlich wird es ganz still. Das Feuer setzt aus, was noch lebt, atmet auf – und es ist für eine Sekunde lang ein gutes Gefühl.
Sofort ist alles wieder im halbkreisförmigen Graben draußen, zugleich setzt wieder der schwere, verfluchte Eisenhagel der

Geschütze ein, aber er heult jetzt weit über unsere Köpfe zurück in den Wald, um die Zugangswege abzuschneiden. Mörderisches Infanteriefeuer beginnt. Wir müssen Verstärkung haben, sonst ist alles hin. Godowsky brüllt, ein Maschinengewehr werfen sie links von mir auf die Grabenbrüstung. Godowsky ruft mir zu: »Ich muß eine Kompanie haben, ich bitte dich, lauf, hol Leute, hol Hilfe!«

Ich renne zurück durch den Wald. Links, rechts schlagen Granaten in die Bäume, darüber heulen Schrapnells in die Lichtung, während des stolpernden Laufens denke ich: »In der Lichtung ist alles zerschossen.«

Eine Kompanie Tiroler Landesschützen, die aus Rußland gekommen ist, erhält den Befehl, sofort in den Kampf am Basson einzugreifen. Die Leute liegen und sitzen in voller Rüstung am Waldrand. Über uns heult der Krieg seine wahnsinnigen Tonorgien.

Hauptmann Bauer schimpft: »Gestern erst in Trient auswaggoniert und jetzt schon in die verfluchte Scheißgassen, immer nur wir Landesschützen, der Teufel soll alles holen.«

Es mag ein Uhr nachts gewesen sein, als wir am Friedhof vorbei gegen den Basson marschieren. Der Kugelhagel über uns hat noch zugenommen. Die Hölle ist das, und ich wäre froh, wenn ich noch zehn Minuten zu leben hätte; denn daß heute alles in Scherben gehen wird, davon bin ich überzeugt. Unsere Schritte werden schneller, weil wir das rollende Knattern des Kampfes direkt vor uns haben. Mir schlägt das Herz bis zum Hals. Ununterbrochen muß ich an die Leute am Basson denken.

Endlich sind wir da, es war allerhöchste Zeit, Godowsky hat drei Kugellöcher im linken Arm, unsere Leute sind auf die Wälle gesprungen, um besser feuern zu können, die angreifenden Alpini haben den vordersten Grabenteil schon in ihrer Hand, von dort laufen sie vor und fallen den Verteidigern in die Flanke. Im Laufschritt nehmen die Landesschützen das Feuer auf, und es ist kein Schießen mehr, ein Brodeln und Knattern, ein Todesregen und wüstes Hämmern. Keiner flucht, keiner denkt. Schießen, schießen, schießen! Keiner weiß im Moment warum, wozu und wofür. Nur schießen, schießen. Im wüsten Knäuel der Drahtverhaue bleiben Klumpen sterbender Menschen hängen.

Der Kampf dauert bis gegen fünf Uhr morgens, dann tritt mit der aufgehenden Sonne grausige Stille ein.

Kein Schuß fällt mehr, der Tau legt sich in hellen, klaren Tropfen auf Gräser und Blumen, auf zerbrochene Bajonette, durchschossene Mützen, zersplitterte Gewehrläufe und kalte, gebrochene Augen.

Telefone schnarren. »Was ist los in Basson?«

»Er scheint in unserem Besitz zu sein, aber ich sehe auch sehr viel Italiener dort«, meldet der Beobachter Hanke zur Brigade zurück. Der Oberst verträgt die Ungewißheit nicht. Mit einem Pfarrer, seinem Adjutanten und mir bricht er auf. Nach einer halben Stunde sind wir am Beobachtungsstand, bald darauf am Basson. Der Hauptmann Bauer sitzt auf einer Munitionskiste mit einer Flasche Rum in der Hand. Die ganze grauenvolle Nacht liegt im Blick seiner Augen. Ich melde ihm, daß der Oberst da ist. Bauer nimmt kaum Notiz davon, aber einen tiefen Schluck aus der Flasche. Tote, Verwundete, Sterbende, Stöhnende, Röchelnde liegen ringsum am Eingang des Unterstandes.

Italiener stehen und hocken ratlos da. Auch ein Oberst ist darunter. Die Stille ist unheimlich. Ich krieche auf die Grabenbrüstung. Nie habe ich ein grausigeres Bild gesehen. Sechs Landesschützen liegen mit gebrochenen Augen, den Kopf himmelwärts, stumm und tot da, daneben drei mit den Gewehren im Anschlag. Hunderte von leeren Patronenhülsen liegen herum. Man sieht den Wahnsinn der Nacht: dort liegt ein Knäuel

Toter, diese haben große Wunden, der Hals klafft weit offen, dickes Blut klebt überall.

Hinter mir im Graben höre ich Kommandorufe. Es ist die harte Stimme des Obersten: »Alles gefangen – marsch, zurück – sofort –.«

In den Gräben des Basson befanden sich etwa dreihundertfünfzig italienische Soldaten, darunter viele Offiziere und ein Oberst, als Verteidiger kaum mehr als siebzig abgekämpfte Tiroler Landesschützen.

Apathisch, übermüdet, kaum ihrer Sinne mächtig, waren die überlebenden Italiener gar nicht auf den Gedanken gekommen, ihre Übermacht auszunützen. Sie waren froh, dem Gemetzel der Nacht entgangen zu sein und ergaben sich dem Oberst Ellison.

Verwundete werden geborgen. Nur bei Nacht ist dies möglich, denn eine gegnerische Batterie feuert, sooft sich etwas im Vorfeld rührt.

Nach drei Tagen nimmt das Stöhnen, Wimmern und Rufen der Leidenden langsam ein Ende. Es war August. Die Sonne brannte unbarmherzig heiß den ganzen Tag auf die Toten. Man konnte sie nicht beerdigen und streute Chlorkalk aus Säcken auf die Leichen. Ein übler Geruch lag über dem Basson und würgte uns im Halse. Und immer noch drang das Wimmern einzelner aus den Leichenhügeln.

Über dreizehnhundert Tote lagen im Vorfeld. Fast alles Alpini vom Bataillon Bassano.

Bassano ist eine wunderschöne Stadt am Fuße der Alpen. Weinreben und Kastanienbäume leuchten auf ihren reichbewachsenen Hügeln.

Hier lag die Jugend dieser Stadt. Schöne, große Männer, regungslos in ganzen Reihen zwischen aufgewühlter Erde.

Ein Italiener hilft mir beim Zurückbringen eines Schwerverletzten.

»Perchè tutto questo, perchè«[1]), frage ich ihn.
Er zuckte kleinlaut mit den Achseln. »Non sono io«, meint er, »sono gli ordini!«[2])
Ich gebe ihm eine Zigarette. Tage vergehen mit Aufräumen. Ich bin wieder rückwärts in der Baracke und kann schlafen. Aus Kiefern- und Zirbenholznadeln habe ich mir eine Art Matratze gebaut, um weicher zu liegen. Es ist mir lieber als Stroh, von dem ich mir immer einbilde, es müsse voller Läuse stecken.
Es vergingen zwei Tage in Ruhe und Rast. Auf dem Friedhof neben uns herrscht Betrieb. Es sind Massengräber ausgeschaufelt worden. Zwanzig Meter lang, zwei Meter breit, ein Meter fünfzig tief. In einer solchen Grube haben vierzig Tote Platz.
Wir sitzen und rauchen. Der Major Martinides, ein guter Mensch und Kamerad, ist zu Besuch bei meinem Hauptmann.
»Du, Fähnrich, sei so freundlich, geh hinaus auf den Basson, schau mal nach, ob die Wiederherstellung der Drahthindernisse gut weitergeht und ob meine Leute etwas brauchen. Dem Zugführer gibst du diese Zigaretten und sagst, er solle sie unter die Leute verteilen. Servus.«
Ich nehme Windjacke und Stock und gehe.
Der Weg führt knapp an den offenen Gräbern vorbei, und es ist mir unbehaglich zumute. Ich muß hinüberblicken und sehe im Grunde des aufgeworfenen Grabens starre Gestalten liegen. Rasch gehe ich weiter.
Im nächtlichen Wald ist es ruhig. Blau wirft der Mond sein Licht durch die Bäume.
Schritt für Schritt gehe ich auf dem schmalen Steig. Als ich ungefähr die Hälfte des Waldweges hinter mir habe, taucht vor mir im unsicheren Licht eine Reihe Maultiere auf. Es mögen fünfzehn, zwanzig Stück gewesen sein, die mir, eines einige Schritte hinter dem anderen, entgegenkamen. Bei genauerem

1 »Warum das alles?«
2 »Ich kann nichts dafür, die Befehle lauten so.«

Hinschauen merkte ich, daß auf den Tieren Leute saßen. Sie sprachen kein Wort. Auf einer Seite waren sie ganz weiß, auf der anderen Seite ganz dunkel, so gespenstig beleuchtete sie der Mond. Eine Wolke kam, löschte für Minuten das Mondlicht, und ich konnte nicht verstehen, warum der Zug so still daherkam. Eine Maultierkolonne pflegt meist laut zu sein, die Treiber schreien, reden. Diese war ganz stumm. Neugierde mischte sich in mein beklemmendes Gefühl. Ich war nicht gewohnt, auf der Strecke, die ich so oft zurückgelegt hatte, Reitern zu begegnen.

Als sie näher kamen, fiel mir auf, daß die Gestalten in ganz unmöglichen und phantastischen Stellungen wie Puppen auf den Rücken der Tiere saßen. Die Mulis trotteten, ohne vom Boden aufzusehen. Nur das Klirren vom Lederzeug war zu vernehmen.

Auf dem vordersten Tier saß ein hoher, schwankender Mann, der im Schritt des Tieres auf und ab wiegte. Es war ein Toter.

Ich wollte rufen, aber wie kalte Hände legte es sich mir um die Gurgel. Die Reiter waren nur noch wenige Schritte von mir entfernt. Ich war so furchtbar allein in diesem Moment und wußte nicht, ob ich stehenbleiben, zurücklaufen oder rufen sollte.

Auf dem nächsten Tier waren zwei tote Alpini aufgeschnallt, einer mit dem Kopf nach unten, einer mit dem Kopf nach oben. Die eine Seite war weiß mit Chlorkalk überstaubt. Der Kopf des einen und die Füße des anderen waren mit Stricken fest zusammengebunden und am Tragsattel festgeschnallt. Dann kam ein Tier, über das waren wieder zwei gebunden, einer von ihnen war gerutscht und schleifte mit ausgestreckten Armen am Boden. So zog Last um Last stumm und elend an mir vorbei.

Es war eine schauerliche Prozession. Leere Augenhöhlen starrten aus kalkverschmierten Totenschädeln, blutverklebte Haare streiften den Boden, Hände schlenkerten im Schritt der Tragtiere. Knochen schlugen im dumpfen Takt an die Sättel. Es stöhnte und ächzte im Lederzeug. Der Tritt der Tiere versank unhörbar im Waldboden.

Endlich näherten sich menschliche Stimmen. Mit ihnen wich der furchtbare Alpdruck. Ich schimpfte und fragte, warum nicht jeder Treiber bei seinem Tier bleibe. Sie antworteten, daß die Mulis den Weg zum Friedhof genau wüßten, sie würden dort von selbst stehenbleiben und warten. Außerdem sei es ungemütlich, neben den Tieren zu gehen, schon seit drei Nächten ginge es so.

Wenn ich später nachts allein durch den Wald mußte, überkam mich immer eine kalte Furcht, und ich begann oft zu laufen, denn hinter mir spürte ich die stummen Reiter.

Schau nicht um, der Fuchs geht um

Hoch oben in den Ötztaler Gletscherbergen steht ein Haus, eine Festung gegen alle Berg- und Wetterunbilden in dreitausenddreihundert Meter Höhe. Weit und herrlich öffnet sich der Süden dem staunenden Blick, der leuchtende Nordostgrat der Weißkugel strahlt herüber, die Weißseespitze, die mittlere-vordere und vordere-mittlere, die hintere-mittlere und die mittlere-hintere Eisspitze liegen südwestlich gegenüber und frozzeln die Touristen, weil kein Mensch sich mit ihren Namen zurechtfindet.

Wir saßen oben von aller Welt abgeschieden und bildeten hochalpine Detachements für die Alpenfront aus. Es kam der November 1916, und wir zogen ab über das Vernagthaus hinüber zur Breslauer Hütte. Dort wurden wir bis über die Ohren eingeschneit. Es schneite sieben Tage lang, der Verpflegungsnachschub blieb aus, und wir mußten mit achtzig Mann im allergefährlichsten Lawinenschnee ins Tal nach Obergurgl.

Die Stube im Gasthaus des dortigen Kuraten roch immer wunderbar nach gerösteten Kartoffeln, geteerten Skiern und österreichischem Kommistabak. Wir saßen auf der Ofenbank und erzählten uns Räubergeschichten, besonders der Bosniakenleutnant Nachulak log furchtbar schön und erfand die schwärzesten Abenteuer aus den herzegowinischen Bergen, in denen er aufgewachsen war.

Draußen im Gang verteilte unterdessen die rundliche Pfarrhäuserin geröstete Erdäpfel an die Soldaten. Per Portion eine Krone. Mir erschienen diese Erdäpfel sehr teuer, aber heute weiß ich, daß sie damals mehr wert waren als die gedruckten

13 Berge in Flammen: *Das große Filmdokument zum Ersten Weltkrieg.*

14 Im Schatten der Dolomiten: *Der erste deutsche Gebirgsfilm.*

15 Als Kaiserjäger Tonio Dimai.

16 Als Alpini

17 Mannschafts-Unterstände in den Gipfelfelsen.

18 Leutnant Trenker.

19 Kampfgebiet Dolomiten 1916/17 bis zur Marmolata.

20 Der Kronprinz (2. von rechts) schreibt mir: »... Ich muß Ihnen sagen, daß Ihr Film Berge in Flammen das Beste ist, was ich bisher über den Krieg im Film gesehen habe ...«

21 Beim Bataillonskommando.

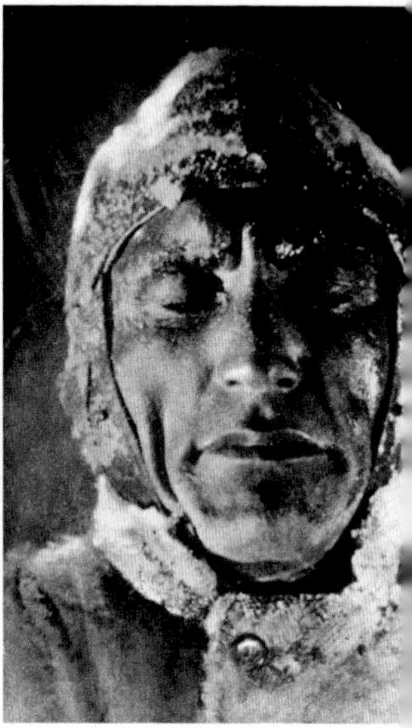

22 Der »Bergoperateur«: Mein bester und treuester Kameramann im Gebiet der Cinque torri.

23 Szenenbild aus dem Film »Der heilige Berg«.

24 Auf dem Weg ins »Atelier«.

Papierzettel, welche wir dafür opferten. Wir hatten in Obergurgl die Ausbildung der Hochgebirgsformation durchzuführen, es kamen alle drei Wochen etwa zweihundert Soldaten daher, den winterlichen Hochgebirgsdienst zu erlernen, um nach drei Wochen als »Skiläufer« wieder in ihre Frontformation einrücken zu können.

Da tauchten Bosniaken, Egerländer, Zigeuner, Kroaten, Huzulen, Tiroler Kaiserjäger und Landesschützen auf, Kärntner, Steirer, Dalmatiner und Polen. Die Leute hatten es angenehm, wenigstens bei mir; ich ließ sie nicht zuviel ausrücken und gönnte den armen Teufeln dieses kleine St. Moritz im Kriege. Meine Schüler schnitten bei den Prüfungen immer sehr gut ab, weil ich die Kurse nicht kommismäßig, sondern sportlich führte. Trotzdem war ich bei dem Hauptmann, der vom Sport nicht viel verstand, nicht beliebt, ich lachte zuviel und war zu kameradschaftlich mit meinen Leuten. Aber sie gewannen die Rennen und das war die Hauptsache.

Unter den Soldaten waren rührende Burschen. Manche lernten damals das Skilaufen für ihr Leben. Andere verfluchten die Berge und den Schnee, waren aber froh, wenigstens von der Front fort sein zu dürfen.

Bei jedem Kurswechsel gab es drei Rasttage. Der Hauptmann und die Herren Feldwebel hatten mit Schreibereien über Knöpfe, Gewehre, Patronentaschen, Kommislaibln, Fußfetzen, Steigeisen, Verpflegerationen, Marschinstradierungen und Meldungen genug zu tun. Wir Instruktionsoffiziere hatten frei.

Schon lange wollte ich meiner kleinen Base in Bozen einen schönen Fuchspelz bringen. Ihn zu kaufen war ausgeschlossen, ich hatte kein Geld dafür.

»Also mußt du ihr einen Fuchs schießen oder fangen«, dachte ich mir.

Mehrere Fallen hatte ich ergebnislos seit vierzehn Tagen mit aller erdenklichen Schlauheit aufgestellt und täglich morgens um sieben Uhr mit Neugierde und Spannung besucht. Kein Tier ging mir auf den Leim. Ein Marder frozzelte mich drei Wochen lang, tappte stets um das Falleisen herum, fraß alle Brocken gedörrten und geselchten Katzenfleisches auf, nur den einen Brocken, der die Fallfeder zum Klappen gebracht hätte, ließ er liegen. Ich bekam keine Füchse, höchstens ein paar nichtsnutzige Wiesel. Schließlich beschloß ich, einen Fuchs zu schießen. Ich lieh mir vom Eggler Bauer das einzige Obergurgler Jagdgewehr und fragte den Rudolf Teißl von der Kompanie:

»Sind Sie ein guter Schütze?«

»Oh, jo, jo, a so mitterle bin i woll«, meinte er.

»Gut, dann gebe ich Ihnen das Jagdgewehr und behalte mein altes Knallholz, falls Sie fehlen.«

»Jo, jo.«

Rudolf Teißl war Bergführer im Pflerscher Tribulaungebiet. Kennengelernt hatten wir uns vor dem Krieg auf der Fünffingerspitze, die wir als gemeinsam engagierte Bergführer mit einer französischen Gesellschaft bestiegen. Als ich ihn in Obergurgl unter den Kursteilnehmern entdeckte, behielt ich ihn, ohne lange zu fragen, als Pfeifendeckel und guten Freund bei mir. Nach einem Jahr mußten wir uns trennen, sein Standschützenkommando hatte Desertationsanzeige gemacht und uns so lange verfolgt, bis ich schließlich, weil die Unterschrift Conrad von Hötzendorffs auf dem Dokument stand, mir unten an der Dolomitenfront einen anderen Burschen suchen und Teißl zu seiner Truppe ziehen lassen mußte. Da ließ er die beiden Schnurrbartspitzen hängen, der gute große Kerl mit den graublauen Falkenaugen . . .

Für unsere Fuchsjagd war alles vorbereitet. Der Egglerbauer hatte tief drinnen in einer Waldlichte, knapp am Gurgler Bach, einen primitiven Jagdstand, den er mir freundlich und nicht ohne allerlei Ratschläge zeigte. Auf das Gewehr hatte der Bauer vorn am Visier ein kleines, weißes, rechteckiges Papier be-

festigt, damit man bei Nacht genauer zielen könne, wie er meinte.
Der große Tag war gekommen. Abends, wenn der Mond voll scheint und der Bach rauscht, sollte es dem Fuchs an den Pelz gehen.
Der Teißl erhielt als älterer, helläugiger und vielleicht ruhigerer Schütze das Jagdgewehr. Mein Vertrauen zu ihm war sehr groß. Er meinte, daß ich vielleicht doch selbst ... aber großzügig bestand ich darauf, daß er das Jagdgewehr und den ersten Schuß haben sollte.
Es war bitter kalt, und bis zum Stand war es immerhin eine Stunde weit mit Skiern zu laufen, außerdem wußte ich, daß der Fuchs erst bei voller Dunkelheit kam. Trotzdem wollte ich noch vor der Dämmerung an Ort und Stelle sein. Der Bauer hatte es so empfohlen. Um später draußen nicht so zu frieren, trank ich einige Portionen heißen Tee und lud auch Freund Teißl ein, fest mitzutrinken. Es schmeckte uns sehr gut. Außerdem mußte die Jause gleichzeitig als Abendbrot dienen, es war vier Uhr abends und es konnte leicht sein, daß wir erst gegen zehn Uhr zum Schuß kamen.
»Also prost, Teißl, geben Sie ruhig mehr Rum dazu, der wärmt – und schießen Sie gut.«
»Oh, do werd si nix fahln, Herr Oberleitnont, ich werd's schon packn, 's Füchsl.«
Wir schnallten unter allerhand Bemerkungen meiner Kameraden die Skier an und zogen los, taleinwärts, dem kleinen Wäldchen zu, das die Gletscherregionen vom Dorf trennt.
Leicht und geräuschlos schlürfen unsere Bretter durch den pulverigen Schnee. Bald sind wir da, schnallen ab und kriechen in den luftigen Jägerstand. Unter dem freien Dach konnte man gut liegen; Heu bot Schutz gegen den kalten Schneeboden.
Der Fuchs war täglich gekommen, und seine Fährten über dem Bach drüben zeigten genau, woher er kam und wohin er ging.

Die Gewehre wurden in Stellung gebracht, und auf den Bäuchen liegend warteten wir mäuschenstill. Es wurde langsam dunkel. Außer dem gleichmäßigen Rauschen des Baches vor uns hörten wir nichts. Wir äugten die weiten Halden des gegenüberliegenden Berges ab, um vielleicht schon irgend etwas von Meister Reineke zu erspähen. Nichts rührte sich. Teißl lag ganz still. Es wurde langsam sechs Uhr, und wir warteten. Gegen sieben Uhr war es schon ganz dunkel. Um acht Uhr kroch der Mond mehr und mehr hinter einem steilaufragenden Schneegrat hervor und schüttete sein mattes Licht über Berge, Täler, Mulden und unser Bächlein.
Jetzt mußte es kommen, das Füchsl. Wir paßten scharf und ohne ein Wort zu reden auf. Schließlich war es neun Uhr. Aber ich weiß nicht ... eigentlich hatte ich nicht damit gerechnet, daß der Fuchs so lange auf sich warten läßt ... und wir hatten verdammt viel Tee getrunken ... das begannen wir schmerzlich und deutlich zu spüren ... Aber jetzt hieß es, unbedingt durchhalten. Ungeduldig suchte ich das Gelände über dem Bach ab, nichts rührte sich. Ich war überzeugt, daß das Tier in der Nähe sein müsse, wir hatten heute morgen besonders viel geräuchertes Katzenfleisch ausgelegt. Alle Geduld und Energie konzentrierte sich gezwungenermaßen mehr und mehr auf den getrunkenen Tee, der wieder heraus wollte. Es half nichts. Mit äußerster Willenskraft biß ich die Zähne zusammen. Ich durfte mich doch jetzt unter keinen Umständen bemerkbar machen. Aber schließlich war nichts mehr zu wollen, und ich flüsterte Teißl zu, daß er einen Augenblick allein aufpassen müsse. Ich müsse geschwind zwei Schritte zurück. Zu allem Überfluß platzte nun mein guter Jagdkumpan mit der Bemerkung heraus, daß auch er es nicht länger aushalten könne, ich solle schnell machen. Mit Eile lege ich das Gewehr fort. Als ich Teißl, beziehungsweise er mich ablöste, war ich überzeugt, daß die Jagd verpfuscht sei.

Kaum liegt er wieder neben mir, schießt drüben katzenartig der Fuchs hinter einem Stein über den Bach in die Höhe, spitzt die Ohren und verschwindet wieder. »Weg«, denke ich, »mit unserem verdammten . . .!«

Aber im nächsten Moment ist der Fuchs wieder da, wie der Blitz fällt er über den Köder her, von dem er hastig und ruckweise Stück um Stück schnappt. Ich warte auf den Schuß meines wackeren Freundes. Der Idiot schießt nicht. Es vergehen Sekunden, der Köder ist bald aufgefressen. Endlich flüstert der Nachbar: »Soll i schießn?«

»In Gottes Namen jaaa!«

Dreimal hintereinander hat es geblitzt und gekracht, das Echo hallte durch die Berge, den Fuchs hat es überschlagen, daß er einen Salto nach rückwärts machte. Er fiel dabei wieder auf die Pfoten und sauste wie von neunundneunzig Teufeln gehetzt den Berg hinauf.

Der frißt sein Lebtag kein gedörrtes Katzenfleisch mehr, denke ich mir. Nachschießen hatte keinen Zweck, das Tier war zu schnell gewesen.

Teißl und ich schauen uns an.

»Teifl, Teifl.«

»Ja, mein Lieber, wo haben's denn hingeschossen?«

»Wohl aufn Fuchs.«

Ich erkläre ihm, daß er der größte Esel im ganzen Ötztal sei und stiefelte mit ihm wieder heimwärts.

Als wir wieder in der warmen Stube beim Kuraten saßen, kriegten wir allerhand zu hören. Vorwurfsvoll sah ich den Teißl an.

Der kratzt sich hinter den Ohren und blinzelte mich mit seinen Falkenaugen an:

»Herr Oberleitnont, glaben's net, daß mir bei der verdammten Fuchsjag a bißl zu viel Tee getrunken hoben gehobt . . .?«

Die Sache mit dem Bergfex

Einige Jahre nach dem Ersten Weltkrieg unternahm ich mit meinem Freund Angelo Dibona aus Cortina den Versuch, die großartige Pelmo-Nordwand erstmalig zu durchsteigen. Wir waren jung, voller Schneid und Zuversicht. Aber mit Hagel, Blitz und Donner warf uns der grollende Berg zurück. Mit dem festen Vorsatz, baldigst wieder zu kommen, trennten wir uns von ihm.

Unverhofft kam zwei Wochen später der Innsbrucker Roland von Rossi mit dem Kletterer Felix Simon nach Cortina, um die große, noch nie erstiegene Wand zu durchklettern. Sie luden mich telegrafisch ein mitzumachen. Ich sagte zu und überlegte, wie ich am raschesten von Bozen nach Cortina gelangen könnte. Angelo Dibona war nicht zu erreichen. Sonntag schon sollte die aufregende Bergfahrt durchgeführt werden. Es war Freitag abend und keine Zeit zu verlieren, wenn ich dabei sein wollte, denn schon am Samstag mittag wollten Simon und Rossi am Einstieg sein. Wie und mit was sollte ich aber so schnell nach dem 120 km entfernten Cortina gelangen? Bahn gab es keine. Omnibusverbindungen gab es damals auch noch keine. Aber ich mußte dabei sein, denn es ging um die einmalige Chance der Erstersteigung, die konnte ich mir doch nicht vor der Nase wegschnappen lassen, verdammt noch einmal! Entschlossen lenkte ich meine Schritte zu Linus Kemenater: Vertretungen, Automobile, Motorräder, Schmieröle.

»Grüß Gott, Kemenater! Hast du ein schnelles Motorrad zu verkaufen?«

»Wird gerade ausgepackt. Ein fabrikneues Modell, heute angekommen, Marke Bergfex, einmalig!«

»Bergfex? Nie gehört, klingt aber gut.«
»Hm –«, meint Kemenater, »sagt ja schon der Name. Eigens für unsere Bergstraßen gebaut, ganz neu, wird alles schlagen. Das ist ein Maschinderl wie es weit und breit kein besseres gibt. Schau dir die Linie an, wie elegant! Reiner Zufall, daß wir es noch haben.«
»Was kostet es?«
Kemenater rieb sich das Kinn, schaute abwägend einmal mich und dann den blinkenden Bergfex an.
». . .?«
»Viel zu teuer«, sagte ich, um ihm zuvorzukommen.
Erstaunt riß er die Augen auf. »Ich habe ja noch gar nichts gesagt!«
»Aber zu lange nachgedacht.«
»Achttausendfünfhundert Lire!«
Das war damals ein schrecklicher Haufen Geld.
»Siebentausendfünfhundert?« bot ich.
Das war natürlich noch immer viel zuviel, aber es ging um die Nordwand. –
»Bar auf die Hand?«
»Nein, in drei Raten.«
»Gemacht!«
Soviel war mir die Pelmo-Erstersteigung schon wert. Stolz betrachtete ich mein neues Maschinderl. 500 cbm Zylindervolumen, oben gesteuerte Nockenwelle, vernickelter Auspuff, Boschhorn und rote Lackierung.
Am Samstag war ich schon in aller Herrgottsfrüh in der Garage, wechselte ein paar Worte mit dem verschlafenen Lehrbuben: »Also der Ölhebel muß immer nach rechts, sagst du, nicht?«
»Ja, der Ölhahn muß immer nach rechts gedreht werden.«
Der Bergfex sprang an, tat ganz wild und zitterte vor Startfieber. Wunderbar flog er mit mir zur Stadt hinaus. Die Sonne

leuchtete frisch und morgendlich in die Schluchten des wilden Eisacktales.
Bald war ich auf der Straße, die von Brixen ins Pustertal führt. Mitten in der Steigung blieb der Bergfex plötzlich stehen. Als hätte er etwas vergessen. Ich dachte angestrengt nach, aber das nützte nichts. Dann trat und trat ich den Fußhebel bis ihm und mir die Luft ausging. Schließlich schob ich den blechernen Teufel unter gutem Zureden bergan, drehte den Ölhahn probeweise nach links, trat energisch auf den Anlaßhebel und siehe: willig sprang das rote Maschinderl wieder an, ich konnte wieder aufsitzen. Der Lehrbub hatte mich eben falsch unterrichtet. Links, ja nach links gehört der Ölhahn, das wußte ich nun. Die Steigung hatte ich glücklich überwunden, ein gutes Stück lief das Tierchen lustig mit mir im Sattel dahin – doch, störrisch wie ein Esel, blieb es plötzlich wieder stehen. Himmelseiten, was hatte denn das Luder, das bockige?
So drehte ich den Ölhahn wieder nach rechts. Rechts war wahrscheinlich falsch, aber links war auch falsch, schließlich blieb mir nichts anderes übrig, als die stotternde Blechgeiß wieder ein Trum weiterzuschieben. Als ich nun müde und ärgerlich den Karren umdrehen wollte um zurückzufahren, sprang das verrückte Luder sofort wieder an.
Unbarmherzig brannte die Sonne auf die staubige Straße und meinen Kopf nieder. Kilometerweit hatte ich das Vehikel geschoben, hundertmal die Kurbel angetreten, hundertmal war ich aufgesprungen und abgesessen, zwanzigmal hatte ich den Ölhahn nach links und wieder nach rechts gedreht, alles vergeblich. Ich mußte doch in drei Teufelsnamen nach Cortina, dort warteten meine Kameraden und im Süden wartete die Nordwand des 3270 m hohen Monte Pelmo! Wenn ich nicht rechtzeitig eintraf, war die Erstersteigung verloren. Das goldige Maschinderl aber streikte stur weiter. Ich war nun schon froh, wenn das eiserne Luder überhaupt einen Schnaufer von sich

gab. Meine Schuhe waren schief getreten, Öl mischte sich mit Staub und Schweiß in meinem Gesicht, schließlich warf ich den verdammten Tiger in die Wiese neben der Straße und mich daneben in den wohltuenden Schatten einer einsamen Kapelle. Da lag ich nun voller Grimm neben meinem neuen »Bergfex« und schlief ein. Um sechs Uhr früh war ich in Bozen weggefahren, als ich in der Wiese erwachte, war es sechs Uhr abends. Um zehn Uhr vormittags wollte ich in Cortina sein. In neun Stunden hatte ich also ganze sechzig Kilometer zurückgelegt, sieben Kilometer pro Stunde!

An Rossi und Simon denkend, die bereits in den Felsen des Pelmo kletterten, betrachtete ich meine preisgekrönte Blechgeiß, hob sie wieder auf die Straße und begann das Manöver mit dem Anlassen in umgekehrter Richtung. Bergab lief das bockige Mistvieh im Leerlauf von selbst. Adieu Pelmo, adieu Nordwand!

Das Motorrad stand am Bahnhof Bruneck verladebereit neben mir, wir sahen beide aus, als wären wir aus Arabien gekommen. Eine vornehme Dame betrachtete mich wohlgefällig durch ihr Lorgnon, während mich ihre beiden hübschen Töchter mit unverhohlener Neugierde bewunderten. Die Gräfin sagte:

»Sie müssen aber eine weite Reise hinter sich haben, junger Mann, nicht wahr? Übrigens ein herrliches Motorrad. Sie sind gewiß Rennfahrer?«

»Jawohl, gnädige Frau«, antwortete ich galant und bescheiden. Zwei Eisenbahner verluden inzwischen den müden Stinker in den Gepäckswagen, schämen sollte er sich.

»Fahren Sie heute nicht mehr weiter?«

»Nein, Gnädigste. Die Maschine muß geschont werden. Sie ist für große Rennen bestimmt, kommt jetzt in die Fabrik, um dort den letzten Schliff zu erhalten.«

»Darf man erfahren, von wo Sie hergekommen sind?«

»Sechs Uhr früh startete ich in Neapel, zwölf Stunden war ich

unterwegs, das ergibt bei einer mittleren Geschwindigkeit von hundert Stundenkilometern eintausendzweihundert Kilometer, ist aber bei diesem Spezialmodell nichts Besonderes.«
»Oh, ah, phantastisch«, sagte die Gräfin und ihre Töchter warfen mir träumerische Blicke zu.
Roland von Rossi und Felix Simon haben die Pelmo-Nordwand an jenem Sonntag, den 11. August 1923 erstiegen. So oft ich seither ein Motorrad sehe, denke ich an den Monte Pelmo, und wenn ich die Pelmo-Nordwand sehe, fällt mir der Bergfex ein.

Die gebratene Antiquität

Im Februar 1918, an einem schönen Wintertag, zog ich mit einigen Soldaten von Cortina aus bergwärts. Die Skier und nicht allzu schwere Rucksäcke nahmen wir mit uns. Zum Essen würden wir schon irgend etwas finden und verwöhnt waren wir gerade auch nicht. Schlafen würden wir in irgendeinem verlassenen Unterstand. Wir hatten vor, auf eine Woche in den Felsen von Travenanzes unterzutauchen. Wir waren fünf Mann.

Nachmittags waren wir bereits auf der Cima di Falzarego und sahen uns unsere früheren Stellungen am Lagazuoi an, die seit dem Zusammenbruch der italienischen Front verödet waren und hielten uns dort etwas zu lange auf. Endlich, als es schon anfing zu dämmern, lenkten wir unsere Brettln durch den verblasenen Schnee ins Loch von Travenanzes hinein. Ich spurte vor. Je weiter wir ins cañon-ähnliche Tal kamen, desto besser und tiefer wurde der Schnee. Wir wateten bis zu den Knien im schweren Pulver. Beinahe hätte ich vergessen zu sagen, daß auch mein vierbeiniges Fräulein dabei war. Sie lief brav und kam fast überall gut mit. An schwereren Stellen, die mit abgeschnallten Skiers überklettert werden mußten, steckte ich das Fräulein einfach in den Rucksack. Sie war das so gewohnt und hatte ihr besonderes Vergnügen dran.

Meine Uhr zeigte bereits acht Uhr abends, als wir immer noch im Kar – jetzt schon in finsterer Nacht – dahinzogen.

Wir befanden uns mitten im gefährlichsten Teil der Hexenschlucht. Tief unten dröhnte das Tosen und Rauschen des Baches. Die Schlucht mag dort an die hundert Meter tief sein, rechts von uns schoß der gewaltige Sockel der tausend Meter hohen Tofana III ins Unendliche. Schwarze Nacht, gewaltige Größe, seltsame Stille. Wir sahen wenig, alles schien in dieser Finsternis unheimlich groß.

Spuren waren keine da. Wir wollten hinüber zur Fanesalpe. Dort wußten wir einige behagliche Bretterhütten zum Übernachten. »Wie weit ist es wohl noch?« erklang hinter mir die Frage meines Kameraden. Er fragte nun schon zum drittenmal. Das erstemal hatte ich »drei Stunden« gesagt. Das zweitemal »zwei Stunden«. Jetzt mußte ich anstandshalber sagen: »Noch eine Stunde.« Und bei dieser Auskunft blieb ich auch noch hartnäckig während der nächsten drei Stunden unseres nächtlichen Geistermarsches. Vorsichtig und langsam schleift ein Ski vor den anderen, automatisch haue ich die scharfen Holzkanten in den nun wieder bockigen Schnee, aufmerksam stoße ich den vorgeworfenen Ski jedesmal fest in den Harsch, und doch rutscht mir das linke Brett plötzlich seitlich aus. Ich war auf eine Eisgalle geraten, die in gefrorener Spiegelglätte unter dem Schnee in die dunkle Schlucht abbrach. Es fehlte wenig und ich wäre hinuntergesaust, denn auf solch gefrorenen Wasserfällen gibt es kein Halten.

Also war äußerste Vorsicht geboten. Ich rutschte zurück, zog die Skier aus und hackte mich langsam hinüber. Von weit unten rauschte aus der finsteren Schlucht der Bach herauf.

Das Fräulein hatte Angst bekommen oder kalte Pfötchen, es winselte und wimmerte und jammerte andauernd hinter mir her.

Ich spure vorsichtig weiter. Wir haben keine rechte Ahnung mehr, wo wir eigentlich sind. Überall schwarze Finsternis. »Halt's Maul, Mistvieh«, faucht Wolff hinter mir und haut dem Fräulein eines über den Hintern. Ich tu' sie in den Rucksack.

Nach einer halben Stunde haben wir die gefährliche Eisgalle

hinter uns. Es liegt wieder Schnee auf unserer steilen Talseite, und ich merke instinktiv im Weitergehen, daß wir nun bald nach links abzweigen müssen. Ich spüre den weißen Hang mehr als ich ihn sehe, er mag ein wenig zu steil sein, unten merke ich verschwommen einige dunkle Fichten, der Bach hat die Schlucht verlassen und rauscht gemütlicher und fröhlicher zu uns herauf. Ich bin den anderen etwas voraus und merke, daß wir nun das Ärgste hinter uns haben. Also lenke ich die Bretter nach links und fahre durch den nächtlichen Schnee steil ab. Aber nicht lange, – rums – fliege ich kopfüber nach vorn, über einen verschneiten, vermoderten Zaun in ein Viereck hinein. Links, rechts und vor mir ragen tiefverschneite Grabkreuze bestatteter Soldaten aus dem Boden. Es ist, als ob sie mich vorwurfsvoll anschauten, weil ich ihre Ruhe so derb gestört habe. Behutsam steige ich über die Umzäunung des kleinen Soldatenfriedhofes zurück und rufe den Nachkommenden zu, sie sollten oben abstoppen.

Fern von ihrer Heimat schlafen hier unter der weichen Schneedecke die Bosniaken neben den Kaiserjägern, die mohammedanischen Grabzeichen ragen friedlich neben den Kreuzen der Tiroler aus dem Schnee . . .

Die Orientierung war wieder da, nun rasch hinunter zur kleinen Brücke, dann über die Schlucht und bald sind wir an der oberen Waldgrenze. Es ist zwölf Uhr nachts.

»Wie weit ist's noch?«

»Ein Stückchen«, sage ich. Wir gehen und gehen. Ich stecke mir die Pfeife an. Wolff flucht hinter mir, weil ihm sowieso schon langsam die Luft ausgeht und er nun auch noch den Knaster meiner Pfeife in die Nase kriegt.

Ein Uhr morgens. »Wie weit ist's noch?«

Ich antworte freundlich: »Nur mehr ein halbes Stündchen.«

Das Tal wird breiter; Fichten stehen links und rechts am Wege. Um zwei Uhr morgens haben wir unsere Hütte gefunden.

Viel heißer Tee, Brot, Decken, Ofen, Holz! Wir schlafen wie umgesägte Bäume bis tief in den kalten Wintermorgen hinein.
Die kommenden Tage sind klar wir Kristall. Blau und silbern leuchten sie in der stillen Einsamkeit der schönen Fanesalpe.
Täglich ziehen wir in zwei Gruppen getrennt hinaus und hinauf, um die Schluchten und Felsbuden nach zurückgelassenem Kriegsmaterial abzusuchen. Die Heimfahrt zu unserer Hütte ist jedesmal ein Hochgenuß.
Einer meiner Soldaten heißt Schlehmayer. Aus dem Zillertal stammt er. Schwarz die Augen und der Bart. Verwildert der ganze Kerl. Faul bei der Arbeit. Immer hat er das »Reufmatische«. Er ist unser Koch.
Am dritten Tag sagt er: »Herr Leitnont, an Bock hob i gsechn, an Bock sog i Ihna, der is gonz ärger. Er zieht die Hoor im Schnee nur so noch. Der ist uralt, sog i Ihna. An oanzelner Bock, Herr Leitnont, ich bitt Ihna, lossns mi gehn, a Gamsbraten tät a nix schodn wieder amol.«
Nach einigen Tagen gebe ich nach.
»Gehen Sie in Gottes Namen und passen Sie auf, daß nichts passiert. Wenn Sie aber eine Geiß schießen, lasse ich Sie hängen.«
Schlehmayer verschwindet um fünf Uhr morgens. Mit dem Zugführer Tässer. Dieser muß »passen« und wenn nötig »treiben«. Dort oben auf dem Eck, Schlehmayer zeigt hoch oben auf eine Felskanzel, dort soll Tässer »passen«.
Abends, als es dunkel wird, kommt Tässer zurück. Allein.
»Wo ist denn der Schlehmayer?«
»I hob dort oben von achte früh bis nachmittag um viere gepaßt. Kein Gamsbock und kein Schlehmayer ist nicht gekommen. Mit der Zeit hab ich zu kalt gekriegt und hab mir gedacht, jetzt gehst heim. So war's, Herr Leitnont.«
Na also. Wir warten bis gegen neun Uhr. Es wird Nacht. Mir

ist ungemütlich zumute. Schließlich ist dem Zillertaler doch etwas passiert. Und wenn es aufkommt, daß wir, statt zu arbeiten, wildern, gibt's einen großen Krach.
Wir müssen ihn suchen gehen. Ich verfluche den Schlehmayer mit all seinen langhaarigen Gamsböcken in alle Höllen.
Der einäugige Mahlknecht und der lange Wolff kommen mit. Eine Laterne binde ich mir um den Bauch. Wir ziehen talauswärts ein gutes Stück. Wo die Spur Schlehmayers seitwärts führt, stoppen wir.
Mit der Laterne steigen wir in die dunklen Felswände hinauf und geben Licht- und Rufsignale. Endlich hören wir von ganz hoch oben eine Stimme:
»Ich – bin – hier – kann – nicht – mehr – weiter.«
»Geben Sie Lichtsignal!«
»Hab – keins.«
Nach einer guten halben Stunde sind wir heiser gebrüllt und wissen, daß die Zündhölzer unseres Gamsjägers naß geworden sind, daß er keine Patrone mehr hat, und daß er hoch oben in den Felswänden hängt und nicht mehr weiter kann. Er sei beim »letzten Zirbenbaum«. – Das wäre ganz schön, wenn nicht an die fünfhundert »letzte« Zirbenbäume in der Wand verteilt stünden.
»Den Boock – haab – ich«, ruft er.
»Bleiben Sie hocken, wo Sie sind, wir kommen Sie holen.«
Und nun geht eine Schinderei los, die jeder Beschreibung spottet. Steilauf geht es, bis zu den Felsen. Der Schnee ist tief, das Spuren ungemein ermüdend. Die Laterne raucht und baumelt am Bauch, das Petroleum stinkt und rußt fürchterlich. Wir gewinnen Meter um Meter, bis wir um Mitternacht endlich am Fuße einer steil in die Höhe ziehenden Felskante sind. Hoch oben, gut an die hundert Meter höher, sitzt Schlehmayer ganz draußen auf einem von einem Zirbenbaum gekrönten Felsköpfel. Bald ist ein Seil ausgelegt, und Wolff, der gute Felsmann,

reffelt sich mit mir durch einen tiefverschneiten Kamin hinauf gegen die Felsnase zum »letzten Zirbenbaum«, wo der verdammte Kerl sitzt. Links und rechts von ihm gähnt die nächtliche Tiefe.

Als wir oben sind, unternimmt der einäugige Mahlknecht die gewagte Traverse hinüber zum Gamsjäger und seinem Bock. Der Schlehmayer aber kommt nicht herüber. Erst will er den Bock in Sicherheit haben. Der Bock wiegt allerhand.

Bald sind der Bock und der Schlehmayer am Fuße der Wand und in Sicherheit. Es ist zwei Uhr morgens geworden, und wir fahren gern und schnell unserer Hütte zu. Die ölige Stinklaterne gebe ich Mahlknecht, der mit Schlehmayer und der Jagdbeute nachkommt.

Unten in der Hütte höre ich noch im Halbschlaf durch die Bretterwand, wie Schlehmayer von seiner Gamsjagd erzählt. Er schneidet auf, daß sich die Balken biegen. Etwas stimmt jedenfalls: Von fünf Uhr früh bis tief hinein in die Nacht allein einem Gamsbock nachzuwaten, braucht Liebe zu Sache. Den Bock im metertiefen Schnee stundenlang durch die Felswände zu schleppen, Gewehr und Rucksack dazu, das braucht auch Liebe zur Sache. Und Stunden in eisigkalter Nacht wie weiland der Kaiser Maximilian in der Felswand sitzen und sich vom rettenden Engel erlösen lassen, das, in Gottes Namen, ist wenigstens ein würdiger Abschluß und sieht nach was aus.

Am anderen Tag gab es Gamsbraten mit Knödel. Und Schlehmayer, der mit tränenden Augen am offenen Feuer kochte, klagte, daß er wieder seinen verdammten »Reufmatismus« in allen Muskeln spüre, worauf ich sehr verwundert tat. Dies wunderte wieder ihn, und so saßen wir, Gamsbraten und Knödel essend und uns wundernd, noch lange, bis endlich der Tabak uns alle in blaue Wolken hüllte und ich, als Schlehmayer fragte, wie alt ich seinen Kapitalsbock schätzte, meinte:

»Dem Braten nach mindestens – na – zweihundert Jahr.«

Der Gamsbock von Travenanzes

Wir blieben noch eine Woche in jener Felswildnis, das Wetter war herrlich und die Berge strahlten ihren nie verlierenden Zauber auf unsere verschneite Holzbaracke nieder. Wir genossen die Freiheit, als Soldaten ganz auf uns gestellt, noch einige Zeit weitab von allen Kommandostellen verbringen zu können. Nachts, wenn die Sterne hoch über den dunklen Felsburgen in die kühlen Schneeschatten unseres Hochtales blinkten, wirkte die Erhabenheit dieser winterlichen Einsamkeit besonders.

Trat da der Schlehmayer vor die Hütte und meinte, ob ich nicht auch einmal »auf einen Gamsbock« gehen möchte. Es sei wirklich notwendig, jetzt einen Bock zu schießen, weil so viele in der Gegend wären und weil wegen des Krieges schon eine geraume Zeit kein Jäger mehr da gewesen sei. »Und so a Gamsjagd, dös ist a Sach, die gibts auf der ganzen Welt nirgends net, glaubns mirs, Herr Leitnant«, setzte er beschwörend hinzu.

»Na gut«, sagte ich, »ich bin zwar kein passionierter Jäger, aber eine Gamspirsch da heroben im Travenanzes, da könnte ich schon mal mitkommen.«

»Jo und unsere Menage a bißl auffrisch'n, dös war a ganz guat«, ergänzte der bartige Zillertaler mit den kohlschwarzen Glutaugen meine Zusage. Sonst jammerte er immer über seinen rheumatischen Wehdan, aber wenn von Gamsböcken die Rede ging, vergaß er alles andere, sogar seinen Rheumatismus.

Von den Männern, die ich mit hatte, war der einäugige Landeschütze Mahlknecht, im zivilen Beruf Schuldiener, der stillste, lustigste und tapferste. Wegen eines tollkühnen Streiches, den er mit ruhiger Gelassenheit, allein und völlig auf sich gestellt, unternommen hatte, wurde er mit der goldenen Tapferkeitsmedaille ausgezeichnet. Er hatte sich bei einem Nachtangriff auf eine italienische Stellung, als für unsere Männer alles verloren schien, allein über eine Wand auf ein Felsband abgeseilt und durch sein furchtloses und kaltblütiges Vorgehen in einer Felskaverne mit zwei Handgranaten fünfzig Alpinisoldaten in Schach gehalten, wodurch die Stellung genommen werden konnte, ohne auch nur einen einzigen Mann auf unserer Seite beklagen zu müssen. Neben Schlehmayer und Mahlknecht war noch ein Zugführer und mein braver Bursche, der Salzburger Anton bei mir, alle miteinander eine fröhliche Kumpanei von erprobten Haudegen. Als ich den Mahlknecht fragte, ob er Lust hätte auf die Gamspirsch mitzukommen, schüttelte er den Kopf und meinte, er könne kein Tier jagen, die Bedingungen seien zu ungleich. Wenn die Gemsen mit der gleichen Waffe kämpfen könnten wie die Jäger, wäre das etwas anderes.

Auftragsgemäß hatte ich die Aufzeichnungen über die von den Alpinitruppen bei dem hastigen Rückzug vom Herbst 1917 zurückgelassenen Depots, Waffen und technisches Material im Tofanagebiet beendet und konnte also den letzten Tag zum vereinbarten Jagdabenteuer mit dem narrischen Zillertaler ausnützen. Leutnant Wolf konnte mit Mahlknecht und den anderen am selben Tag frühmorgens nach Pedratsches in die Talstation abmarschieren. Ich würde nach der Gamspirsch mit Schlehmayer, dem Mann »vom letzten Zirmbaum« nachkommen und abends bei der Gruppe Wolf-Mahlknecht eintreffen.

Wir stiegen also mühsam, im Schnee watend, hinauf zu den steilen, von den ersten Sonnenstrahlen gestreiften Wänden der Fanesberge. Über verschneite Felsflanken kamen wir langsam höher und gelangten, jedes Geräusch vermeidend, nach etwa drei Stunden auf ein breites Felsband, das zu einer offenen

Scharte hinaufführte. Ich spurte voran, der nimmermüde Schlehmayer zehn Schritte hinter mir her. Plötzlich hörte ich den unverkennbaren Pfiff einer sichernden Gemse. Schritt und Atmung verhaltend, drehte ich mich blitzschnell zu Schlehmayer. Dieser kniete bereits, das Gewehr im Anschlag. Dreißig Meter gegenüber, etwas tiefer ein Gemsbock ... Anlegen und zielen war eines, die feierliche Stille zerreißend, knallten gleichzeitig hundertfach in rollendem Echo sich wiederholend zwei Schüsse aus unseren Gewehren. Tödlich getroffen sprang das Tier in großen Sätzen gegen die Schlucht und brach dort am Rande zusammen. Mit wilden Sprüngen jagte Schlehmayer aus Angst, das waidwunde Tier würde in die Schlucht stürzen, zum Felsabsatz, ich ihm nach. Alles geschah hastig und ohne ein Wort zu verlieren. Da stand ich nun und schaute erschreckt in die großen, flehenden Lichter der armen Kreatur, die mich in Todesangst anblickten, während der besessene Schlehmayer ihr mit seinem Jagdmesser die Halsschlagader durchschnitt. Noch im Verenden blickten mich die qualvollen Lichter des armen Tieres an, dann war es vorbei. Während mein Kumpan die Gemse ausweidete, stieg der warme Ruch von Schweiß und Innereien in meine Nase. Mir war ganz schlecht. Als auch das vorbei war, lud er die Beute auf seine Schultern, und wir begannen den strapaziösen Abstieg zurück durch lawinengefährdete Rinnen und Felsbänder.

Vor unserer Baracke rasteten wir ein wenig, wir waren sieben Stunden unterwegs gewesen. Die Zeit drängte, der Weg von Travenanzes über den Falzaregopaß bis nach Pedratsches zum vereinbarten Standquartier war weit und beschwerlich, er beanspruchte noch gute vier Stunden. Die Jagdbeute drückte auf unseren Schultern, die Rucksäcke waren auch nicht gerade leicht. Nachts langten wir hundemüde in unserem Quartier an, von Wolf und Mahlknecht mit einem Waidmannsgruß und einem Schnaps erwartet.

Zum Umfallen müde warf ich mich auf einen Strohsack in der für mich bereitgestellten kalten Kammer. Sofort sank ich in tiefen Schlaf, Berge, Jagd, Krieg und die Welt vergessend. Plötzlich dröhnte ein Gewehrschuß an mein Ohr, ich sprang ins Freie, da brachte man den von einer Kugel getroffenen Mahlknecht daher und legte ihn vor mir auf den Boden.
»Mahlknecht!« rief ich entsetzt. »Mahlknecht, was ist denn?« Schon stand auch mein Bursche neben mir. Ich war furchtbar erregt und wollte wissen, was dem armen Kerl passiert sei – ob er denn sterben müsse. Zu deutlich sah ich den braven, blutüberströmten Mann auf der Erde liegen. Stumm, mit vorwurfsvollen Mienen starrten mich die von allen Seiten daherkommenden Bauern an. In meiner Soldatenuniform stand ich als Angeklagter mitten unter ihnen.
»Um Himmels willen, Mahlknecht, was ist denn geschehen?«
Sein weit aufgerissenes Auge schaute mich sekundenlang vorwurfsvoll an. Dann antwortete er mit versagender Stimme: »Warum fragen Sie denn? Sie haben mich doch selbst erschossen.«
Erschüttert und unsagbar betroffen sah ich nur noch sein brechende Auge. Verzweifelt kniete ich zu ihm nieder, nahm seine Hand. Mahlknecht war tot.
»Mahlknecht, Mahlknecht!« rief ich verzweifelt in die Nacht und starrte den durch die Türe kommenden Burschen Toni an, der verwirrt seinen Kopf schüttelte: »Aber Herr Leutnant«, sagte er, »was haben Sie denn nur? Der Mahlknecht schläft draußen in der Stube bei uns. Es ist jetzt vier Uhr früh und gestern hieß es, wir könnten heute bis acht Uhr schlafen, weil Rasttag ist.«
Nun erst erwachte ich aus meinem schrecklichen Traum, der nichts anderes war als das Nacherleben der Gamsjagd von Travenanzes.
Den Gamsbraten, der eine Woche später auf dem Tisch stand,

rührte ich nicht an. Den Mahlknecht aber, der neben mir saß und seine Pfeife rauchte, den mußte ich immer wieder anschauen. Wie freute ich mich, daß er noch lebte und sich's, gesund und ahnungslos wie er war, schmecken ließ. Den Traum behielt ich für mich.

Einladungen zu Gamsjagden habe ich danach immer abgelehnt und so habe ich es gehalten bis zum heutigen Tag.

Der Bergführer und sein königlicher Freund

Ein gütiges Geschick führte mich im Jahre 1917 als Kommandant einer Bergführerkompagnie nach Cortina d'Ampezzo. Die Alpenfront war im November jenes Jahres in Bewegung gekommen, und vom Lagazuoi oberhalb des Falzaregopasses trugen uns die flinken Skier ins Tal der Boite hinunter. Wir waren mit von Norden kommenden Infanterie-Abteilungen die ersten in Cortina wieder eintreffenden österreichischen Soldaten. Es gab viel Wiedersehensfreude, Wein und frohen Sinn in jenem schönen Dolomitenstädtchen, in welchem ich bis zum Kriegsende 1918 verblieb. Meine Aufgabe bestand darin, von den verlassenen italienischen Stellungen in den umgebenden Felsgruppen Kriegsmaterial aller Art zu bergen. Es gab Lebensmitteldepots in den verstecktesten Felswinkeln, Seilbahnmaterial, Motoren auf hohen Graten und Gipfeln, Waffen- und Lebensmittellager in den unwahrscheinlichsten Felskavernen.
An freien Tagen begleitete ich einen deutschen Feldgeistlichen bei der Suche nach verschollenen Soldaten und unbekannten Gräbern und verband diese Ausflüge, wenn es sich machen ließ, mit einer Kletterfahrt. Manchmal ging ich auch mit dem großen Führer Tonio Dimai, den ich in früheren Sommern oft vor dem Hotel Tre Croci auf einer Bank unter den drei Holzkreuzen neben König Albert von Belgien gesehen hatte.
Zwischen dem Bergführer und dem König war im Lauf der Jahre eine stille Verbundenheit entstanden, wie solche sich durch gemeinsam erlebte Freuden und Gefahren als bleibende Freundschaften für das Leben gerne konsolidieren. Tonio mag damals ungefähr zweiundfünfzig Jahre alt gewesen sein. Trotz

seines nicht sehr jugendlichen Alters kletterte er noch wie zu seiner Glanzzeit vor dem Kriege. Er besaß einen Bauernhof oberhalb Cortina, er war nach fast einjähriger Abwesenheit aus einem Interniertenlager nach Hause heimgekehrt. So wie sein Freund Angelo Dibona, der vielleicht allerbeste Dolomitenführer der Vorkriegszeit, der im Gesäuse, in den Bergen des Dauphiné, im Montblanc, in dem Wilden Kaiser und, last not least, in den Dolomiten so viele großartige Erstersteigungen durchgeführt hat, zeichnete sich auch Dimai durch Mut, körperliche Gewandtheit, hervorragende Kenntnis der Gefahren, durch blitzschnelles Erfassen der Gebote des Augenblicks, durch vornehme Denkungsart und eine grundtiefe Anständigkeit aus, so daß man beim Gehen mit ihm immer den Eindruck hatte, einen Freund, einen Gentleman, im besten Sinne des Wortes, bei sich zu haben.

Auf die Tofana di Roces war Tonio Dimai diesmal besonders gern mitgekommen, weil unser Weg durch die von ihm im Jahre 1901 erstmalig durchstiegene Südwand führte. Auch andere Gründe mochten ihn bewogen haben, als freier Mann auf einem freien Gipfel stehen zu dürfen, denn er hatte Heuernte und Hofarbeit daheim liegen lassen. Wir waren noch mitten in der großartigen Wand, als ein übermächtig starkes Gewitter mit Blitz, Hagel und wilden Sturzbächen uns stundenlang in der Wand festhielt, aber dann schien wieder die Sonne, und wir kamen gut weiter, allerdings mit der Gewißheit, auf dem Gipfel übernachten zu müssen. Es sollten, unsicheren Angaben nach, noch Gefallene oben liegen, jedoch wußte niemand zu sagen, wie viele, seit wann und ob es sich um Italiener oder Österreicher handelte.

Bei Anbruch des Abends hatten wir die Sechshundert-Meterwand hinter uns und saßen zufrieden auf dem Gipfel. Dimais hagere Hände betteten sorgsam das schmiegsame Kletterseil auf den Fels und legten Holz in das Biwakfeuer nach. Um uns war Ruhe und Unendlichkeit. Feinen Schleiern gleich, begann sich die Nacht über die im letzten Glanz leuchtenden Gipfel zu senken, während tief unter uns die ersten Lichter aufschimmerten und aus Wald und Tal die dunklen Schatten zu den einsamen Höhen heraufstiegen.

Rechts von mir schoß die Wandflucht, durch die wir gekommen waren, jäh ins Tal der Boite hinunter. Links von uns zog der Grat zur Frontana Negra und weiter zu den Gipfeln der Tofana Zwei und Drei. Drüben, dem Westen zu, sah ich alle unsere früheren Stellungen, alle unsere Gipfel, den königlichen Fanesturm, die Fanesspitze, den grauen Rücken des Lagazuoi, den Lawinores, den Castello, die Rotwand und die Conturinusspitzen. So also haben unsere Gegner fast drei Jahre lang die ihnen unerreicht gebliebenen Berge gesehen. Von hier aus haben sie uns beobachtet, und ich muß sagen, die Aussicht war nicht gerade langweilig. Fast schöner, wilder, verlangender und mächtiger noch als von unserer Seite drüben. Genau konnte ich meinem Gefährten noch jedes Felsbandnest zeigen, unsere versteckten Anmärsche und Zugänge erklären, Patrouillengänge schildern und den mutmaßlichen Tod der drei Gefallenen, die wir am Gipfel gefunden hatten, schildern.

Zwei davon lagen, die gebleichten Skelette von verwitterten Kleiderfetzen umhüllt, etwas unterhalb des Gipfels, und dort, wo die Wand jäh ins Leere abfällt, lag ein Dritter. Es war ein Alpino, während die beiden anderen, soweit es sich aus der Uniform feststellen ließ, einem Tiroler Kaiserjägerregiment angehört hatten. Ich schlug später vor, den drei Unbekannten auf dem Gipfel ein Steingrab zu errichten, doch dies konnte nicht geschehen, und nun ruhen sie wohl in einem Waldfriedhof am Fuß jenes Berges, die zwei Tiroler und der Alpino . . . Es wurde kühl, die Nacht stand vor uns, leise knisternd brannte das Feuer.

Ich bat Dimai, von dessen abenteuerlicher Ablehnung der Führung einer Alpini-Patrouille auf die Tofana ich bereits gehört hatte, mir seine Geschichte zu erzählen. Ich wußte zwar, daß er nicht gern davon sprach, aber der sonst so Wortkarge begann bald zu erzählen, und nur die Sterne, das kleine Feuer und ich hörten ihm zu.

»Im August des Jahres 1916 kamen zwei Carabinieri zu mir auf den Hof und fragten mich, ob ich Anton Dimai heiße und Bergführer sei. Verwundert antwortete ich mit ›Ja‹. Ob ich die erste Besteigung der Tofana-Südwand durchgeführt hätte, wollten sie dann wissen. Auch dies beantwortete ich mit einem ›Ja‹. Dann sagten sie, ich sollte mitkommen. Ich führte mein Pferd in den Stall und sagte zu meiner Frau und zu den Kindern, daß ich bald wiederkommen würde.

Im Ort führte man mich vor einen Offizier, der mir den Befehl gab, eine Patrouille auf den von den Österreichern besetzten Gipfel der Tofana zu führen. Die Südwand sei schwer und nur ein genauer Kenner würde durchfinden. Ich bat, mir diesen Weg zu ersparen, da ich selbst österreichischer Untertan sei und meine Landsleute auf dem Gipfel nicht verraten könne. Der Offizier war kurz angebunden: ›Morgen um neun Uhr früh melden Sie sich fertig zum Abmarsch hier auf dem Platz. Es ist Krieg, und wir haben keine Zeit für Sentimentalitäten.‹

Trüber Ahnungen voll ging ich heim, nahm am anderen Morgen Abschied von meiner Frau und meinen Kindern. Es war Sonntag. Auf dem Kirchplatz stand ein Auto mit dem Offizier und einigen Carabinieris. Ich trat hin und sagte, nachdem ich respektvoll gegrüßt hatte, daß ich die Patrouille nicht auf die Tofana-Südwand führen würde.

›Wir brauchen Ihre Hilfe, Sie müssen, ich befehle es Ihnen‹, sagte der Offizier und klopfte mit der Faust ungeduldig auf das Wagenblech.

Ich wußte nun einen Augenblick lang nicht recht, was ich tun sollte. Der ganze Platz war von neugierigen Menschen umstanden, ich bekam plötzlich einen Ärger über die vielen neugierigen Gesichter, die mich da angafften, riß den Hut vom Kopf und warf ihn dem Offizier vor die Füße. ›Hier liegt mein Hut‹, sagte ich, ›machen Sie mit mir, was Sie wollen, ich werde Sie nicht hinaufführen.‹ Die Leute standen noch immer da, stupid und stumm. Der Offizier sagte, er gäbe mir fünf Minuten Bedenkzeit. Ich antwortete, daß dies keinen Zweck habe.

Neben dem Offizier war inzwischen ein gutaussehender Alpinihauptmann getreten, der mich freundlich angesehen und, wie mir schien, fast ermunternd zugeblinzelt hatte. Dieser Hauptmann trat nun einen Schritt näher an den Offizier und sagte leise einige Worte, dann drehte er sich um und kam zu mir:

›Ich kann Sie verstehen, Dimai‹, sagte er, ›erinnern Sie sich noch an mich? Wir waren einmal gemeinsam auf dem Cristallo?‹

Sprach's, zeigte auf den Gipfel des Cristallo, nickte mir freundlich zu, stieg dann in den Wagen und fuhr davon. Ich aber wurde in das Gemeindegefängnis abgeführt. Wer der Hauptmann war, konnte ich nie erfahren, bis heute weiß ich noch nicht, wer es war.«

»Jedenfalls das was man einen Gentleman nennt«, ergänzte ich. Inzwischen war unser Kaffee heiß geworden, er schmeckte herrlich und wärmte uns. Majestätisch war der Mond hinter der gewaltigen Wand des uns gegenüberliegenden Monte Pelmo emporgestiegen, seine kalten Lichtfluten tauchten die Türme und Grate der Croda da Lago, der Civetta und der anderen Gipfel in grelle Licht- und Schattenrisse, die gespenstisch und wie Visionen Dantes wirkten.

Ich erinnerte mich, daß im Jahre 1915 der Tofana-Gipfel von uns aus Mangel an Menschen und Material nicht mehr hatte besetzt werden können und daß erst später, im Jahre 1916, einige Kaiserjäger die inzwischen aufgestellte kleine Gipfel-

wacht abgelöst hatten. Stürme und Schneegestöber hatten es tagelang unmöglich gemacht, unsere Männer in ihrer isolierten Stellung mit Verpflegung zu versehen. Der Anmarsch bis zum Gipfel betrug bei gutem Wetter sieben bis acht Stunden und erforderte Kletterei im weglosen Fels. Als aber auch die trotz des Sturmes ausgeschickten Essenträger nicht mehr zurückkamen, gab man die Feldwache auf. Man hoffte zwar, daß vielleicht die Patrouille sich irgendwo in Sicherheit gebracht hätte, aber es blieb alles still. Kaum war schönes Wetter angebrochen, erhielten wir Feuer von der Tofana und wußten nun, was geschehen war. Unsere ermattete Gipfelwache war von der Südwand her, die sie in Unkenntnis der Dinge wohl für unersteiglich gehalten hatte, überrascht und überwältigt worden.
Einige Zeit hielten von da ab die Alpini den Gipfel, aber bald gaben auch sie ihn auf, und er blieb für den Rest des Krieges unbesetzt. Nur die zwei Tiroler Kaiserjäger und ein Alpinisoldat waren oben geblieben, für immer . . .
Nachdenklich starrte Tonio in die Flammen unseres Biwakfeuers, dann fuhr er, den gefurchten Kopf in die Hände stützend, mit seiner Erzählung fort:
»Vom Gemeindegefängnis aus brachte man mich in ein Internierungslager hinter dreifachem Stacheldraht weit unten im Süden, wo ich trotz der an sich freundlichen Behandlung immer trauriger wurde. Ohne Freiheit, als Zivilgefangener so dahinleben zu müssen, war mir unerträglich. Dazu litt ich unter furchtbarem Heimweh, das mir schier das Herz abdrückte. Sicherlich wäre ich geflohen, wenn mich nicht ein Unteroffizier eines Tages gefragt hätte, was ich wohl verbrochen habe und wer ich sei. Ich erzählte ihm, daß ich Bergführer in den Dolomiten und der König Albert von Belgien viele Sommer mit mir gegangen und daß er sozusagen mein Freund gewesen sei.
Wenn das wahr sei, solle ich doch dem König einen Brief schreiben, ein König, der könne viel tun. Aber das sei wohl nur

ein nettes Märchen, das vom König Albert, meinte der Italiener.

So sehr ich mich gegen den Gedanken, den König zu belästigen, sträubte, siegte die Sehnsucht nach meiner Heimat schließlich, ich schrieb den Brief und gab ihn dem Unteroffizier.

Tage und Tage, Wochen und Monate vergingen. Heiß schien die Sonne in das stacheldrahtumzogene Lager. Sie freute mich nicht und sie wärmte mich nicht, ihre Hitze drückte mich nieder. Der Soldat sah mich, wenn er vorüberkam, von der Seite an. Er hielt mich für einen Aufschneider.

Nach Wochen peinvollen Wartens hielt ein Wagen vor meiner Baracke. Ein Offizier stieg aus und fragte nach mir. Aufgeregt rief mich der wachhabende Unteroffizier und stellte mich vor. Der Offizier teilte mir mit, daß er beauftragt sei, mir etwas Geld auszuhändigen und mich, so bald ich es wünsche, im Auto oder mit der Bahn nach Cortina d'Ampezzo zu bringen. Auf Anordnung des Königs von Italien sei ich frei.

Zuerst konnte ich die Nachricht kaum fassen, dann wußte ich, daß König Albert ein Freund war, der seinen Bergführer nicht vergessen hatte.«

Inzwischen war es Mitternacht geworden. Wir versuchten am knisternden Feuer, von einem Zeltblatt zugedeckt, zu schlafen. Dimai schlummerte bald, ich merkte es an seinen gleichmäßigen Atemzügen, auch ich schlief ein, es war nicht kalt. Nach einigen Stunden erwachte ich wieder und blieb, in Gedanken versunken, wach.

Über uns wölbte sich das sternenglitzernde Dunkel des sommerlichen Himmels, ringsum stand das feierliche Schweigen der Gipfel. Wie eine dunkle Mauer umfing uns die Nacht.

Weit unten im Süden lauerten die Fronten des Krieges mit Tod, Not und Verderben. Wie wohltätig wirkte der Frieden auf den reinen, den verwahrlosten Unterständen der Schützengräben so fernen Gipfeln. Ich dachte an die Kameraden, und Gedanken um die Rätsel vom Leben und Leiden der Menschen erfüllten mein Herz mit Bangigkeit und Schmerz.

Allmählich kündigte sich der nahende Morgen an, die Sterne begannen zu verblassen, langsam, und immer mächtiger werdend, erschienen wie siegreiche Gottesboten die ersten blendenden Strahlen, ein Wunder der Schöpfung. Es war, als erschaffe unser Herrgott die Welt von neuem, und eine unendliche Helligkeit kam über die schlafende Welt.

Bald vergingen alle Sorgen der Nacht im verklärenden Licht der majestätisch und in unbeschreiblichem Glanze aufsteigenden Sonne.

Die Murfreit-Nordostwand

Es regnete noch immer, als der Hans Pescosta und ich, bis auf die Knochen durchnäßt, auf dem Grödnerjoch ankamen und schimpfend in die Hütte traten. Der Wirt hieß Franzelin, war dick und rund, gutmütig und gottergeben. Er spielte die Zither und sang schöne Lieder. Seine Frau trank nicht ungern ein Gläschen Rotwein dazu. Das wiederholte sie so oft, bis auch ihr die Lust zum Singen kam. Dann sang der Franzelin: »Jetzt wird es wohl Zeit sein, schlafen zu gehen!« Etwas unsicher auf den Beinen, aber stets still und gehorsam befolgte sie seinen wohlgemeinten Rat.

Wir saßen in der Stube und warteten, daß unsere Joppen, Hosen und Socken trockneten. Wir hatten alles ordentlich auf der Ofenbank in der Bauernstube ausgebreitet.

Ein Viertel Roten und ein Stück Brot und Speck hatten unsere Lebensgeister nach der verregneten Durchkletterung des Adangkamins wieder geweckt. Ich stand am Fenster und schaute nach Westen, hinüber zum Langkofel und zum Großen Murfreitturm.

Die Sonne riß hellglänzende Streifen in den Wolkenhimmel. Wunderbar klar und zum Greifen nahe reckte sich die Nordostwand des Turmes gegen den Himmel.

»Du, Hans«, sagte ich, »wir könnten von unten her die große Schlucht durchsteigen, dann oben beim eigentlichen Unterbau einen kleinen Bogen um den Überhang machen und so direkt zu dem kleinen Riß im unteren Drittel der Wand kommen!«

»Red nit soviel«, klang es aus den dunklen Gründen der Ofenbank zurück.

»Meinst du vielleicht, daß die Nordwand nicht geht?« fragte ich.
»Schau sie selbst an, hast ja deine Nase am Fenster!«
»Glaubst du vielleicht, die Wand ist nicht zu ersteigen?«
»Natürlich ist sie!«
Er stand auf und kam ans Fenster. Wir schauten nun beide hinüber.
»Schwer, mein Lieber, aber wir sollten es versuchen.«
Damit war die Sache für diesen Tag erledigt. Hans hatte einen englischen Major zu führen und ich einen deutschen Hauptmann aus den Kolonien.
Nach einer Woche war ich auf dem Sellajoch. Viele Münchner waren da. Der Redwitz, der Sixt und der Dülfer und auch der Haupt aus Nürnberg. Und noch einer: der Bergführer Zelger aus Welschnofen bei Karersee. Der hatte ein schweres Bündel Mauerhaken bei sich und eine russische Gräfin, die absolut Erstersteigungen machen wollte.
»Was hast du denn vor, Zelger?« Während ich fragte, dachte ich an die Murfreit-Nordwand, die ja vom Sellajoch aus genau so zu erreichen war wie vom Grödnerjoch.
»Nichts. I will nur in der Gegend ein bißl nachschauen, ob's nix Neues gibt.«
Dabei deutete er mit dem Daumen in die Richtung zum Großen Murfreitturm.
Teufel, nun ist die einzige noch übrige Erstersteigung in den Grödner Dolomiten wahrscheinlich dahin. Und ausgerechnet der Zelger, ein Wildfremder sozusagen, einer aus Welschnofen, wird sie schnappen, wo doch wir jungen Grödner Führer am Fuße des Murfreit wohnten. Freundlich bat ich Zelger um drei Mauerhaken. Er gab sie mir gerne. Dann holte ich meinen Touristen, der saß vor der Hütte und schaute in die Wolken. Mein Südwestafrika-Hauptmann war gut im Fels, aber durch den langen Aufenthalt in den Tropen nicht sehr ausdauernd. Ich

hatte dies schon einige Male bemerkt. Aber er war ruhig, geistesgegenwärtig und im ganzen gesehen ein guter Sportsmann.

»Herr Hauptmann, hätten Sie Lust, anstatt der morgen angesetzten Grohmann-Südwand eine schöne Erstersteigung zu versuchen?«

»Warum denn nicht? Ist sie schwer?«

»Ja, sehr schwer!«

»Wand, Kamin oder was?«

»Wand, fast alles ausgesetzte Wand!«

»Wenn Sie glauben, es geht, an mir soll's nicht fehlen. Ich mache gern mit.«

»Also, dann lassen wir uns um zwei Uhr wecken, brechen um drei Uhr auf und sind um fünf Uhr am Einstieg. Mauerhaken, Seil und Rucksack nehme ich mit. Sie brauchen nur Ihre Kletterschuhe.«

»Gemacht. Ich freue mich schon.«

Gleich legte ich mich schlafen, und pünktlich um zwei Uhr früh stand ich auf. Von Zelger noch keine Spur. Ich wußte, daß seine Gräfin eine Langschläferin war.

Ich konnte mir doch eine jahrelange vorgenommene lockende Erstersteigung, noch dazu eine der allerletzten Wände, nicht kampflos vor der Nase wegschnappen lassen! Nebelfetzen hingen bis tief in die Grundmauern des großen Sellamassivs nieder. Vom Langkofel und seinen großen Brüdern war nichts zu sehen, der Wald war feucht und voller Dunst, und als wir gegen halb fünf in die Felsen kamen, begann es zu regnen.

Wir redeten wenig. Der Regen machte unsere Zunge nicht lokkerer. Wir zogen die Kletterschuhe an, und ich legte das Seil aus. Die drei Mauerhaken und den Hammer hängte ich an meinen Gürtel. Die ganze Wand stand in undurchsichtigem Nebel. Ein verschlafener Kuckuck rief unten im Walde. Es klang fast so, als ob er uns auslachen würde. Von Zelger und seiner Gefährtin weitum keine Spur.

Wir stiegen zwei Seillängen hoch in die Wand. Auf einem Block warteten wir ab, was das Wetter und was der Zelger machen würden.
Drei Stunden lang hockten wir so im Regen. Wir waren schon ganz schön naß, bis auf die Haut sozusagen. Aber der Zelger kam nicht, und der Regen wurde noch nasser. Die Geschichte wurde uns zu dumm. Wir packten auf und stiefelten hinaus nach St. Ulrich.
Der Urlaub des Hauptmanns war abgelaufen, und die Gräfin war irgendwo im Marmolatagebiet, als es hieß, der Bergführer Wenter aus Tiers und der Tita Piaz seien auf's Sellajoch gekommen, um Touren zu machen. Der Wenter war ein ausgezeichneter Kletterer, gescheit und schlau wie ein Fuchs, grob und geradeaus, zäh und bergerfahren. Vor Monaten hatte ich mit ihm drüben im Vajolett über die Murfreit-Nordostwand gesprochen. »Viel zu brüchig, gar nicht daran zu denken«, hatte er gesagt, »da haben schon manche umkehren müssen.«
Nun war er plötzlich da, am Sellajoch. Aha, dachte ich mir. Im Langkofelgebiet gibt's wenig Neutouren, und in der Sella ist die Murfreitwand gegenwärtig die aktuellste und umworbenste. Der verregnete Streich, den ich vor zwei Wochen dem Zelger gespielt hatte, war bekannt geworden. Ich paßte wie ein Luchs auf die Wand auf.
Da kam, gerade recht, mein Freund Hans zur Tür herein. Sein stets zum Spott bereites Lächeln strahlte mich an.
»Alleweil im Hotel Post oder im Gasthof zum schwarzen Adler findet man die guten Bergführer. Bei Limonade und Milch natürlich.«
»Sei froh! Wenn ich Milch trinke, trägt's dir wieder ein Viertel Wein mehr.«
»Schweig, Milchweib!« Hans konnte es nicht leiden, daß ich während des ganzen Sommers keinen Tropfen Alkohol trank, obwohl er später die Richtigkeit meiner Lebensweise erkannt

hat. Auch er trank dann während der schweren Führungen fast keinen Alkohol mehr, ganz zum Unterschied unseres Freundes Hans Schroffenegger, der es fertigbrachte, die Nacht durch seine zehn bis zwanzig Viertelen Roten zu leeren und am Morgen mit seinen Touristen die drei Vajolett-Türme zu überschreiten.

Hans war glänzender Laune, und meine erste Frage war, ob wir die Route Wenters oder Piaz' auf die Murfreitwand nehmen wollen.

»Wo sind denn die beiden?«

»Auf dem Sellajoch.«

»Nachher wird's Zeit!«

Es war vier Uhr nachmittags, als er das sagte. Um fünf waren wir auf dem Weg nach Wolkenstein, und um acht Uhr lagen wir in den Betten des Gasthofes Plan, direkt unter der Wand. Um zwei Uhr morgens weckte man uns und um fünf Uhr standen wir mit Seil und Haken am Einstieg. Diesmal warteten wir auf gar nichts. Diesmal stiegen wir trotz Nebel in die Wand und klommen Seillänge um Seillänge hoch. Aber schon am Ende des schmalen schwarzen Risses, den wir vom Grödnerjoch aus beobachtet hatten, mußten wir zurück. Die Wand wurde glatt wie ein Brett. Und außerdem leicht überhängend und ohne Möglichkeit, Haken einzutreiben. Hans stand etwa zwanzig Meter über mir, hing an winzigen Vorsprüngen. Er war ein Balancekünstler ohnegleichen. Aber ich hatte doch Angst, daß er stürzen könnte.

»Schlag einen Haken«, sagte er zu mir, ohne sich rühren zu können, ja, ohne auch nur den Kopf zu bewegen. Langsam und vorsichtig klemme ich meinen Kletterrucksack zwischen die Füße, ziehe, stets auf mein Gleichgewicht achtend, den Hammer heraus und muß erleben, wie dabei unser ganzer Tagesproviant, zwei Äpfel und ein Laib Brot mit dem Reservehammer aus dem Rucksack kollern und die Wand hinunterpurzeln.

Der Tag fängt ja gut an, denke ich, und schlage den einzigen uns verbliebenen Haken nach langem Suchen in eine schräge Ritze.

Nun versuchen wir es rechts. Es geht. Dann senkrecht in die Höhe. Dann links in eine seichte Verschneidung, immer schräg von rechts nach links hinauf. Bald sind wir in der Mitte der Wand, die ununterbrochen und ungewöhnlich aussetzt und dadurch auf die Nerven drückt. Der Fels ist unverläßlich und kleingriffig.

Schwere Wolkenfetzen jagen immer wieder daher und berauben uns jeglicher Orientierung. Wir sehen halbe Stunden lang den Gipfel nicht. Es ist jetzt ungefähr ein Uhr. Wir haben durch einen Quergang, der uns von einer Verschneidung auf eine höher hinaufführende Leiste brachte, viel Zeit verloren.

Zu allem Überfluß waren mit den Äpfeln und dem Reservehammer auch die beiden anderen Haken in die Tiefe gefallen, und so hatten wir keine Sicherungsmöglichkeiten mehr. Die winzigen Griffe und Tritte erlaubten keine verläßliche Verankerung des Seiles.

Wenn Hans dreißig Meter auskletterte, konnte ich nur das Seil nachlaufen lassen. Sichern konnte im oberen Teil der Wand weder er mich, noch ich ihn. Immer tiefer und unheimlicher wurde die senkrecht in die dunkle Alm abschießende Wand. Ganz fern klangen zwischendurch verträumt Kuhglocken hinauf zu uns. Wolken verhüllten aber sofort wieder den kurzen Ausblick, und manchmal konnten wir uns nur durch Rufe verständigen, ohne uns zu sehen. Es war unheimlich, wie das Seil im Nebel verschwand. Irgendwo suchte mein Freund durchzukommen. Als wir nach einigen Seillängen beisammen standen, beschlossen wir, das Seil abzunehmen. Der Sturz des einen hätte auch den zweiten mitgerissen. Außerdem konnten wir ohne Seil während des Weitersteigens näher beisammen bleiben.

Das ganze obere Drittel der Wand kletterten wir ohne jede Sicherung. Das war das Eindrucksvollste an der ganzen Tour: so ganz und gar auf sich selbst gestellt und ganz und gar auf sich allein angewiesen durch die Ausgesetztheit der Gipfelwand zu klettern, einmal von Wolken und Wind umjagt, das andere Mal an den bauchig ausgesetzten Flanken wie Fliegen klebend, Hunderte von Metern unter den Sohlen nichts als Luft und nur Luft zu spüren.

Dann kam das Tollste.

Ein Blitz schlug in den Gipfel, der jähe Donnerschlag warf uns fast in die Tiefe. Als ich mich mit halb geblendeten Augen und tauben Ohren nach Pescosta, der jetzt hinter mir kletterte, umschaute, bemerkte ich auch bei ihm die moralische Wirkung dieses unfreundlichen Grußes von oben.

Was sollen wir machen! Es gab kein Zurück mehr. Wir konnten nur noch wenige Seillängen unter dem Gipfel sein. Blitze und Donnerschläge schütteten jetzt eine wüste Ladung von Hagel und Nässe über unsere Ohren, und mit klammen, nassen Fingern erreichte ich einen von hohlen Blöcken erfüllten Riß, dem ich mich nur der Not des Augenblicks halber anvertraute. Die Blöcke klangen hohl, lagen hohl. Jeden Augenblick konnte bei den erschütternden Donnerschlägen der ganze Krempel in die Tiefe sausen.

Hans duckte sich neben mich. »Sauwetter, verdammtes. Wenn da der Blitz hereinfegt, dann gibt's eine holperige Abfahrt.«

»Draußen in der Wand ist's nicht besser.«

»Seien wir froh, diese Klunsen gefunden zu haben. Wer weiß, wo der Gipfel ist.«

»Recht weit kann's nicht fehlen, der Gipfel ist alleweil dort, wo's am höchsten ist.«

Wir blieben eine Weile und überlegten. Aber nach dem ersten neuerlichen Krachen und Rollen schien es uns, als gäben die Blöcke nach, und wir beschlossen, weiterzusteigen. Der Riß wies uns in seiner senkrechten Linie den Weg. Hier nahmen wir wieder das Seil, man konnte wieder sichern. Unheimlich loderten noch ein paar Blitze. Als sich nach der zweiten Seillänge Hans, der wieder vorausgestiegen war, nicht mehr rührte, rief ich hinauf:

»Hallo, was ist? Ist's – – schwer?«

Keine Antwort. Ich wartete. Dann rief ich wieder:

»Soooooolllll – – iiiiich – naaach – kom – men?«

Nichts rührte sich. Mir wurde angst um meinen Freund.

»Hoi –!« rief ich. – »Waas – iiist – – denn – – was ist denn los – kommst nimmer weiter?«

Endlich nach einer Weile die Antwort:

»Hier – geht's nimmer – – weiter – – komm – – selber – – heraaaaauf!«

Wenn der Hans einmal so redete, mußte es grob fehlen.

»Seil – – ein – – zieh – hen –«, rief ich und stieg nach. Das Gewitter hatte sich beruhigt. Ich kletterte schnell und hastig, wußte gar nicht mehr, ob es schwer war oder leicht, wollte nur Gewißheit haben, schnell noch ein paar Griffe.

Da saß Hans neben dem Gipfelsteinmann und rauchte seine Pfeife.

»Ja, Himmel! Wir sind ja auf'm Gipfel?«

Mehr brachte ich vorerst nicht heraus.

Lachend reichte er mir das Gipfelbuch und sagte:

»Schreib: Erste Ersteigung des Murfreitturmes über die Nordostwand am 1. September in sieben Stunden.«

Osterfahrt auf die Wildspitze

Zarte Schneeglöckchen und Veilchen schmückten den Wegsaum durch das Grauntal, und das Gletscherbächlein neben uns sprang lustig dem Frühling entgegen. Mein guter Bergfreund, Dr. Erich Weinberger, wanderte mit mir in flotten Schritten bergwärts. Wir wollten dem Ötztaler Eisriesen vom Vintschgau aus einen Osterbesuch machen, die Weißkugel und die Venter Wildspitze ersteigen und am Ostersonntag über Zwieselstein und das Timmljoch nach Meran, in die Heimatstadt Erichs, zurückkehren.

Uns beide waren die Ötztaler Gletscher schon seit Jahren gute Bekannte. Dort wo das Tal an den Eiswänden der Weißkugel plötzlich und jäh abbricht, als höre dort die Welt auf, liegt ein Kirchlein und ein Häuschen, aus dem wir am anderen Morgen um drei Uhr früh aufbrachen und uns den Weg durch die düster in den kalten Morgen blinkenden Eisabbrüche schlugen.

Das Wetter wurde schöner und schöner. Wir gelangten gegen Mittag freudetrunken auf den Gipfel der herrlichen Weißkugel, grüßten den Ortler, die Bernina und die fernschimmernden Dolomiten, hielten eine gemütlich-feierliche Gipfelrast und zogen dann gegen die tiefer gelegene Weißseespitze hin.

Die Sonne war schon im Sinken, ihr lichtumfluteter Goldrand berührte bereits die fernen Grate der Schweizer Berge, als wir uns anschickten, den Gipfel der Weißseespitze zu verlassen, um mit unseren Brettern über den abendlich einsamen Gepatschferner zum Brandenburgerhaus weiterzuziehen.

»Schau, Erich, drei Leute, schon seit einer Stunde hocken sie mitten auf dem Gletscher.«

Erich blieb stehen: »Sind drei Steine, mein Lieber!«
»Wetten, daß es Bergsteiger sind?«
»Bin kurzsichtig. Tätest mir übrigens leid, die Wette zu verlieren.«
»Wenn's aber drei Leut' sind?«
»Dann sind es drei Narren. Ich seh' die drei Punkte schon den halben Nachmittag dort liegen.«
Wir hatten kein Glas, also mußten wir uns gedulden. Bald gab es keinen Zweifel mehr. Es waren drei Bergsteiger, von denen einer eine schwarzlederne Chauffeurjacke trug.
Wir waren neugierig, zu erfahren, was die drei veranlaßt haben mochte, so lange mitten auf dem Gletscher zu verharren.
Als wir in ihrer Nähe hielten und fragten, ob sie etwas bräuchten, war es schon fast dunkel.
»Nee, nee«, meinte der Lederbejackte, »wir sin uns nur nich übern Weg einig . . .«
»Wo wollen Sie denn hin?«
»Über den Gepatschferner zum Gepatschhaus«, sagte einer.
»Nein, zum Brandenburgerhaus«, knurrte der andere.
»Nee, ich will zurück und keinen Schritt mehr weiter«, murrte der Lederne. Anscheinend war er der Führende.
»Wo kommen Sie denn her?«
»Von dort.« Er wies in die Richtung des Gepatschhauses.
»Wollen Sie sich nicht uns anschließen, wir gehen zum Brandenburgerhaus, da sind Sie in einer Stunde unter Dach und können morgen früh neue Entschlüsse fassen. Es wird bald Nacht.«
»Nein, ich will zurück«, knurrte der Lederne.
»Ich zum Gepatschhaus«, der andere.
»Ich möchte zum Brandenburgerhaus«, der dritte.
Sie konnten sich nicht einigen. Nach vergeblichem Zureden sagten wir freundlich gute Nacht und gingen. Vielleicht sitzen die drei heute noch dort.

Am Kesselwandjochhaus, wie das Brandenburgerhaus sonst noch genannt wird, sollte uns ein befreundeter Skifahrer erwarten, der in München studierte.

Als wir eintrafen, war er auch schon dort. Ein Ötztaler Führer hatte ihn begleitet. Wir kochten Tee, rauchten, erzählten von Bergsteigern, Lawinen und Abenteuern. In der Geborgenheit des Hüttenraumes wurde es ein netter Abend. Aber gegen zehn Uhr nachts, als wir uns schlafen legten, meinte der Mann, der uns erwartet hatte, wir sollten am kommenden Morgen früh aufstehen und mit ihm zur Wildspitz gehen, es liege dort seit gestern einer seiner Klubkameraden in einer Spalte.

Mir schien das Ganze so ungewöhnlich, so geisterhaft fast, daß ich anfangs versuchte, es gar nicht so ernst zu nehmen, und dachte, es wären sicher schon Bergungsleute an die Unglücksstelle gerufen worden. Befragt, gab uns der Bergkamerad zur Antwort, dies sei allenfalls möglich, aber nicht sicher, jedenfalls wäre es gut, wenn wir zur Wildspitze gingen, was wir natürlich sofort zusagten.

Über die Ruhe des Erzählers waren wir nicht weniger erschrocken als über das Unglück, als wir erfuhren, daß es sich um den jungen Josef Kadner, einen der besten Münchner Bergsteiger handelte. Ob er am Ende noch lebte? Nach zwei Tagen in der Spalte? Möglich ist doch alles? Andererseits müssen doch Leute bei ihm gewesen sein. Ja. Er war ohne Skier und Seil, lediglich mit Steigeisen an den Füßen, den letzten Gipfelhang vorausgestiegen, eingebrochen und in der Spalte verschwunden. Seine Begleiter hatten Nachricht in Vent und Zwieselstein hinterlassen.

Warum hatten sie nicht mit ihren Seilen den Verunglückten gleich selbst herausgeholt? Solche und ähnliche Fragen und Gedanken bewegten uns noch lange, bevor wir in einen unruhigen Schlaf versanken.

Anderntags gegen zehn Uhr vormittags standen Erich und ich

an der Spalte, die wie ein feiner grauer Schatten unter der Firndecke schräg vom Gipfel herunterzog.

Ein kleines dunkles Loch zeigte uns die Einbruchstelle an. Da unten lag der junge Bergsteiger seit drei Tagen. Isidor Rimml war da, der Führer Method Scheiber aus Obergurgl und ein anderer namens Schöpf. Außer diesen Führern noch ein mir völlig unbekannter Städter. Der merkwürdige Mann hatte wohl zur Gruppe des Verunglückten gehört. Er zeigte wenig Interesse an unserer Arbeit und machte uns hartnäckig Christianiabögen vor.

Zugegriffen hat er bei der Bergung nicht. Kann sein, daß er nicht die Nerven dazu hatte. Was sollten seine Bögelchen bedeuten? Als sich die Bindung eines seiner Skier löste und die Latte allein und ledig gegen das Mitterkarjoch hinunter schoß, waren wir froh und den Fremden für eine Zeitlang los, der seinen verlorenen Ski holen ging!

Dreißig Meter tief im Eis lag Kadner. Stocksteif, Fäuste und Schädeldecke im Eis eingefroren. Der Körper lag, Kopf voraus mit ausgestreckten Armen, eingeklemmt in der messerscharf zugehenden Spalte. Der linke Stirnteil und die Schläfe ein wenig eingedrückt, sonst wies er keinerlei Wunden auf.

Isidor Rimml hatte über eine Stunde lang in der Spalte gearbeitet, um den Verunglückten vom Eis zu befreien. Schweißtriefend war Rimml an der Oberfläche erschienen, als er Kadner unten soweit am Seil befestigt hatte, daß wir ihn herausziehen konnten. Gestreckt wie ein Gekreuzigter, regungslos, jung, die blutlos wächsernen Hände von den Hieben des Eispickels aufgeschlagen, das Haar an der Stirne von Blutkrusten verklebt, mit weit ausgestreckten starren Armen kam der arme Bergkamerad aus der Spalte. Nun lag er vor uns in der geflickten Uniform eines Kriegsfreiwilligen, der man es ansah, daß sie im Felde viel mitgemacht hatte, und es war wohl auch die mit Flecken bedeckte und schützengrabenverwitterte Uniform, die

mir die ganze Tragik dieses jungen Menschen so tief und erschütternd zu Herzen gehen ließ.
Kaum den Gefahren des Krieges entronnen, hatte sich dieser junge Deutsche dem großen Erlebnis der Berge verschrieben, war mit begeistertem Herzen hinausgeeilt in frohem jugendlichen Tatendrang, um die Osterferien auf einem Gipfel, hoch über den Niederungen der Täler zu feiern. Die Sonne schien heiß auf den weißen Firn und auf den vor uns liegenden Toten. Sie löste das trockene Blut auf seiner Stirn, das zu rinnen begann. Die roten Tropfen färbten den Schnee.
Der merkwürdige Christianiaheld stand wieder neben mir, er hatte seine Latte wiedergefunden. Dr. Weinberger und Rimml begannen Kadner auf einen Skischlitten zu binden. Die ausgestreckten Arme wollten nicht nachgeben, man mußte sie mit Riemen an den Körper ziehen.
»Jetzt können wir ja auf den Gipfel steigen«, meinte der Freund von gestern abend. Ich erschrak, mir war gar nicht nach dem Gipfel zumute.
»Ich habe keine Lust . . .«, sagte ich mit einem Seitenblick zu Kadner.
»Wir haben doch hier nun weiter nichts mehr zu tun, kommen Sie mit.«
»Gehen Sie allein – Sie sehen doch, daß ich nicht die geringste Lust habe, über Ihren toten Kameraden zum Gipfel zu steigen.«
Er hat mich nicht verstanden und war sichtlich verärgert, als er uns mit seinem Ötztaler Führer wieder verließ. Und ich spürte deutlich, wir würden uns nie verstehen, auch sonst nicht. Er müsse zurück zum Kesselwandjochhaus, er habe dort einen Fotoapparat liegenlassen. Ich wünschte ihm eine gute Reise, er dankte und ging.
Weinberger und ich blieben bei den drei Führern und dem Toten. Es war schon spät, als wir ihn über das steile Mitterkarjoch

in einsetzendem Schneetreiben hinunter zur Breslauer Hütte seilten. In der Breslauer Hütte rasteten wir, vor der Tür lag der Verunglückte. Ich kannte die Hütte gut vom Kriege her, ich war dort einmal fast einer Lungenentzündung erlegen, hatte dort im Krieg einmal sechs Wochen lang Skiunterricht gegeben und an einem besonders lawinengefährdeten Tag einen Zug Soldaten ins Tal geführt. Ich hätte nicht gedacht, daß ich diese Hütte unter solchen Umständen wiedersehen würde. Ringsum standen die Berge im kalten Abendlicht. Stumm, fremd und hart. Fast schien es mir, als müßte ich dieses viele Eis und diese gewaltige Ruhe verfluchen, wenn ich an den Erstarrten vor der Hütte draußen dachte. Die Berge schienen mir teilnahmslos und wir Menschen arm und hilflos.

Am anderen Tag brachten wir Kadner ins Tal, dann zogen Weinberger und ich, nachdem wir von allen Abschied genommen hatten, von Zwieselstein aus über das Timmljoch nach Meran. Das war ein sehr weiter Weg, und als wir von Moos an die staubige Passeierstraße kamen, kehrten wir beim Holzknecht in St. Leonhardt ein und aßen einen Kaiserschmarrn. Es was Ostersonntag.

An diesem Tage findet alle Jahre im Passeiertal der sogenannte Weibermarkt statt. Da kommen die heiratsfähigen Mädchen in ihren schönen Kleidern von den Berghöfen herunter und lassen sich sehen. Es wird Guglhupf gegessen und Kaffee getrunken, die Musik spielt auf, die Bauernburschen trinken ein Glas Wein und reden mit der, die ihnen vielleicht schon lange gefällt, fragen, ob sie Bäuerin werden möchte. Wenn das Mädchen und die Eltern ja sagen, ist das Heiraten bald beschlossene Sache.

Ich wette, daß ich an jenem Ostermontag das allerschönste Tirolermädchen meines ganzen Lebens gesehen habe. Sie war blauäugig, blond, trug eine blaue Seidenschürze und blaue Blumen im Haar. Sie hatte ein so strahlendes, herzliches Lachen, das die ganze Welt entzücken mußte.

Weinberger, der Treue, und ich blieben noch lange und schauten dem fröhlichen Treiben zu, dann zogen wir mit unserem schweren Gepäck weiter. Nachdem wir noch die achtundzwanzig Kilometer auf der staubigen Passeierstraße von St. Leonhardt bis Meran zurückgelegt hatten, waren wir rechtschaffen müde und Freud und Leid der letzten drei Tage versanken mit uns in einen tiefen, traumlosen Schlaf.

Als ich am anderen Morgen zum Fenster hinausblickte, lagen die reichen Obstgärten Merans in ihrer Blütenherrlichkeit vor mir, die Sonne strahlte und der Frühling jubelte in seiner ganzen blumigen Pracht und Frische. In die freudige Erregung fiel wie ein Schatten der Gedanke an das kalte Grab des jungen Bergsteigers, und traurig ging ich zum Bahnhof.

Das Mädchen aus dem Cadore

Vor dem Unterstand brauste ein unheimlicher Wind durch die Nacht. Stumm und starr ragten die schwarzen Silhouetten der Fanestürme aus den dunklen Schneekaren in die heulende Nacht.

Wir saßen geborgen und zufrieden um den winzigen Tisch und rauchten. Plötzlich schnarrte das Telefon.

»Du kommst mit zwei Mann zu mir herunter, vergiß nicht, die Kletterschuhe in den Rucksack zu tun.«

»Bei dem Sauwetter, Herr Hauptmann?«

»Das ist ein sehr gutes Wetter.«

Während ich die groben Bergschuhe anziehe, in die Windjacke schlüpfe, die kaum getrockneten Wollfäustlinge anziehe, überlege ich: eine Patrouille; – Um Gottes willen, bei dem Wetter? – Vielleicht bereiten die Italiener etwas vor in dieser Nacht?

Mit den Skiern versinken wir stellenweise bis über die Knie im Neuschnee, die Laterne löscht der Sturm immer wieder aus. Nach zwei Stunden Kampf gegen den Wind und die Nacht kommen wir beim Hauptmann an.

»Na, da seid ihr ja. Also, du gehst heute hinaus, kletterst zur Vorkuppe ab, dort ist vor einigen Tagen ein neues Kavernenloch entstanden. Ich muß wissen, was dort vorgeht. Außerdem ist es seit ein paar Tagen verdächtig still drüben. Das Wetter ist günstig.«

»Man sieht nichts, Herr Hauptmann.«

»Dafür werdet auch ihr nicht gesehen und gehört, morgen könnt ihr ausschlafen.«

»Jawohl, Herr Hauptmann.«

Wir wärmten uns mit heißem Tee und krochen gleich hinaus in die Grabenstellungen. Aus diesen kletterten wir durch eine kleine Felswand ab und kamen zum äußersten Vorposten. Er war dick angezogen. Ich beneidete ihn im Moment um seinen ruhigen und sicheren Dienst. Es ist eben alles relativ. Wie oft habe ich im Kriege Maultiertreiber beneidet.

»Also nicht schießen, wenn's draußen was gibt, und aufpassen, wenn wir zurückkommen, nur nicht schießen!«

»Jawohl.«

Der Sturm brauste eiskalt über die Felsgrate und warf wilde Schneefahnen in den schwarzen Himmel. In das pfeifende Geheul des nächtlichen Sturmes schnitt immer wieder das Knattern unerbittlicher Maschinengewehrserien in unsere steifgefrorenen Ohren. Das Gelände war gefährlich, und steil fiel die schroffe Wand nach links ab. Der Neuschnee lag metertief und daunenweich. Ich legte mich auf den Bauch und kroch Meter für Meter mit schwimmenden Bewegungen, vom Seil meines Begleiters gesichert, vor. Ständige Maschinengewehrsalven von links herauf zwangen mich, den Kopf im Schnee zu vergraben. Bald sah ich vor Nebel, Schnee, Sturm und Kälte kaum noch die feine Kante der italienischen Sandsackstellung. Links davon mußte das verdächtige Bohrloch sein.

Nur langsam kommen wir weiter, Meter um Meter, mit unfreiwilligen Pausen, denn immer wieder müssen wir regungslos liegenbleiben, um uns nicht zu verraten. Es mag drei Uhr morgens sein. Wir schlottern vor Kälte und Aufregung. Aber plötzlich hat das lästige Maschinengewehr aufgehört zu schießen. Wir kommen weiter vor, nichts rührt sich mehr. Am Ende haben sie uns bemerkt und eine Falle gelegt?

Eine endlos lange Stunde bleiben wir knapp vor dem Drahtverhau liegen. Nichts. Am Seil gleite ich nach links herüber und bin bald vor dem verdächtigen Bohrloch.

Noch immer rührt sich nichts. Was ist denn nur los? Aus guter

Deckung hinter einem verblasenen Steinklotz werfe ich eine Handgranate in die finstere Höhle. Kein Schrei, kein Laut, nur der Krach des krepierenden Geschosses! Wir springen auf und hinein in das Sprengloch –, es ist leer –, wir laufen hinauf zur Sandsackstellung – alles leer, kein Schuß wehrt uns ab, und bis vor zwei Stunden hatten wir doch wütendes Maschinengewehrfeuer bekommen! Hastig nehme ich ein paar herumliegende Alpinihüte mit, dann kriechen wir zurück. Dazu brauchen wir kaum ein Zehntel der Zeit, die wir zum Herkriechen benötigt hatten. Wir schlottern vor Kälte, nur rasch zurück, schon sind wir im eigenen Vorfeld, da, plötzlich ein kurzer Schrei – Feuer blitzt unmittelbar vor meinen Augen auf – ein Gewehrschuß kracht zur selben Sekunde. Der Lauf ist auf mich gerichtet! Aus höchstens fünfzehn Schritt Entfernung! Ich rufe mit allen Kräften: »Halt, Esel, nicht schießen! Eigene Leute!« Zum Glück verstand jetzt der Mann, was los war. Ich zitterte vor Aufregung, als ich wieder im Graben war, und ich hätte am liebsten den Posten verprügelt. Es war ein Ungar, der selbst aufs äußerste erschrocken war. Vielleicht waren aber auch wir schuld, denn wir waren ja gar zu unvorsichtig auf unsere Stellungen zu gewatet.

Eine Lokomobile, die Strom für Bohrhämmer und Scheinwerfer lieferte, diente uns als willkommener Ofen.

Nach kurzer Rast eilen wir zum Hauptmann. Der schläft noch. Es ist unterdessen sieben Uhr morgens geworden.

»Herr Hauptmann, die feindliche Stellung drüben ist leer.«

»Bist du verrückt?«

»Wir könnten alle hinüberspazieren, heute in der Nacht wurde die Vorkuppe offenbar von den Italienern vollständig geräumt.«

Nach zwei Stunden war sie von uns besetzt.

Aber nicht nur die Kuppe, die ganze Dolomitenfront, von Kärnten angefangen, bis hinunter zum Pasubio und zum Etschtal, war in aller Stille infolge des Durchbruches von Tolmein in Räumung begriffen.

Wir jubelten! Ich zog mit meiner Bergführerkompanie über Cortina nach Pieve di Cadore, dann weiter nach Süden und später nach Belluno ins Venetianische. Die Straßen waren voll von vorgehenden Truppen. Zurückströmende Gefangene marschierten staubig und müde.

In Valle di Cadore erhielt ich Befehl, einige Tage zu bleiben.

Valle ist ein malerisches Dorf und liegt etwa zwanzig Kilometer unterhalb von Cortina d'Ampezzo. Zwischen diesen beiden Ortschaften lief vor dem Kriege die österreichisch-italienische Grenze. Da ich die italienische Sprache gut beherrsche, faßten die erschreckten Talbewohner Vertrauen und kamen mit allerlei Anliegen zu mir. Ich half, soviel ich konnte, ließ Lebensmittellager bewachen, Brot verteilen, trachtete, die übermäßigen Weinvorräte zu schützen, und hielt unter meinen Leuten gute Ordnung.

Der Vormarsch hatte in den Soldaten allerlei Räuberinstinkte entfesselt, und es bedurfte einiger Energie, die Leute bei Vernunft zu halten.

Man sah Jäger, die ihre Kompanie verlassen hatten und selbständig im Einspänner vorrückten, weggeworfene, ausgeleerte Chiantiflaschen, betrunkene Landsturmmänner, die selig in einem Haus am Wege Glühwein kochten.

Zwei standen unter einem alten Portal: der eine, der sich kaum noch aufrecht halten konnte, lehnte breitbeinig und schwankend, mit dem Gesicht gegen die Hausmauer. Um die Schulter hatte er eine hölzerne Fischbuntel hängen, als käme er vom Forellenangeln. Sein Kumpan hatte unterdessen den Hahn der Buntel aufgedreht und hielt die Menageschale darunter: Weißwein floß munter heraus. Als ich die beiden zur Rede stellte, boten sie mir treuherzig von ihrem Weißwein an, er sei fabelhaft!

Auch mit den Leuten meiner eigenen Kompanie hatte ich allerlei Sorgen. Alle lachten gern und waren fröhlich und guter Dinge. Der Gegensatz war zu groß für die guten Burschen. Zwei Jahre in Eis und Hagel bei knappstem, kargstem Futter, und jetzt so plötzlich mitten im Überfluß. War es ein Wunder, daß sie das Maß, wieviel Wein ein Mensch verträgt, nicht mehr genau in Erinnerung hatten?

Schließlich dauerte die Herrlichkeit ja nur ein paar Tage, und dann hieß es weitermarschieren.

Ich brauchte einige Zugpferde und schickte zwei Mann auf die Suche. Sie kamen am anderen Tage mit fünfzehn Gäulen daher. Drei davon suchte ich heraus. Kaindl Much, der Bergführer aus dem Wilden Kaiser, half mir dabei. Zwei Füchse und ein kleiner Schimmel sollten bei uns bleiben, die übrigen zwölf schickten wir wieder mit ihren Besitzern, armen Bergbauern, heim.

Die Eigentümerin des kleinen Schimmels übergab mir ein Brieflein. Es war eine kleine Cadoresin in zierlichen venetianischen Schlappantoffeln mit einem netten Gesichtlein, aus dessen einfachen Zügen zwei rundliche Kinderaugen erschrokken in die verrückt gewordene Welt schauten.

Ich las den Brief. Er war italienisch geschrieben. Vom Dorfpfarrer aus Pecol, dem letzten und ärmsten Nest hoch unterm Monte Pelmo: »Hochverehrter Herr Kommandeur! Unser Dorf ist seit drei Wochen ohne Mehl und Salz. Ich bitte Sie inständig um Mehl und Salz. Der Pfarrer von Pecol.«

Mehl war von den zurückgehenden Italienern in Mengen dagelassen worden, aber Salz hatten wir selbst kaum.

»Kaindl, geben Sie dem Mädel zwei Säcke Mehl und besorgen Sie irgendwo ein paar Kilo Salz.«

»Grazie tanto, signor tenente, grazie!« knickste die kleine Cadoresin.

»Abends können Sie alles hier holen. Ihr Schimmel ist um 200 Lire gekauft. Addio.«

Der von einem bunten Tuch umwundene schöne Kopf des Mädchens sank ein wenig nach unten. Mit zierlichen kleinen Schritten ging sie, von einem Greis, ihrem Vater, begleitet, fort. Der Tag verging schnell.

Ich kannte die schöne Gegend aus der Zeit vor dem Kriege. Es liegen ja dort im Umkreis die herrlichsten Berge der Ampezzaner Dolomiten: der Pelmo im Süden, hoch aufgereckt und gewaltig. Allein und groß ragt er in den Himmel. Er verträgt keine Nachbarn. Im Norden des Ortes schießt unmittelbar, ebenfalls ohne nahe Verwandtschaft, der Riese Antelao in die Wolken. Die Civetta baut ihre hohe Wunderwand auf. Weiter im Osten reckt der Campanile di Val Montanaja aus einem weltverlorenen Schuttkar seinen verhexten Buckel in's öde Felsental.

Abends saßen wir am offenen Herd ums Feuer und aßen Spaghetti. Selbst die Geborgenheit eines englischen Kaminfeuers kann nicht soviel Zufriedenheit in das menschliche Gemüt zaubern wie ein offenes Herdfeuer im venetianischen Cadore. Rund um den breiten quadratischen Mauerherd sind Sitzbänke derart angeordnet, daß die Füße auf der steinernen Herdplatte bequem aufliegen können und der Schein des Feuers seine Wärme auf die im Umkreis Hockenden ausstrahlen kann. Die flackernden Flammen aber beleuchten abwechselnd Gesichter und Gebärden der Plaudernden und der am Feuer Hantierenden, die mit geschmiedeten Eisen aller Art die Kochtöpfe behandeln und brennende Holzscheite zurechtlegen.

Während wir so im dämmernden Abend am Herd sitzen, kommen die Leute um ihr Geld für ihre Pferdchen, auch die Kleine aus Pecol ist wieder dabei. Sie bekommt dreihundert Pfund Mehl, etwas Salz und das Geld. Dann gehen alle fort, nur die Kleine bleibt mit dem Greis. Ich frage, ob sie noch etwas auf dem Herzen habe. Sie schaut zu Boden, Tränen stürzen aus ihren Augen, sie weint und schluchzt, daß es sie schüttelt:

»La cavallina, mein Schimmelchen, piccola, povera cavallina.«
Etwas ärgerlich frage ich, warum sie erst jetzt diesen Jammer anfange, das hätte sie mittags tun sollen, jetzt sei es zu spät. Und Mehl und Salz hätte sie ja. Unter Tränen und Schluchzen stößt sie heraus, daß sie das Mehl ja nicht tragen könne, und bis ins Dorf hinauf seien es sieben Stunden. Pecol liege ganz hoch oben in den Bergen hinter den Wänden des Pelmo. Sie seien arm. Mit dem Schimmel aber habe sie manchmal ein paar Lire verdienen können.
»Der Vater ist siebzig Jahre alt, schauen Sie ihn an, meine Mutter ist krank, und die Brüder sind bei den Alpini irgendwo im Krieg, wenn sie noch leben. Ich bin achtzehn Jahre alt und muß Vater und Mutter erhalten, und nun haben Sie mir mein Schimmelchen genommen. Oh, Sie wissen nicht, wie arm die Leute in den verlassenen Bergdörfern dort oben sind, sonst würden Sie das nicht tun.«
Sie weinte, daß es mir das Herz zusammenschnürte.
Ich war betroffen. Niemand wußte besser als ich, wie arm diese Leute waren und wie furchtbar karg und fern allem Wohlergehen sie ihr bißchen Leben durch die Welt schleppen mußten. Ich schämte mich. Ich ließ ihr den kleinen Schimmel wiedergeben mit einem Brief, daß das Pferd nicht requiriert werden solle, ließ ihr das Geld, das Mehl und das Salz und sagte, sie sollte mit dem alten Vater nur gleich heimpilgern und ihre Mutter schön grüßen.
Immer noch unter Tränen dankte sie und sagte, sie werde, solange sie lebe, für den Herrn Tenente beten. Ich war selber froh, daß sie ihr Herz ausgeschüttet hatte.
Ungefähr ein Jahr später kam ich mit einem Freund auf die Forcelle Staulanza. Das ist ein Hochpaß, über den die Italiener im Kriege eine Straße gebaut haben. Direkt vom Sockel des Pelmo führt er aus dem Tal der Sella ins Tal von Zoldo. Zwanzig Minuten unterhalb des Passes liegt das kleine Nest Pecol.

Es war tiefer Winter und immer noch Krieg. Vielleicht war mein Kamerad überanstrengt, oder er hatte irgend etwas mit dem Herzen. Plötzlich fiel er vornüber, mit dem Gesicht in den Schnee. Erschreckt half ich ihm, so gut ich konnte, und fuhr dann eiligst hinunter, ein Stück die Militärstraße entlang, wo ich Leute vermutete. Ich mußte meinen Begleiter sofort in ein Dorf bringen.

Stand da plötzlich vor mir im Zwielicht ein kleines weißes Pferdchen, mein Schimmel! Die kleine Cadoresin stand daneben und lud Holz auf einen primitiven Schlitten. Der Alte schaute stumpfsinnig zu. Als mich die Kleine sah, erschrak sie, dann wurden ihre Augen größer und größer:

»Bappo, il tenente, oh, Santa Maria, il tenente«, rief sie.

Ich erzählte von meinem Kameraden, der zweihundert Meter oberhalb im Schnee lag. In wenigen Minuten war das Holz abgeladen und der Schimmel mit dem Schlitten auf dem Wege zu ihm. Unten im Bergnest wurde uns zu Ehren Kakao gekocht. Dann saßen wir lange um den offenen Herd, und die Kleine wurde nicht müde, die Geschichte aus Valle zu erzählen. Mein Freund hat sich bald erholt, es war lediglich ein plötzlicher Schwächeanfall gewesen.

Die Mutter der Kleinen saß mit uns am Feuer. Wie hager und hart erschien mir das scharf geschnittene Gesicht dieser Alten! Wie sprechend waren ihre dunklen Augen mit dem unerschrockenen Blick!

Sie erzählte uns, wie sie nun schon jahrelang schwerste Not am Lebenswichtigsten litten. Und während sie zwischendurch auf das Feuer sah oder in den Kessel schaute, ob die Milch siede, sagte sie: »Der Krieg ist eine brutta bestia, der Teufel möge ihn holen!«

Dann war es wieder ruhig in der alten verräucherten, nur von den brennenden Holzscheiten erhellten Küche, und ich fühlte mich wie daheim bei guten Freunden.

Früh im Morgengrauen zogen wir mit unseren Skiern weiter, hinaus gegen Longarone. Man borgte uns eine kleine Kerzenlaterne, weil es noch finster war.

Die bin ich schuldig geblieben bis heute, und ich habe mir fest vorgenommen, einmal wieder nach Pecol zu gehen, ich möchte gerne wissen, wie es den guten Leuten dort geht, und ich möchte ihnen auch die kleine Laterne zurückbringen.

Peter und das große Heimweh

Um eine abenteuerliche Flucht für einen Film aufzunehmen, bin ich einmal weit hinauf in die Dolomiten, in ein einsames, überaus schön auf einem Hügel thronendes Dorf namens Colle di Santa Luzia, deutsch »Hügel der heiligen Luzia«, gekommen, das ich von meiner frühen Jugend her kannte. Ein recht armer Bub aus jener Gegend hatte vier Jahre lang bei meinem Vater als Lehrling gearbeitet. Er hieß Peter Masarei. Als ich einmal sein Vaterhaus besuchte, konnte ich nur staunen, wie kühn das wunderbare Kirchlein der heiligen Luzia hoch auf dem Hügel hingebaut worden war. Ein riesiger Berg, der Monte Pelmo, ragte wie ein gewaltiger Altar in den Himmel hinauf, hoch erhaben über Tal und Menschen. Der Monte Pelmo und das Dörflein, Peters Heimat, waren mir immer nahe, und so beschloß ich, wohl viele Jahre später, die Fluchtszenen für einen Film dort aufzunehmen.

Lang mußte ich mit meinen Kameraleuten und Schauspielern warten, weil es Tag und Nacht regnete. Während ich vor dem Gasthof auf einer Bank saß, dachte ich an meinen Jugendfreund Peter, den ich seit dreißig Jahren nicht mehr gesehen hatte.

Ja, damals im Herbst, es war ziemlich kalt, unsere kleine Stube war geheizt, und mein Vater saß neben dem Ofen. Da kam ein Bauer zur Tür herein, kurzgeschorene graue Haare, dunkelbraun das faltenreiche Gesicht, mit dickem Lodengewand, derbem Stock und staubigen Nagelschuhen an den Füßen. Der Bub, den er bei sich hatte, war ein wenig älter als ich, etwa vierzehn Jahre, und recht still. Auf Einladung meines Vaters setzte sich der Fremde an den Tisch und unterhielt sich mit ihm.

Die beiden Väter einigten sich, und der Bub blieb bei uns als Lehrling.
Die beiden, Vater und Sohn, waren ganze siebzehn Stunden lang bergauf, bergab über Joch und Tal zu uns gekommen. Auf die Frage meines Vaters, wo sie übernachtet und was sie an Geld gebraucht hätten, sagte der Bauer, daß sie mit zwanzig Kreuzern ausgekommen wären. Etwas Brot mit Milch hätten sie unterwegs gegessen, und geschlafen hätten sie in einem Heustadel. Obwohl ich selbst recht genügsam erzogen worden war, machte es mir ungeheuren Eindruck, wie sparsam die beiden auf dem beschwerlichen Weg gewesen waren.
Peter, so hieß der Bub, war still und arbeitsam, half der Mutter in der Küche, hackte Holz, trug es in die Küche und was eben Lehrbuben sonst so nebenher noch tun müssen. Auch bei der Heumahd arbeitete er mit, half der Mutter beim Tellerwaschen und spielte als »Babysitter« mit meinen kleinen Schwestern.
Nach der Arbeit, wenn der Vater und seine beiden Gehilfen in der Werkstatt fertig waren – sie haben Heiligenfiguren bemalt –, mußten die Pinsel gereinigt werden, da hieß es: »Hilf dem Peter, Pinsel waschen!« Dabei durften wir kein Terpentin nehmen, das die Farbe leicht löst, sondern mußten die vielen Pinsel mit Seife in ganz heißem Wasser saubermachen. Das kam billiger. Wie oft hab' ich mir dabei die Hände verbrannt, denn je heißer das Wasser war, desto besser und schneller konnten die Pinsel gereinigt werden. Zusammen mit dem geduldigen Peter fiel mir damals vieles leichter.
Später bin ich dann nach Innsbruck in die Schule gekommen, der Peter wurde in der Zwischenzeit als Junggesell ein unentbehrlicher Helfer in unserem Haus, er gehörte wie die Mutter, der Vater, die kleinen Schwestern einfach zu uns, zur Familie – fast drei Jahre lang.
Wenn ich dann von der Schule in die Sommerferien heimkam, stand immer der Peter da, lachte ein bißchen und freute sich über

das Wiedersehen. Aber einmal, als ich heimkam, war die Dachkammer, in der wir zusammen wohnten, leer. Auf meine Frage an die Eltern: »Wo ist denn der Peter?«, sagte der Vater, Peter sei Geselle geworden, aber er habe ihn leider wegen Mangel an Arbeit entlassen müssen. »Er wird sich schon die Welt ein bißchen anschauen und irgendwo Arbeit finden.«

Peters Verlust traf mich schwer, auch die Mutter war traurig. Wir hatten ihn alle in unser Herz geschlossen. Nun war er nicht mehr da, fort, weiß Gott wohin.

Jahre vergingen, ich wurde Bergführer und führte die Leute auf »unsere« Gipfel. Einmal zwei Herren aus der Schweiz, darunter den Chef des Zürcher Krankenhauses, Prof. Dr. Paul von Monakow. Wir machten viele Gipfel zusammen. Als die Herren wieder zurückmußten, stiegen wir zum vornehmen Hotel Karersee hinunter, wo der Professor sagte: »Lieber Trenker, zum Abschied von unseren schönen vierzehn Tage trinken wir nach dem Abendessen ein Glas Wein zusammen.« Ich ging inzwischen in die Bergführerstube hinunter und bestellte mir ein Gulasch, da ich den Doktor und seinen Freund nicht stören wollte. Ich war ein bißchen traurig wie immer, wenn Freunde, und das waren wir ja durch unsere gemeinsamen Touren und die überstandenen Gefahren geworden, wieder fortgingen.

Auf dem Weg zum Speisesaal kam ich an einem Raum vorbei, auf dessen Tür »Kurierzimmer« stand. Kuriere? Was werden das für Leute sein, dachte ich und öffnete neugierig die Tür einen Spalt. Es war ein großer Eßraum für die Angestellten des Hotels, und am hinteren Ende des Tisches sah ich zu meiner freudigen Überraschung ein vertrautes Gesicht – Peter, meinen alten Freund!

»Peter, bist du's? Grüß dich Gott!« rief ich erfreut. Mein alter Freund war aufgesprungen, brachte kaum ein Wort heraus, Tränen standen ihm in den Augen.

»Das ist vielleicht eine Überraschung!«

»Peter! Wie geht es dir? Lange haben wir uns nicht mehr gesehen!«

»Oh, es geht schon«, sagte er.
»Warte hier, ich möchte mich noch schnell von zwei Herren im Speisesaal oben verabschieden. Nachher setzen wir uns zusammen, du mußt mir erzählen, wie es dir ergangen ist in all den Jahren!«
Er war immer noch derselbe ruhige, bescheidene Bauernsohn, allerdings wohl schon – wie auch ich – erwachsener. Ich zeigte ihm stolz das Zeugnis der Herren in meinem Bergführerbuch, erzählte von meinen Eltern, erfuhr, daß sein Vater nicht mehr lebte und sein Bruder das väterliche Berghöfel übernommen hatte.
»Und was machst du hier in dem Hotel da?«
»Für die Sommerzeit bin ich als Tellerwäscher und Messerputzer angestellt«, sagte er.
»Messerputzer?« fragte ich überrascht. »Wäre es nicht schöner, du würdest wieder Heiligenfiguren bemalen wie damals bei meinem Vater?«
»Du hast schon recht, aber dein Vater hatte selbst zuwenig Arbeit, und ich mußte einfach etwas verdienen. Als Messerputzer geht es schon. Essen, Trinken und Schlafen kostet mich hier nichts. Mit dem ersparten Geld wandere ich im Herbst nach Australien aus.
»Das ist ja die halbe runde Welt weit weg von hier! Was willst du denn dort machen?«
»Meine Verwandten sind seit Jahren drüben, graben goldhaltiges Mineral aus einem Bergwerk. Ich muß drüben sicher schwer arbeiten, werde aber dafür auch gut verdienen. Nach Jahren, wenn ich dann genug gespart habe, werde ich mir in Santa Luzia ein kleines Berghöfl bauen. Dann brauch' ich mir keine Sorgen mehr um das tägliche Brot zu machen.«
Das leuchtete alles ganz gut ein, aber es tat mir halt doch recht leid, daß der liebe Freund so weit fortging. Im Herbst dieses Jahres wanderte Peter tatsächlich aus. Im Lauf der Jahre haben

wir uns noch ein-, zweimal geschrieben, aber mit der Zeit verloren wir doch den Kontakt und wußten nichts mehr voneinander. Viele Jahre waren vergangen ...

Da saß ich nun also vor dem Gasthaus auf der Bank und wartete auf besseres Filmwetter. Es regnete und regnete ...

Ob Peter wohl wieder zurück war? Als wohlhabender Mann? Es waren viele, viele Jahre ins Land gegangen, seit ich ihn im Karerseehotel das letzte Mal gesehen hatte. Wie gerne würde ich ihn wiedersehen! Was wir uns alles zu erzählen hatten!

»Ist Peter Masarei eigentlich wieder aus Australien zurück? Wie geht es ihm?« fragte ich unseren Wirt.

»Ja, er ist wieder da! Gehen Sie hinauf zu dem kleinen Berghöfl da oben, sein Bruder kann Ihnen dann schon Auskunft geben.«

Es regnete immer noch, während ich hinaufging. Die Haustür stand offen, und ich ging hinein. Ein Mann kam mir entgegen.

»Grüß Gott!« sagte ich, »sind Sie der Bruder vom Peter Masarei?«

Zögernd antwortete er: »Ja, der bin ich.«

»Ich bin der Sohn des Meisters, bei dem Ihr Bruder in der Lehre war. Vielleicht hat er von uns erzählt.«

»Ja, ja«, sagte er langsam, »oft hat er davon gesprochen.«

»Er ist zurück aus Australien – oder?« fragte ich.

»Ja, er war. Nachdem er fünfzehn Jahre in den Goldminen gearbeitet hatte, kam er wieder hierher. Er hat dann geheiratet, ist aber dann mit seiner Frau wieder nach Australien zurückgegangen. Bevor er fortfuhr, hat er einem Maurermeister alle seine Ersparnisse gegeben und ihn gebeten, ein Stück Boden zu kaufen und darauf ein kleines Berghöfl zu bauen. Alles Geld, das er in den fünfzehn Jahren erspart hatte, hat er dem Maurermeister gegeben. »Wenn ich einmal nicht mehr arbeiten kann, komme ich hierher und bleibe da«, hat er gesagt. Dann ist er wieder fort und hat dem fremden Mann weitere fünf Jahre lang regelmäßig alles geschickt, was er verdiente. Endlich kam die lang erwartete Zeit der Heimkehr, um mit der Frau in das fertige

Haus einziehen zu können. Sehen Sie es dort drüben?« Ich schaute in die Richtung, sah aber nur halbverfallene Mauern, ohne Dach, verwahrlost und mit Gras überwachsen. Der Bruder fuhr fort: »Über zwanzig Jahre lang hat Peter gespart und Geld geschickt. Am Ende war alles verloren. Ich war leider die Jahre über auch in der Fremde und konnte nicht wissen, was hier geschah. Das Schlimmste für Peter aber waren die Gläubiger, Maurer und Zimmerleute, die noch Geld von ihm wollten. Sie sagten, der Goldgräber aus Australien solle endlich zahlen, was sein Unternehmer ihnen noch schuldig wäre. Daß Peter nicht mehr dableiben wollte, konnte ich verstehen. Tief enttäuscht und weinend ist er mit seiner Frau wieder nach Australien zurückgegangen.«

»Ja, um Gottes willen, man muß dem Peter doch helfen! Ich werde ihm sofort schreiben.«

»Helfen kann man ihm leider nicht mehr. Wenige Tage nach seiner Ankunft drüben ist er bei einer Minensprengung verschüttet worden. Peter lebt nicht mehr, er ist tot.«

Peter tot! Das konnte doch nicht wahr sein! Wir schwiegen. Lange wollte ich das Entsetzliche nicht begreifen. Ich brachte kein Wort mehr hervor.

Von einem merkwürdigen Ernst umfangen lagen Berg und Tal unter dem düsteren Monte Pelmo vor mir. Die Lärchen rauschten im Bergwind, als erzählten sie sich die traurige Geschichte des lieben Freundes, und es war, als säße der Peter neben mir auf der Bank und weinte . . .

Allmächlich wurde das Wetter wieder besser, die Filmarbeiten gingen zügig voran. Königlich ragte er Monte Pelmo hoch über den Hügel, von dem das kleine Kirchlein grüßte, auf dem Peters Berghöfl stehen sollte . . .

Mit Wehmut im Herzen nahm ich Abschied von Colle di Santa Luzia, der stillen Heimat meines Freundes.

Dank an einen unbekannten Soldaten

Die Kämpfe in den Felsbastionen der Dolomiten und nicht weniger die in den Eisregionen des Ortlers und der Adamellogruppe hatten wenig mit den grauenvollen Materialschlachten des Krieges in den weiten Feldern Flanderns oder auf dem harten Boden des Karstes gemeinsam. Während sich in den Ebenen die ungezählten Soldaten der Armeen aus allen ihren Gebieten und Ländern in gewaltig geballten Massen gegenüberstanden, kämpften in den Bergen meist nur kleinere Formationen harter Gebirgler hüben und drüben, Menschen, die aus den Bergen stammten, Kaiserjäger, Alpini und Schützen, Alpenbewohner da und Alpenbewohner dort. Die Art und Taktik des Kampfes wurde von den Bergen bestimmt, hart wie die Felsen mußten die Kämpfer sein, selbständig, allein auf sich, ihre bergsteigerischen und soldatischen Tugenden angewiesen, mußten sie handeln, schnell, entschlossen und flink, wie die Gemsen sich zum Sprung entschließen. Kälte und Wärme lernten sie schon meist in der Jugend mit Gleichmut ertragen, die Sonne lieben und den freien Flug des Adlers, dessen Feder sich die Alpini auf den Hut steckten, wie der Spielhahnstoß die Mützen der Gebirgsjäger zierten.

Von denen, die den Ersten Weltkrieg miterlebt haben, weiß jeder, wie reich an verwegenen Einzelepisoden der Krieg an der Alpenfront war. Man braucht nur an die kühne Tat von 1915 am Paternkofel zu erinnern, in dessen Nordwand der Sextener Bergführer Sepp Innerkofler beim Versuch, den Gipfel durch Handstreich zu nehmen, fiel und von den Gegnern auf dem Gipfel beigesetzt und ihr stiller Nachbar wurde.

Oder wer kennt nicht die Geschichte jenes Alpinioffiziers, der nach einer nächtlichen Durchkletterung der Sasso di Stria-Ostwand den Gipfel zu seiner Überraschung besetzt fand und lieber, als sich der Feldwache zu ergeben, den Sprung in die Tiefe wagte und, auf einem Schneeband aufkommend, sich Leben und Freiheit neu eroberte.

Doch nicht nur Tapferkeit, Mut und persönliche Kühnheit zeichneten neben manch grausiger Episoden jene Kämpfe aus, nicht nur aufopfernde Kameradschaft und Vaterlandsliebe, sondern, wir brauchen uns dessen im heutigen Zeitalter des krassen Egoismus und Kommerzialismus nicht zu schämen, auch zuweilen eine tiefe und ergreifende Ritterlichkeit.

Im Zusammenhang damit will ich hier eine von mir am Karnischen Kamin auf einem Felsgrat erlebte Episode erzählen.

Im April erhielt ich von meinem Divisionskommando im Pustertal den Befehl, mich nach Innichen und von dort zum Abschnittskommando von Kartitsch zu begeben. Dort erklärte mir ein höherer Offizier an Hand von Karten den Stellungsverlauf der beiden Fronten.

Der Monte Quaternà, ein breiter, pyramidenhaft alle umliegenden Höhen beherrschender Berg, sollte angegriffen und erobert werden. Man wollte die Stellungen verbessern, eine Einbuchtung ausgleichen. Meine Aufgabe bestand nun darin, die bestmögliche Angriffsart auszukundschaften, Feststellungen über die leichteste Durchbruchsmöglichkeit aufzuzeichnen, kurz, einen Bericht darüber abzugeben, ob mit den gegebenen Mitteln, es standen nur einige Kompanien Infanterie und zwei Gebirgsbatterien zur Verfügung, der Angriff erfolgversprechend durchzuführen sei.

Schon am darauffolgenden Tag war ich in der Verteidigungslinie, hatte mich mit den dortigen Soldaten bekannt gemacht und benützte die Zeit zu kleinen Erkundungen in der Felswildnis der südwärts führenden Grate. Meine Laune war nicht sehr gut, ich hatte schließlich meine Kompanie im Travenanzestale und dachte, nicht ganz mit Unrecht, wie mir schien, daß die befohlene Erkundung eigentlich Angelegenheit der Soldaten und Offiziere jenes Abschnitts und nicht die meinige sei. Aber Befehl ist Befehl, und ich gehorchte.

Am dritten Tag, es war der siebente April, kletterte ich ohne Waffe, nur mit einer grauen Windjacke, Fäustlingen, Kletterschuhen und einer Tabakspfeife versehen, in Begleitung zweier Soldaten in das Vorfeld. Dichter Nebel hüllte uns ein, und so wagte ich mich immer weiter von der letzten eigenen Feldwache weg und war bald mit meinen Begleitern so weit, daß ich es ratsam fand, die beiden Soldaten mit dem Auftrag zurückzulassen, die Umgebung genau zu beobachten. Ich hatte das Gefühl, mich in unmittelbarster Nähe der gegnerischen Stellungen, die teilweise auf einem parallel verlaufenden Felsgrat eingebaut waren, zu befinden.

Es herrschte an jenem Tage eine durch nichts gestörte, erwartungsvolle österliche Stille. Kein Schuß fiel weit und breit. An der Stelle, an welcher die beiden Grate ineinanderverliefen, schlich ich, von einem merkwürdig abenteuerlichen Fieber gepackt, seitlich tiefer und spähte in den dichten Nebel rundum. Nichts rührte sich, alles blieb ruhig. Gespenstig ragten die zerrissenen Felsrippen, von den ziehenden Hochnebeln belebt, aus dem grauen Gewölk. Ich kletterte weiter und war froh, in meinen Bewegungen nicht durch einen lästigen Stutzen behindert zu sein, dabei wohl auch die Tatsache, mich im Kriege und inmitten des vom Feinde besetzten Geländes zu befinden, nicht so ernst nehmend, wie ich das hätte tun sollen. Von meinen Soldaten mochte ich mich bereits etwa hundert Schritte entfernt haben, sie hatten mich und ich sie aus den Augen verloren. Langsam glitt ich auf einen kleinen Felsvorsprung nieder und blickte von dort aus in einen tiefen Absturz, der in ein einsames Kar mündete. Aufmerksam spähte ich in die unter mir brodelnden Felsnebel, als ich plötzlich, überraschend und gänzlich unerwartet, aus wenigen Schritten Entfernung angerufen wurde.

»Alto là!« rief die Stimme.

Gefangenschaft oder Tod, das waren die einzigen Gedanken, die mich blitzartig durchzuckten. Den Bruchteil einer Sekunde nur wartete ich auf den todbringenden Schuß in den Rücken. Da nichts dergleichen geschah, blickte ich zurück. Etwa zwanzig Schritte hinter mir stand auf einer Felsrippe hoch und unheimlich im Nebel, die Gestalt eines Alpinisoldaten, das Gewehr im Anschlag auf mich gerichtet.

Wortlos lehnte ich an dem abschüssigen Felsgrat.

Reglos stand auch der Alpini. In der Aufregung und Kürze des Augenblicks hatte ich nicht einmal Zeit, meine Hand zu heben. Der Soldat schien bemerkt zu haben, daß ich ohne Waffe war. Er mußte mich auch, so vermutete ich, einige Zeit beobachtet haben. Wie verlockend mochte es für ihn gewesen sein, mich wie einen Hasen über den Haufen zu schießen und voller Genugtuung meinen Sturz in die Tiefe zu beobachten.

Aber nichts dergleichen hatte er getan.

Ein Wink mit seinem Gewehr folgte, und ein kaum glaublicher Ruf traf mein Ohr: »Via! Via subito!« rief er, mit dem Gewehrlauf in die Richtung weisend, aus der ich gekommen war.

Mein Herz hat nie mehr in meinem Leben rascher geschlagen als in jenen für mich so entscheidenden Sekunden, mein Gemüt aber ist nie überraschter gewesen. Mich duckend, verschwand ich mit hastigen Sprüngen aus den Augen jenes unbekannten Alpinisoldaten, der mir eine große Hochachtung vor einem Volke ins Herz prägte, das solche braven Männer hervorbringt. Erst abends, im sicheren Unterstand, kam mir der besondere Glücksfall dieser Begegnung in seiner ganzen Bedeutung zum Bewußtsein, und ich dankte Gott inbrünstig dafür, daß er mich gerettet hatte.

Vielleicht hatte der Alpini nicht ganz den Kriegsgesetzen entsprechend gehandelt, aber er hatte sich, trotz Krieg und trotz Feindschaft, trotz geladenem Gewehr und trotz Tod und Teufel, ritterlich benommen.

»Zu blöd so was«

Im Kriegswinter von 1916 gab es im Ötztal außer uns Soldaten keinen einzigen Skifahrer, keine Skikurse, von Tourenführungen gar nicht zu reden. Da waren die weiten, endlosen, schneeübergossenen Almen und Täler, fern im frühen Sonnenlicht die flimmernden Eisgipfel; und es war eine himmlische Ruhe und Stille über allem.

Die Tage waren fröhlich und sorgenlos, denn was hatte schon ein Skilehrer bei den Soldaten viel zu denken? Die Christianias und Stemmbögen gingen wie von selbst, der Kaiser gab uns zu essen und zu trinken, gesund waren wir auch und vom blutigen Schrecken des Krieges spürten wir in jener Einsamkeit nichts.

Unsere von den Schutzhütten zurückgekommenen Mannschaften waren beim Scheiber im »Hotel« untergebracht. Es waren insgesamt dreihundert Soldaten da, Kaiserjäger, Landesschützen, Oberösterreicher, Salzburger, Dalmatiner, Serben und Bosniaken. Die Kurse waren in vier Trainungsgruppen eingeteilt, ein Hauptmann leitete sie. Leider konnte der Mann nicht verstehen, daß wir Abteilungsleiter die Gruppen lieber sportlich als militärisch führten. Die Wichtigkeit der sportlichen Ausbildung war damals noch nicht so erkannt worden. So überraschte er einmal meine Kursgruppe beim Üben von Geländesprüngen, ausgerechnet, als eines der Bretteln während eines Quersprunges unter meiner Bindung durchbrach.

Der zufällig anwesende Oberst Bilgeri, Chef der österreichischen Gebirgstruppen, lachte freundlich, als er mich mit einem Ski daher humpeln sah, der unter den Zehenbacken abgeknickt und hinten und vorn aus dem Schnee schaukelte.

An jenem Abend hielt uns der Hauptmann in Gegenwart des Obersten eine kurze Ansprache, in welcher er auseinandersetzte, daß wir nicht zum Sport hier seien und schon gar nicht zum Spaß. Er sagte weiter, daß er uns bestrafen müsse, wenn wir durch unseren Übermut Knochen oder Skier brechen würden, denn wir hätten als Instruktionsoffiziere die verdammte Pflicht, unsere Knochen und Bretteln zu schonen ...

Meine Kursgruppe war, das muß ich vorausschicken, bei den jeweiligen Schlußprüfungen immer die beste gewesen. Im Abfahrtslauf, im Torlauf und gelegentlich auch im Stürzen! Mein Freund, der Arzt Dr. Lothar Ebersberg, der den Unterricht mit mir gemeinsam leitete, hatte nur ein leises Lächeln als Antwort auf den deutlichen Wink des Hauptmannes.

»Geschieht ja eh nix, wir sind doch alte Skihasen, Herr Hauptmann, da müßt ich ja lachen ...«

Rasch pflichtete ich meinem Freunde bei:

»Nein, nein, Herr Hauptmann, Sie können sich auf uns verlassen, was das Brettelnbrechen angeht, haben Sie gewiß recht, aber unsere Knochen? Nein, der Doktor und ich, nie ...!«

Oberst Bilgeri verließ Obergurgl noch in jener Nacht, und am anderen Tag standen wir im Sonnenglanz um acht Uhr früh schon wieder auf den Hängen und kurselten. Der Doktor und ich hatten uns mit unseren Mannschaften etwas abseits von den anderen Gruppen, hinter eine Waldgruppe verzogen, um ungestörter zu sein, auch machte uns das Suchen neuer Übungsplätze Spaß und die Heimfahrt war dann auch immer würziger und interessanter.

Während ich einigen Bosniaken den soliden, alten Stemmbogen beizubringen versuchte, hatte Lothar einen etwa 6 Meter hohen Felsabsatz über uns bemerkt. Abwechselnd schaute er den Felsklotz und dann mich an. Dann sagte er:

»Glaubst du nicht auch, daß man über diesen Fels einen ganz passablen Geländesprung machen könnte?«

»Ja, ja, nicht übel«, meinte ich, »aber der Auslauf, der Aufsprung . . .?«
»Den könnte man ja ein bißl herrichten?«
»Ja, schon möglich, aber . . .«
»Wie hoch schätzt du denn, daß man in die Luft käm da?«
»Oh, ziemlich hoch, aber der Aufsprung ist halt narrisch flach . . .«
»Wieso? Warte, ich gehe einmal hinauf, den Anlauf anschauen.«
Nun wußte ich, daß auch ich über den Felsklotz springen müßte, dafür kannte ich den Lothar zu gut, jedesmal wenn er irgendwo herunterrasselte, mußte ich das auch tun, aus Kameradschaft, Dummheit oder Sympathie, wie man's nimmt.
Mit einigen Bosniaken begann ich die Aufsprungbahn anzutreten. Keiner glaubte, daß der Lothar wirklich über die Felskante springen würde, die Sache sah zu windig aus.
Da erschien unser Doktor hoch über uns an der Kante:
»Seid ihr fertig?«
»Der Schnee ist weich und tief, warte noch ein bißchen . . .!«
»Macht nichts, ich probiere. Wo ich jetzt meinen Rucksack hinlege, da werde ich abspringen!«
Er legte den Rucksack auf den Abbruch der Felsnase und verschwand. Wir warteten gespannt, schon klang es von ganz hoch oben:
»Bahn frei!«
»Bahn frei!« gaben wir zurück. Ich hütete mich als junger Leutnant, den Herrn Oberarzt zu warnen, doch gespannt war ich schon auf den Geländesprung, den er uns da vorlegen würde.
Schon kam er daher – duckte sich, setzte ab – und ruderte durch die Luft wie ein angeschossener Vogel, kam schief auf, blieb hängen, schlug mit Brustkasten und Kopf in voller Wucht in den Schnee und blieb, sich einige Male überschlagend, liegen . . .

Wir sprangen hinzu, halfen dem nach Luft Ringenden auf.
Als er wieder halbwegs bei sich war, kroch er unter einen kleinen Überhang. Dort setzte er sich und blickte traurig in den winterlichen Wald. Das Nasentröpfl glänzte wie ein silberner Tautropfen an seiner Nase.
Dann schaute er mich mit seinen treuen blauen Augen traurig an und sagte leise vor sich hin:
»Zu blöd so was!«
Ich nickte: »Ja, wirklich, zu blöd so was!« Dann: »Der Aufsprung war halt noch nicht genug getreten ... deshalb bist du steckengeblieben.«
»Ja ... steckengeblieben, zu blöd so was.«
»Hast du dir weh getan?«
Das Knie war dick angeschwollen, blutunterlaufen, heiß und schmerzte ihn sehr.
Lange berieten wir, was zu tun wäre, denn die energische Mahnung des Hauptmanns ging uns im Kopf um und unsere großen Sprüche vom Tag zuvor auch.
»Zu blöd so was«, meinte der Lothar und das Nasentröpfl glitzerte im Sonnenglanz.
»Eine saftige Blamage«, ergänzte ich.
Wir fanden einen Ausweg. Unseren Kurs würde ich zur Mittagsrast allein heimbringen, Lothar sollte im Walde unter dem Felsblock bleiben, nachmittags käme ich mit den Leuten wieder und brächte Verbandszeug mit. Wenn der Hauptmann fragen sollte, wo der Arzt sei, würde ich wahrheitsgemäß sagen, er sei heute im Walde geblieben, weil es so schön ist.
Den Anweisungen Lothars folgend, brachte ich eine Drahtschiene, gipsgetränkte Blaubinden, Watte und essigsaure Tonerde mit. Im Schnee sitzend, verband ich unseren lieben Doktor genau nach dessen Angaben. Mit geschientem Bein leitete Lothar unter dem Baum sitzend seinen Kurs wie ein Generalstäbler.

Wir baten unsere Leute, von dem Unfall niemandem etwas zu sagen. Abends führte der zähe Lothar in der Dunkelheit mit dem geschienten, schmerzenden Bein seine Kursgruppe heimwärts. Man merkte fast nichts, da er mit den Skiern geradeausgehend das Knie nicht abzubiegen brauchte.
Vor dem Wirtshaus zum Kuraten, in dem wir wohnten, schnallte ich ihm die Bretter ab, nahm Lothar auf den Rücken und trug ihn unbemerkt hinauf in unsere tannengeschmückte Schlafstube.
Zum Abendessen mußten wir in die Offiziersmesse hinüber, ins Hotel Scheiber. Wir warteten in der Dunkelheit, bis alle drüben waren, vor allem der Hauptmann, dann packte ich den Lothar wieder auf meinen Rücken und trug ihn durch den Schnee hinüber. Vor der Messetür stellte ich ihn sachte nieder und es gelang ihm, die paar Schritte bis zu seinem Platz so zu machen, daß weder dem Hauptmann noch sonst jemanden etwas von seinem steifen Knie auffiel.
Nach dem Essen warteten wir, bis alle fort waren, dann schulterte ich meinen Freund neuerdings und trug ihn durch die Nacht wieder zurück.
Am nächsten Morgen stand Lothar schon fix und fertig mit angeschnallten Skiern und Stöcken vor dem Gasthof. Er ging voraus. Immer geradeaus, seine Leute hinter ihm nach, immer geradeaus, geradeaus. Er konnte mit dem geschienten Bein nicht wenden, das wußte ich, aber der Hauptmann wußte das nicht, der schaute nur verwundert dem stur geradeaus Ziehenden nach und rief:
»Hallo Doktor, wo wollen Sie denn hin?«
Aber der Doktor tat, als hörte er nichts und zockelte gleichmäßig weiter. Gleich rief ich zum Hauptmann:
»Bitte gehorsamst, wir haben dort hinten ein sehr schönes Übungsgelände entdeckt – dürften Ebersberg und ich nicht dorthin?«

»Von mir aus geht zum Teufel!« antwortete der Gefürchtete und ging seinen anderen Gruppen nach. »Habt's ja immer Extrawürste, ihr beide!«
Draußen am Felsknott setzte sich der Lothar wieder unter seinen Baum und waltete seines Amtes. Abends trug ich ihn wieder auf dem Rücken in die Messe wie am vorhergehenden Abend. Nach drei Tagen konnte er bereits die Schiene abnehmen, und mit Humor den Schmerz verbeißend, den Weg selbst gehen. Nach acht Tagen war alles überstanden.
Weder der Hauptmann noch sonst jemand hatte das geringste vom starken Bluterguß an dem verstauchten Knie Lothars gemerkt und wir hatten unsere Skiläuferehre vor einer peinlichen Blamage bewahrt.
Einen Monat später wurden die schönen Kurse von Obergurgl abgeschlossen. Während wir bei einer fröhlich-bescheidenen Abschiedsfeier vor dem Einrücken in unsere Frontabschnitte ein letztes Mal beisammen saßen, erschien im Auftrag des Hauptmannes ein Sanitätssoldat und überreichte Lothar auf einem silbernen Tablett feierlich eine Drahtschiene, zwei Gipsblaubinden, ein Bündel Watte und eine Flasche essigsaure Tonerde »für den nächsten Geländesprung«! Lothar sagte nur: »Zu blöd so was!« und dankte dem Herrn Hauptmann für die freundliche Aufmerksamkeit.

Kalbsschnitzel im Taufverertal

Ja, das waren harte Zeiten damals nach 1916 in Südtirol, als über Nacht der Brennerpaß zur Grenze erklärt wurde, unser kleines Land von seinem Vaterland losgerissen, dem Königreich Italien zugeteilt, Österreich zerschlagen, der alte Kaiser Franz Josef längst gestorben und sein Nachfolger Karl I. nach Madeira verbannt wurde. Alle Verbindungen zu unseren Verwandten in Nordtirol, zu unseren Studienkameraden, Lehrern und Leidensgefährten aus den vier Kriegsjahren waren abgeschnitten. Die allgemeine Ratlosigkeit und wirtschaftliche Not konnte aber weder das korrekt sich verhaltende Militär noch die weit weniger ritterliche Beamtenschaft lindern, von den Faschisten, die später folgten, gar nicht zu reden; also mußte man sich selber helfen, so gut es ging.

Weil die Grenzübergänge durchwegs hermetisch verschlossen bzw. nur schwer passierbar waren, blieben für uns Ortskundige als Ausweg doch die heimlichen Übergänge ins alte Vaterland hin und zurück auch ohne Paß begehbar. Da es mir nicht besser ging als allen anderen Soldaten, die bis zum unverdienten Ende jenes sinnlosen Krieges ausgeharrt hatten, den Italien gegen die k. u. k. Monarchie führte, waren wir gezwungen, uns auf neue Verdienstmöglichkeiten umzustellen. Was lag da näher, als den Wünschen der nördlichen Landsleute entgegenzukommen, denen es an allem mangelte, was es in Italien noch im Überfluß gab.

Aus dem Städtchen Lienz in Osttirol, schwarz über die Grenze kommend, erschien da überraschend ein ehemaliger Frontkamerad namens Hans Unterlercher bei mir. Er war von Beruf

Lehrer, doch jetzt, wie wir alle, arbeitslos. Er hatte es sich zur Aufgabe gemacht, Lienzer Kaufleute mit Schmuggelwaren aus Italien zu versorgen. Durch seine originelle Erscheinung war der schlaue Bauernsohn aus dem Defreggental für heimliche Grenzübergänge hervorragend geeignet. Wegen seines goldenen Humors und seiner kaltblütigen Ruhe hatte ich ihn schon von der Lagazuoifront her gern gehabt. Da es mir nicht besser ging als ihm, nahm ich nach kurzer Überlegung seinen Vorschlag, einen kühnen Schmuggeltransport über die Berge zu führen, an. Dabei ging ich vom Gedanken aus, daß in den Zehn Geboten Gottes nirgends gesagt wird, Schmuggeln sei Sünde, aber es andererseits Gott wohlgefällig sei, Notleidenden zu helfen.

Der Auftrag lautete: Von einem Brunecker Kaufmann sollte ich 30 Rucksacklasten à 5 Gros zu je 144 Spulen englischen Coats Zwirn, sowie 5 Rucksacklasten Kurzwaren Elastikbänder übernehmen und von Sand in Taufers über das 2300 m hohe Klammjoch ins österreichische Defreggental zu bringen, wo er, Unterlercher, mit seinem Partner die Ware in Empfang nehmen würde. Risiko, moralische Verantwortung, Preis und Verdienst schienen mir annehmbar, also nahm ich an.

In Taufers hatte ich einen Freund, einen Bergführer, der in meiner Kompanie gedient hatte. Er hieß Stabeler, war im ganzen Tal bekannt und beliebt, der, so überlegte ich, würde schon fünfunddreißig ehemalige Kaiserjäger finden, die mitmachen würden. Die Ware mußte unauffällig nach Taufers transportiert und dort in der Scheune von Stabelers Hof in Rucksäcke verpackt werden. In einer günstigen Mondscheinnacht könnten wir dann den sechsstündigen Marsch über das 2300 m hohe Klammjoch wagen. Zwei gesonderte Rucksäcke mit Schmuggelware sollte ich am gleichen Tag vor dem vereinbarten Termin durch zwei meiner Vertrauensleute nach Taufers vorausschicken und dann nachkommen.

Gesagt, getan!
Den zwei wackeren Grödner Burschen schärfte ich ein, mich in Taufers beim Eintreffen des folgenden Zuges am Bahnhof zu erwarten.
Als ich ankam, erhielt ich vom Stabeler die erfreuliche Mitteilung, daß meine beiden Kumpels gleich nach ihrer Ankunft von Finanzsoldaten verhaftet und in das Carabinierigefängnis gebracht worden seien, ihre Ware hatte man beschlagnahmt.
»Gratuliere! Damit ist jedenfalls unsere Unternehmung aufgeflogen. Wenn man wenigstens wüßte, was die beiden bei ihrer Einvernahme ausgesagt haben«, bemerkte ich.
»Das erfahren wir leicht«, tröstete mich der Stabeler in aller Gemütlichkeit. »Meine Tochter, die Liesl, kocht für die Carabinieri, sie hat auch die Schlüssel zu den Gefangenen, weil sie ihnen das Essen bringen muß. Sie soll die beiden fragen, was sie gesagt haben, dann wissen wir alles.«
»Auf jeden Fall blasen wir für heut nacht alles ab«, sagte ich, aber der ehemalige Stabsfeldwebel Stabeler wehrte ab: »Die dreißig Mander sein da, die Rucksäcke im Stadl sein alle gepackt, um Mitternacht werd' gangen, je flotter, je besser!«
Mir war ganz schlecht. Da saß ich nun in der gemütlich-warmen Stube und wußte mir keinen Rat. Als Schmuggler eingesperrt werden, nein, das war doch kein Zustand, mein Ruf, mein Beruf, ja und die teuere Ware, fünfunddreißig Rucksäcke, alles zum Teufel, die ganze Karawane im Gefängnis von Taufers, nicht auszudenken war das.
»Jetzt essen's amol a guetes, frisches Kalbsschnitzel und trinken a Glasl Wein dazu«, fiel die gute warme Stimme der Filomena Stabeler in mein düsteres Gemüt, »nachher wird man woll sehn, wie's ausgeht.«
Während ich mich völlig ohne Appetit mit dem Schnitzel quälte, das mir gar nicht schmeckte, und ich Bissen für Bissen nur langsam hinunterwürgen konnte, kam der Stabeler zurück.

»Die Liesl hat gesagt, sie hat mit die zwoa Gefangenen geredet, sie lassen sagen, daß sie nix sagen. Sie haben nur zwoa Rucksack voll Zeug einem Herrn geben sollen, der aber ist net am Bahnhof gewesen. Mehr wissen sie net und mehr sagen sie net.«

Da war ich wohl recht erleichtert, war auch fest überzeugt, daß mich die beiden Grödner nicht im Stich lassen würden, aber trotzdem, man weiß ja nie, wie solche Situationen ausgehen.

Die Mitternacht war da, zwischen dunklen Wolkenfetzen blinkte das Mondlicht nieder. In der Scheune, zwischen Heubündeln, hatten die Träger mit dem Aufladen der Rucksäcke begonnen. Als Lohn für die transportierte Traglast von etwa 35 kg Gewicht sollte jeder Mann für den steilen beschwerlichen Weg hin und zurück 300 Lire erhalten, was etwa 60 Mark war. Die Leute waren vom Krieg her an Härte und Abenteuer gewöhnt und kannten Weg und Steg. So ging nun einer nach dem anderen mit seiner Last in die Nacht hinaus. Nur im Flüsterton wurden kurze Anweisungen gegeben, und hinauf gings durch die steile Waldschlucht, dem rauschenden Rainbach entlang, eine lange Kette von fünfunddreißig Mann, Stabeler und ich hintendrein. Es war kalt, teilweise lag noch hartgefrorener Schnee, je höher wir kamen je mehr. Über die Waldzone öffnete sich der Blick, im wechselnden Mondlicht zog die dunkle Silhouettenkette im Zickzack hinauf. Die Tritte der Kolonne knirschten im harten Firn, angstvoll blickte ich hinüber zum Kirchlein von Rain, das sich in scharfer Silhouette vom grauen Himmel abhob. Ich wußte, drüben waren Grenzposten der Finanzer einquartiert, sie mußten uns ja hören und sehen, aber sie schliefen scheinbar fest oder wollten uns gar nicht sehen. Wir stapften indes munter weiter, steil bergan über die weiten baumlosen Hänge, immer weiter, nur hinauf und dann nach der Grenze hinunter zur Alm auf der österreichischen Seite. Als der Morgen graute waren wir da. Die Männer machten in

der schneeverwehten Hütte Feuer, kochten sich das wohlverdiente Frühstück und rasteten. Ich streckte mich auf dem aperen Schindeldach aus, es war kalt, ich fröstelte und versuchte zu schlafen, aber schon weckte mich der Stabeler. Er hielt mir eine rußige Eisenpfanne voll grauen, undefinierbaren Teig, in dem ein rostiger Eisenlöffel steckte, unter die Nase: »Herr Leitnant, da essens, ebbas Wormes, dös tuet guet.«
Ich fror am Rücken und auch sonst, nahm den rostigen Eisenlöffel voll des »Wormes, dös guet tuet«. Fast brachte ich den Mund nicht mehr auf, so klebte der kalte Kleister zwischen Zunge und Hals.
»Essens nur, ebbas Wormes tuet guet«, wiederholte mein Freund. Ja, er hatte recht, denn die Leute um mich herum aßen das Zeug mit gutem Appetit. Respekt, Respekt, dachte ich mir!
Drei Stunden später konnten wir die 4620 Spulen schwarzen und weißen Zwirn samt den dreißig Schachteln Elastikbändern für die österreichischen Frauen und Mütter meinem durch nichts zu erschütternden Freund Unterlercher übergeben. Die braven Tauferer erhielten ihren wohlverdienten Lohn und waren die Sorgen, falls sie solche überhaupt hatten, los – nicht aber ich, denn mir lag das Schicksal der beiden Verhafteten Grödner am Herzen. In Taufers erfuhr ich durch die Liesl, daß man die beiden abtransportiert hätte, wohin wisse sie nicht. Ich mußte nun raschest nach Bozen, um dort etwas zu erfahren, aber der letzte Zug des Tauferer Bähnleins war schon abgefahren. Ein Wirt, den ich ersuchte, mich rasch nach Bruneck zu bringen, sagte, seine zwei Pferde seien müde, er könne mir nicht helfen.
»Warum haben Sie es denn so eilig?« wollte er wissen.
»Ja«, sagte ich, »lieber Mann, es geht um eine politische Sache.«
Da hellte sich seine Miene auf: »Politisch?« fragte er, »ach so?«
»Ja, ja politisch«, antwortete ich.

»Hans!« rief er in den Gang hinaus, »spann gleich ein, der Herr muß dringend nach Bruneck, mach schnell, es ist politisch!«
Am folgenden Tag war ich in Bozen. Voller Unruhe über das Schicksal meiner zwei Kumpels überlegte ich, was zu tun wäre, um den beiden zu helfen. Während ich mich am Waltherplatz mit einem Anwalt unterhielt, kamen die Gefangenen daher, grüßten freundlich und gingen weiter, als wäre nichts gewesen. Später erzählten sie mir, man hätte sie von Taufers in ein Arbeitslager bei Trient abgeschoben. Dort hatte sie ein Offizier gefragt, warum sie da seien. Das wüßten sie nicht, hatten sie geantwortet, worauf der Offizier kopfschüttelnd gesagt hätte: »Ich kann euch hier nicht brauchen. Andate a casa – geht heim!« – Was sie sich nicht zweimal sagen ließen.
Damit war das Schmuggelabenteuer zu einem guten Ende gekommen bis auf eine Kleinigkeit: Kalbsschnitzel habe ich seit jener Nacht bei Taufers fünf Jahre lang keines mehr essen können.

Freiheit für die Buren

In unserem Haus gab es immer Freude und Aufregung, wenn Michael Ruppe uns besuchte. Er trug immer ein Samtjackett, eine große schwarze Masche im weißen Hemdkragen und einen dunklen Schlapphut. Außerdem hatte er stets einen Malkasten und einen Aquarellblock, seine unzertrennlichen Requisiten, bei sich. Für mich war Michael Ruppe mit seinem schwarzen Schnurrbärtchen, seinem weichen Samtrock und seiner freundlichen Art das Vorbild eines vornehmen Herrn aus der großen weiten Welt. Der Vater war mit ihm befreundet, seit sie gemeinsam einige Lehrjahre in München verbracht hatten.

Ruppe besuchte uns fast jeden Sommer, er wohnte dann auch bei uns im Haus. Während mein Vater in die Werkstätte ging, nahm Ruppe seinen Malkasten und machte sich ans Aquarellieren. Ich durfte ihn dann immer begleiten, den Sonnenschirm halten oder Wasser aus dem nahen Bach holen, und wenn er irgendwo längere Zeit verweilte, schickte er mich um etwas Obst in das nahe Dorf. Die übrige Zeit durfte ich zusehen, wie er den Pinsel in das Wasser tunkte, in großen Zügen die Wolken und das Blau des Himmels auf das Aquarellpapier hinwarf, in wenigen Strichen eine sommerliche Landschaft oder leuchtende Dolomitenfelsen auf das Papier zauberte und dann, den Pinsel in das dunkle Grün tauchend, den Wald erstehen ließ und die saftigen Wiesen.

Michael Ruppe stammte aus der Gottschee, einer kleinen deutschen Sprachinsel im ehemaligen Krain. Jetzt ist das Gebiet jugoslawisch, und die Gottscheer sind wohl alle aus ihrer kargen alten Heimat vertrieben. Der Vater des Malers Michael Ruppe

kam noch als Gottscheeberer zu uns ins Dorf. Sie waren im alten Österreich ein Begriff. Sie lebten vom Hausieren und trugen an einem Riemen einen Strohkorb vor dem Bauch, auf dem allerlei Köstlichkeiten lockend verstaut waren. Kranzfeigen, Nüsse, Mandorlata, kleine Süßigkeiten und Orangen. Das war für uns Kinder ein herrlicher Anblick und erweckte allerlei Hoffnungen in unseren Gemütern. In einem kleinen Beutel trugen sie Eichelpfeifen, in deren Innenseite Nummern eingezeichnet waren. Man durfte gegen Bezahlung von zehn Pfennigen in die geheimnisvolle Tasche greifen und eine Nummer ziehen. Zog man eine gerade Zahl, bekam man ein Paket nach Wahl, erwischte man eine ungerade, so bekam man nichts. So ähnlich war es jedenfalls, der Spaß war groß und kostete nicht viel.
Als Wahrzeichen trugen die Gottscheeberer goldverzierte Käppis mit einer Tschockel, Teil ihrer krainischen Tracht. Ob nun der Vater Ruppe oder der Sohn Ruppe kam, wir waren immer hocherfreut.
Wenn der Onkel Leo, der Pfarrer oder der Gemeindedoktor bei uns war, gab es allerhand zu erzählen. An ein besonders aufregendes Ereignis erinnere ich mich noch heute recht gut. Obwohl ich erst acht Jahre alt war, begriff ich, daß man böse gegen die Engländer war, weil sie die Buren in Südafrika überfallen hatten, um Gold und Diamanten zu rauben. Ein Bild wurde gezeigt mit einer weiten Landschaft unter der strahlend aufgehenden Sonne, darüber ein Ungeheuer, halb Krokodil, halb Schlange, das mit gespaltener Zunge nach dem Boden giert. Es machte mir großen Eindruck, weil es lange Zeit auf dem Tisch des Vaters lag.
Es kamen die Studienjahre, der Erste Weltkrieg mit seiner Not, die Nachkriegszeit und der grenzenlose Schrecken des Zweiten Weltkrieges. Man hatte überlebt und dankte Gott, alte Freundschaften kamen wieder zum Leben. Von meinem Vater erfuhr ich, daß unser Freund, der Landschaftsmaler Michael Ruppe, sich nach 1946 in Salzburg niedergelassen hatte. Eines Tages,

etwa 1950/51, bat er mich, bei Gelegenheit den Michael ausfindig zu machen und ihn zu grüßen. Es kostete mich einige Mühe, seine Wohnung in der Umgebung des durch Bombenhagel beschädigten Bahnhofes zu finden. Auf mein Läuten erschien seine Schwester.

»Ich bin der Sohn von Michaels Freund Jakob aus Gröden, möchte ihm Grüße bringen«, sagte ich.

Im Türrahmen erschien ein kleines, mageres Männchen, die schlohweißen Haare gescheitelt. Auch das ehemals schwarze Schnurrbärtchen war weiß geworden, aber aus dem noch jugendlichen Gesicht leuchteten die gleichen strahlenden Augen wie vor vierzig Jahren. Mir schien, als stünde ein wahrhaftiger Weihnachtsengel vor mir.

Er umarmte mich freudig, die Erinnerung an die glücklichen fernen Jahre im schönen Grödner Tal hatte sein Herz so gerührt, daß Tränen über seine Wangen rollten. In seinem Malerstübchen, in dem allerlei Kartons und Skizzen in buntem Durcheinander herumlagen, zeigte er mir verschiedene Arbeiten, von denen ich einige erwarb, um sie meinem Vater zu bringen.

Da das Wetter aufklarte und die Sonne durch die Wolken brach, fragte ich ihn dann, ob er nicht Lust hätte, mit mir einen Spaziergang durch die Stadt zu machen. Darüber erschrak er sehr und sagte, den Finger an den Mund legend:

»Pst, bitte sprich nicht davon. Ich habe, seit die Engländer Salzburg besetzt haben, keinen Schritt mehr ins Freie gewagt.«

Verblüfft fragte ich: »Warum denn? Seit Kriegsende sind doch schon Jahre vergangen. Du warst doch kein Kriegsverbrecher?«

»Nein, um Gottes willen nein, aber – schau dir doch die Umgebung meiner Wohnung an. Es ist alles zerbombt.«

Flüsternd setzte er hinzu: »Die Engländer suchten mich während des Krieges. Sie wollten sich an mir rächen, mich töten!«

»Ja, warum denn?« fragte ich verwundert.

Ruppe führte mich in die Stube zurück und sagte: »Das kann ich nur erzählen, wenn uns niemand zuhört.«
Die Sache wurde spannend. Meine Neugierde wuchs.
»Du weiß doch«, sagte er, »daß die Engländer im Jahre 1900 wegen der Diamantenfunde in Südafrika das Burenvolk überfallen hatten. Über diesen Raubzug hatte sich damals die ganze Welt empört. Sogar der deutsche Kaiser hatte sich für die tapferen Buren eingesetzt, aber niemand wagte einen Krieg gegen England, und so wurde Transvaal von den Briten unterjocht und eingesteckt. Ich war über Englands Vorgehen empört und zeichnete aus Protest eine propagandistische Postkarte. Über der sonnigen Landschaft von Transvaal mit ihren Hügeln und dem Meere ließ ich die strahlende Sonne aufgehen. »FREIHEIT FÜR TRANSVAAL« schrieb ich in den Himmel. Über allem aber schwebte eine drohende Schlange, aus deren Rachen eine gespaltene Zunge auf das Land hinunterzüngelte. In großen Buchstaben stand darüber: »PERFIDES ALBION«. Die Karte wurde zu Hunderttausenden verkauft. Den Reinertrag bekamen die Buren.«
Er machte eine kleine Pause, dann sagte er: »Verstehst du nun, wie berechtigt meine Angst ist?«
Da tauchte mit einem Male die Erinnerung an jene Bildkarte aus der Kindheitszeit vor mir auf. Ich hatte sie als Bub oft gesehen, aber nie ganz verstanden, allerdings aus der Bibel gewußt, daß Schlangen giftig und gefährlich sind. Die Schlange im Paradies hatte einen Apfel im Rachen, die Schlange Ruppes spie giftige Pfeile auf das Land der Buren hinunter.
Michael Ruppe war überzeugt, daß ihm die Engländer jenen Aufruf nicht vergessen und ihn mit ihren Bomben gesucht hatten. So hatte er nach 1945 nicht mehr gewagt, auf die Straße zu gehen.
»Aber lieber Freund, sei unbesorgt! Wir werden jetzt miteinander auf den Schloßberg fahren, auf das schöne Salzburg schauen, auf das Wohl meines Vaters und eure Freundschaft ein Glas Wein trinken. Wir werden fröhlich sein, kein Mensch

25 u. 26 Unter meiner Regie entstanden Der Feuerteufel *und* Der Sohn der weißen Berge.

27 Als Bergführer Carell am Matterhorn in Der Berg ruft.

28 Bei Filmaufnahmen mit meiner Frau Hilda.

29 So bescheiden sah 1931 unsere Skiausrüstung aus.

30 Als Carell am Gipfel des Matterhorns.

31 Auf dem Weg zur Bétempshütte.

32 Beim Geländesprung für Liebesgrüße aus dem Engadin.

33 Die »drei Kameraden« aus Sohn der weißen Berge.

Selbst ist der Mann!
34 *... mit Stativ*
35 *... auf dem Weg zur Arbeit*
36 *... bei Regieanweisungen*

wird dich anhalten oder gar verhaften, die Engländer schon gar nicht!«
Er zögerte ein wenig, kam dann aber nach einigem Zureden doch mit. Wir fuhren zum Schloßberg, saßen in der Sonne, schrieben meinem Vater einen Kartengruß und verbrachten einen schönen Nachmittag. Der Bann war gebrochen, und Michael Ruppe wurde ein freier Mann.

Fröhliche kleine Autofahrt

In Bozen blühen die Bäume, und es ist Frühling im Himmel und auf Erden. Die Pfingstfeiertage stehen vor der Tür, und trotzdem es sich heute um einen ganz gewöhnlichen Werktag handelt, ist es doch ein Feiertag.

Mein Wagen springt rasch und freudig an, wie ein Hund, der gern spazierengeht. Von der Garage führe ich ihn, am Bahnhof vorbei, in die Via Vittorio Emanuele, wo ich mein Architekturbüro hatte. Das Bahnhofsgebäude ist neu, plump und viereckig, sein Stil faschistisch mißverstanden, ein architektonisches Ungeheuer. Kann man nichts machen, denke ich mir, und fahre zum Büro. Dort steht vor der Tür mein Freund Peter Pifferroider.

Er ist Bildhauer von Beruf, schwarzhaarig, sein Kinn schimmert bläulich, wenn er frisch rasiert ist. Er raucht Tag und Nacht eine kurze Pfeife. Sein Mund ist breit, schmal sind seine Lippen und gut im Knochenbau ist sein Kopf, wie es sich für einen Bildhauer geziemt.

Wir kennen uns schon lange. Im Kriege hat er das auf dem Berg Isel errichtete Denkmal für die Tiroler Kaiserjäger modelliert. Dazu bin ich während eines dreiwöchigen Urlaubs in der Wiener Akademie Modell gestanden. Als Akt, für die überlebensgroße Mittelfigur. Ich liebe die Luft der Bildhauerateliers, mich freut das Kneten des Tones, ich sehe gern zu, wenn der Künstler, immer wieder einige Schritte zurücktretend, ein Auge zudrückend, bald seine Arbeit, bald sein Modell mit schief gehaltenem Kopf betrachtet.

Kam einmal während der Arbeit der Professor in das Atelier.

Er sagte: »Guten Morgen, lassen Sie mal sehen«, – betrachtete erst das Tonrelief, dann mich. Auch er drückte dabei ein Auge zu und hielt den Kopf schief. Meine Uniform lag zusammengerollt in einer Ecke. Nackt muß ich aber gar nicht den Eindruck eines k. u. k. Offiziers gemacht haben, denn der Professor sagte: »Sehr gut, wo haben Sie diesen Kerl her?«
»Auf dem Modellmarkt gefunden, Herr Professor.«
Verlegen war er nicht, der Peter, das kann man wohl sagen.
Dieser Freund also stand vor der Tür meines Büros: »Wo fährst du denn hin?«
»Nach Mailand, ich habe dort ein Projekt vorzulegen, willst du mitkommen?«
»Das Wetterle ist verflucht schön heut, ich hätte eigentlich leicht Zeit.«
»Hast du etwas Geld bei dir, ich habe für uns beide zu wenig bei mir, die Fahrt wird wohl drei bis vier Tage dauern.«
»Ja, ja, ein bißchen Geld habe ich schon . . .«
»Also dann steig ein, alter Bursche. Fahren wir!«
Die Maschine zieht herrlich. Vorbei geht's am Denkmal Walthers von der Vogelweide, vorbei am italienischen Siegesdenkmal, auf das der ältere Rosengarten von hoch oben herunterstrahlt, vorbei am alten deutschen Grieser-Kloster und vorbei an tausend und tausend blühenden Kirsch-, Apfel- und Pfirsichbäumen über die Mendelstraße zum gleichnamigen Paß. Bei Mathilde, der hübschen Verwalterin des Mendelhotels, gibt es immer gut zu essen und zu trinken. Ich schlage vor, hier Mittagsrast zu halten und dann über den Tonale und Apricapaß bis Mailand durchzufahren. Peter ist einverstanden. Wir essen und verlangen die Rechnung. Ich zahle meinen Teil. Peter greift nun ebenfalls in die Tasche, holt den Tabaksbeutel heraus, stopft sich umständlich die Pfeife und murmelt etwas. Zuerst verstehe ich nicht recht, also wiederholt er deutlicher: »Geh, zahl du für mich, ich habe zu wenig Geld bei mir.«

»Ich dachte, du hast . . .?«
»Natürlich habe ich, aber nicht so viel . . .«
»Donnerwetter, dann hast du aber verdammt wenig mit.«
Der gute Kerl hatte einen einzigen Fünflireschein bei sich. Weiter geht es, durch das grüne Nonstal, hinauf zum Tonale, links die Eisfelder und Gipfel der Presanella- und Adamellogruppe. Am Paß begegnen uns Schafherden und verwetterte Hirten. Ruhe, Schönheit und Friede liegt über den Almen.
Edolo mit dem rauschenden Bach fliegt vorüber, und wir schnurren durch die Windungen der Apricastraße bergauf weiter zum Paß. Die Sonne brennt heiß auf unsere Straße und unsere Köpfe, gewaltige Kastanienbäume umsäumen Berge und Täler. Am Apricapaß halten wir wieder. Zu unseren Füßen liegt das Tal von Tirano, die Landschaft ist nun ganz italienisch. Weiter rollt unser Wagen durch Kurven und Kehren, die Bremsen knirschen, der Motor brummt kräftig und voll. Es geht dem Abend zu. Mein Freund Peter ist schweigsam und raucht seine über alles geliebte Tabakspfeife. An den scharfen Kurven hält er sich am Türrand mit beiden Händen fest.
In Mailand nehmen wir gemeinsam ein Zimmer. Beim Schlafengehen lasse ich beide Fenster offen. Trotzdem muß ich Peter nach einiger Zeit bitten, seine Schuhe doch *vor* die Türe zu stellen. Als die Luft nicht besser wird, bitte ich ihn, auch noch seine Socken *vor* die Türe zu legen. Außer seiner Tabakspfeife hat mein Kumpan kein Stück Wäsche oder Waschzeug mit.
Am nächsten Morgen gebe ich ihm einen kleinen Betrag mit der Bitte, sich unbedingt neue Socken zu kaufen, was er mir verspricht.
Um vier Uhr nachmittags treffen wir uns in der Galleria Vittorio Emanuele wieder, trinken einen Espresso und betrachten die Milanesi. Nachher gehen wir noch hinaus nach Santa Maria delle Grazie und sehen uns das Abendmahl von Leonardo da Vinci an. Es ist sehr heiß. Ein Telegramm ruft mich zurück.

Also entschließe ich mich, sofort abzureisen, um heute noch bis Tirano zu kommen. Wir nehmen ein Taxi zu meiner Garage. Das Taxi ist ein kleiner, geschlossener Fiat, es herrscht darin bald dieselbe dicke Luft, die mich am Abend vorher in unserem Zimmer schon beunruhigt hatte.

»Hast du die Socken gekauft?«

Strahlend zieht er aus der Tasche ein Seidenpapierpaket. Es enthält ein Paar neue weiße Socken.

»In der Hosentasche werden dir die schönen Socken wenig nützen, du brauchst sie an den Füßen!«

Pifferroider zieht unter einem Gemurmel von »sparen« und »Zeit lassen« zuerst seine Halbschuhe, dann seine ursprünglich weißen Socken aus und die neuen an. Ich rauche fest. Auch Peter qualmt stärker als gewöhnlich. Beide Fenster sind offen, die Luft ist schwül. Ich sage:

»Du bist ein Schwein, lieber Peter, entschuldige, eine Sau sozusagen.«

»Warum?«

Als er die neuen Dinger an hat, weiß er nicht, wo er die klebrigen alten hintun soll. Er rollt sie kurz entschlossen zusammen und steckt sie seitlich unter die Polstersitze des Taxis. Ich sehe den Rücken des ahnungslosen Chauffeurs an, ich kann mir nicht helfen, ich muß furchtbar lachen, wenn ich an die Mienen seiner nächsten Fahrgäste denke.

Einige Wochen später fahre ich zur Einweihung des Festspielhauses nach Salzburg. Mein Freund Clemens Holzmeister hat es gebaut. Peter steht wieder vor meiner Bürotür und raucht seine Pfeife:

»Ja, ja, Salzburg, das wär halt schön, du fährst ja ganz allein, und ich habe dort Verwandte, wo ich wohnen könnte.«

»Steig ein, in Klausen halten wir, dann nimmst du von daheim etwas Wäsche mit.«

»Ausgezeichnet.«

In Klausen hat er sein Bildhaueratelier, seine liebe Mutter und ein altes Haus. Dort fühlte ich mich immer besonders wohl. Ich weiß nicht, war's seine gute alte Mutter, die alten Skulpturen, der Wein oder die göttliche Ruhe, die es mir dort angetan hatten.

Sein vornehmer Gleichmut allem Geschehen gegenüber wirkte auf mich stets ausgleichend. Sein Atelier sah wie eine mittelalterliche Kapelle aus. Barockbischöfe, Renaissanceengel, düstere und fröhliche Apostel, verstaubte Kupferstiche und stehengebliebene Sockeluhren standen und lagen im bunten Durcheinander.

In Salzburg goß es in Strömen. Das war selbstverständlich. Viele Menschen, kein Platz in den Hotels, alles überfüllt.

Alles war da. Alles. Aus Wien, aus Berlin, aus London, aus der ganzen Welt.

Nach der Eröffnungsfeier verabschiedete ich mich von Holzmeister und seiner Gesellschaft und fuhr ins Café Tomaselli, wo ich Peter traf. – Um zwei Uhr morgens fragte ich ihn, wo seine Verwandten wohnten, ich würde ihn hinfahren, weil es noch immer Schusterjungen vom Himmel regnete.

»Das wird nicht gehen, die wissen gar nicht, daß ich hier bin, und außerdem wohnen sie furchtbar weit draußen.«

»Ja, Himmelherrgott, warst du denn noch nicht dort? Was hast du denn die ganze Zeit gemacht?«

»Zeitung gelesen und Kaffee getrunken.«

»Und wo willst du jetzt hin? Es ist doch in der ganzen Stadt kein Zimmer zu bekommen!«

»Allerdings.«

Ich konnte ihn nicht sitzenlassen. Sein Gepäck lag noch genau so auf dem Stuhl neben ihm, wie er es um fünf Uhr nachmittags hingelegt hatte.

»Du kommst mit ins Bristol und schläfst in meinem Zimmer. Ein Sofa ist zwar nicht da, aber für eine Nacht kannst du auf dem Fußboden schlafen oder von mir aus in der Badewanne. Ich schmuggle dich schon durch.«

»Ausgezeichnet.«

Im Zimmer gebe ich ihm ein Kissen und eine Decke, als zweites Kissen dient ihm sein Gepäck, es besteht aus zwei Paar frischen Socken, Kragen und Hemd, alles schön in Zeitungspapier gewickelt.

Begreiflicherweise sind wir beide müde. Wir waren früh gestartet, und nun war es drei Uhr morgens.

»Gute Nacht.«

Während ich im Einschlummern bin, steigt jemand zu mir ins Bett. Es ist der Peter.

»Zum Teufel, was fällt dir ein . . .«

»Auf dem Boden ist es zu hart, wir haben doch beide ganz gut Platz im Bett.«

Der Peter ist in seinem ganzen Leben noch nie so schnell aus einem Bett geflogen wie damals im Hotel Bristol aus dem meinen. Eine Woche lang wohnte der kauzige Freund in meinem Zimmer. Es gefiel ihm dort besser als bei den »Verwandten«.

Das Stubenmädchen war ein Engel. Jeden Morgen räumte es das Lager des unsichtbaren Gastes freundlich auf und legte das geheimnisvolle Zeitungspaket in seine Schlafecke am Fenster.

Die nächste Fahrt führte uns von Salzburg über die Berge nach Venedig. Stets war Peter, der tapfere Freund, über alle kleinlichen Sorgen der Welt erhaben.

Wie oft habe ich Sehnsucht nach dem Rauch seiner alten, rußigen Pfeife.

Schminke und Schnee

Lautlos und dicht schwebten die Schneeflocken vom grauen Himmel nieder auf die schweigenden, verhüllten Berge. Es war Abend geworden, und wir saßen nach dem strengen Arbeitstag in der geheizten Bergführerstube des Sellajochhauses. Damals gab es kaum Skifahrer, die da oben übernachteten oder gar wohnten.

Also wir saßen beieinander, zwei Kameraleute, der Regisseur, ein stotternder Fotograf, die großäugige Herta von Walter, ein sehr alter und ein ganz junger Schauspieler, drei Führer, ich und eine graue Katze.

Die Katze, der alte Tragöde Oberg und der knisternde Ofen waren voneinander nicht zu trennen. Alle drei waren grau, schnurrten und strahlten eine behagliche Wärme aus. Es war still in der Stube, und das war recht angenehm. Der Regisseur hatte Drehbuchsorgen und brütete vor sich hin. Der alte Mime Oberg, ein Balte, räusperte sich und sagte leise und eindringlich: »Lassen Sie den Trenker spielen, Sie finden keinen geeigneteren Darsteller für die Rolle Ihres Bergsteigers.«

Der Regisseur schüttelte den Kopf:

»Nicht zu machen, der kann nicht spielen, er ist kein Schauspieler.«

»Wozu soll er spielen? *Ich* muß spielen, ja, ich muß den vornehmen Grafen spielen, aber er ist genau das, was er darstellen soll, ein einfacher Bergsteiger, sozusagen ein Idealfall für Ihren Film, was wollen Sie mehr?«

»Mag sein, lieber Oberg, aber Sie unterschätzen die Routine, die notwendig ist, nein, das geht nicht.«

Der alte Mime gab nicht nach: »Routine, was heißt Routine, dann nehmen Sie doch gleich einen Tenor, Tenöre sind immer gut, die haben Routine . . .«
Der Regisseur griff sich in die spärlichen Haare und schloß die Augen: »Alles Unsinn, lieber Oberg, alles Unsinn.«
Ich nahm einen Schluck Wein und dachte mir, daß der eine oder andere der beiden vielleicht auf den Gedanken kommen könnte, zu fragen, wie denn ich darüber dächte. Aber nichts dergleichen geschah, so sagte ich auch nichts.
Die Führer spielten Karten und rauchten ihren Knaster, die Walter bewunderte sich im Handspiegel. Ja, so abgeschminkt sah sie ganz manierlich aus, das konnte man nicht leugnen, aber geschminkt, da gefiel sie mir weniger. Ich dachte, daß auch ich mich schminken lassen müßte, wenn der alte Oberg recht behalten sollte. Und damals schminkte man anders als heute, man machte das viel gründlicher.
Als mir am anderen Tag der Regisseur den Vorschlag machte, die Rolle des Bergsteigers in seinem Film zu spielen, bat ich mir zu seinem maßlosen Erstaunen eine kurze Bedenkzeit aus, ich wollte, da ich sowieso nach Bozen mußte, meine Mutter um Rat fragen. Spät nachts kam ich nach Hause und ging, ohne sie zu wecken, schlafen. Frühmorgens und gleich noch im Bett liegend, erzählte ich ihr die Neuigkeit und erklärte ihr, daß ich, der bisher nur so eine Art Helfer und Berater bei diesem Film gewesen sei, nun in die erhabene Gilde der Filmschauspieler aufgenommen werden sollte.
Die Mutter strahlte. Ihre Augen glänzten immer, wenn ich ihr etwas erzählte. Sie war die dankbarste Zuhörerin meines Lebens.
»Warum überlegst du lange? Du wirst schon gefallen, und in den Bergen bist du ja so am liebsten –, nimm nur an und schau aber auch, daß du dabei etwas verdienst«, sagte die stets Besorgte.

»Aber es könnte auch schiefgehen, Mutter, ich bin ja noch nie vor einer Kamera gestanden, und wer weiß, wie ich auf der Leinwand aussehe, außerdem wird man geschminkt. Man schaut nachher direkt anders aus, ich hab' so ein Gefühl, daß das nichts für mich ist.«

»Die werden dich halt recht schön machen wollen – das schadet gar nichts, das laß nur die Leute bestimmen, die werden ihre Sache schon verstehen. Spiel nur. Du wirst es schon recht machen!«

Zwei Tage später wurde am Sellajoch die erste Szene gedreht. Wichtig und mit vielen Worten begann mich die Diva auf besonderen Wunsch des Regisseurs zu schminken. Die denkwürdige Handlung ging in der Führerstube des Sellajochhauses vor sich. Zwischen Salamischeiben, Butterbrotresten und halbleeren Kaffeeschalen saß ich und mußte mir zuerst eine vornehm riechende Fettschminke von der Walter mit zarten Fingern ins Gesicht kneten, nachher aber mit einer Quaste, wie sie Clowns und vornehme Damen vorne auf ihren Pantöffelchen tragen, dicke Wolken weißen Puders auf die Haut klopfen lassen, bis diese wie die Innenseite eines verkleisterten Plakats spannte. Nachher fuhr das hochkünstlerische Mädchen noch mit einem schwarzen Stift schwungvoll um meine Augen und Brauen. Schließlich nahm sie einen roten Stift und bemalte damit meine bisher von solchen Dingen verschont gebliebenen Lippen. Zwischendurch trat sie immer einmal einen Schritt zurück und betrachtete, von ihrer Arbeit sehr befriedigt, ihr Werk.

Vor der Hütte breitete die klare Wintersonne ihr strahlendes Licht über die kristallenen Schneehänge, und erhebender als je blinkten die Märchenformen der Langkofelgruppe in den stillen Morgen. Alles war eine einzige Reinheit, alles ein einziger Glanz, als hätten Engel alles über Nacht frisch vom Himmel heruntergetragen.

Auch ich wurde immer schöner. Draußen roch es nach Licht

und Schnee, in der Stube nach Haarwasser, kaltem Kaffee und Schminke.

»Los, los, kommt, ihr sollt zur Aufnahme, sie warten unten beim Dreiecksfelsen, die Kamera ist schon aufgestellt!«

»Wir kommen«, antwortete die behoste Heldin des zu gestaltenden Films, räumte zwischen Sardinenbüchsen, Salamischeiben und Eierschalen ein paar Schminktiegel vom Tisch und sagte, ich könnte nun gehen, denn ich sei fertig.

Einer gewissen Eitelkeit und Neugier nachgebend, warf ich nun aber noch rasch einen heimlichen Blick in den kleinen Handspiegel. Auf eine Veränderung war ich gefaßt gewesen, aber was mir da aus dem Spiegel entgegenblickte, war ein völlig Fremder, ein vollkommen anderer Mensch! Ein kalkiges Bajazzogesicht mit schwarzen Strichen um den Augen grinste mir entgegen.

Schöne Kunst, dachte ich mir, und ging hinaus vor die Tür. Nur mit Scheu stapfte ich durch den Schnee. Plötzlich schien mir das alles wie eine Sünde gegen die Ehrfurcht, die ich beim Anblick der Berge empfand.

Als ich zu den an der Kamera Wartenden trat, schämte ich mich. Am liebsten wäre ich zurückgelaufen in die Hütte oder hätte mich verkrochen wie ein frisch geschorener Pudel. Aber statt dessen mußte ich zur ersten Szene meines Lebens vor die Kamera und auf die Leinwand.

Ich tat, wie man mir sagte, zeigte in die Höhe zum Gipfel des Langkofels, blickte zu den Wolken und legte über Zuruf des Regisseurs der fröstelnd und in den letzten Zügen liegenden Diva meinen Rock um die schmalen Schultern. Das alles geschah vollkommen steif und dumm und voller Hemmungen. Ich schämte mich dabei nicht nur vor den Leuten an der Kamera, sondern noch mehr vor den ehrwürdigen Häuptern meiner Heimatberge, die kalt und kühl auf unser komisches Treiben niederschauten.

»Gut, sehr gut«, rief der Regisseur, »bitte, noch einmal!«
Er lobte mich, um mir Mut zu machen, und war gewiß vom Gegenteil seines Lobes so gut überzeugt wie ich, denn ich mußte die Szene einundzwanzigmal wiederholen.
Es wurde dann noch eine Szene zwischen der Walter, mir und dem alten Oberg gedreht. Meine Hemmungen waren halbwegs überwunden und ich spielte ein wenig lockerer und weniger dumm. Die Diva war natürlich groß wie immer, aber das war alles nichts gegen den großen Tragöden Oberg, dem ich meine Karriere verdanke. *Der* hat gespielt, und *wie* hat er gespielt! Mit den Händen, den Füßen, mit den Augen und der Stimme hat der Oberg gespielt, es war erschütternd und befreiend zugleich. Der gute Alte stapfte im Frack, mit einer Fackel bewaffnet, hilferufend durch den knietiefen Schnee in die stürmische Nacht . . .
Am Abend, in der gemütlich geheizten Hütte, trank er sein wohlverdientes Glas Glühwein. Der Regisseur sprach in Kreuzworträtseln, die Katze schnurrte, und die Walter drehte sich Lockenwickel. Die Bergführer spielten Karten und waren sehr zufrieden mit dem Lohn, dem Schnee und der Erbswurstsuppe, weil auch ein Liter Wein auf dem Tische stand.
Als am anderen Morgen die Diva zwischen den Wurstscheiben wieder ihre Schminktiegel hervorzukramen begann und der Regisseur sie ersuchte, mich rasch fertigzumachen, sagte ich bescheiden, aber bestimmt:
»Lieber Meister, wenn Sie wollen, versuche ich gerne weiterzuspielen, aber ohne Schminke. Lassen Sie mich so, wie ich bin, vor die Kamera, ich mag nicht wie ein Zirkusclown aussehen!«
»Mein Lieber, das verstehen Sie nicht. Alles wird geschminkt!«
»Warum denn? Ich verstehe das nicht. Bergsteiger sind ja im Leben auch nicht geschminkt. Wenn ich ein bleiches Gespenst spielen müßte, dann vielleicht, aber so nicht!«

»Bravo!« rief der alte Oberg.

»Aber jeder Filmschauspieler wird und muß geschminkt werden, verstehen Sie das nicht?«

»Nein!«

»Es muß sein!«

»Nein!«

»Also gut. Dann probieren wir's ohne Schminke. Auf Ihre Verantwortung.«

Und so wurde dieser Bergfilm – er führte den Titel »Der Berg des Schicksals« – zum ersten Male mit ungeschminkten Darstellern vor den ungeschminkten Bergen gedreht.

Vorbestraft?

»Vorbestraft« wurde da auf einem amtlichen Dokument, das mir zur Unterschrift vorgelegt wurde, gefragt.

»Vorbestraft?« Das klang verdächtig, unfreundlich, ja da brauchte ich gar nicht lang zu überlegen. Natürlich war ich nicht vorbestraft, die Schande – oder? – da war doch einmal etwas? Ich bin einmal im Monte Rosagebiet einem italienischen Staatsanwalt begegnet und wäre einige Jahre später an seiner Stelle ein anderer als jener begeisterte Alpinist Crivelli mit dem verantwortungsvollen Amt in Bozen betraut worden, wer weiß, dann müßte ich vielleicht die oben gestellte Frage mit »Ja« beantworten. Besagter Staatsanwalt war Turiner, hatte einen Film gesehen, in dem ich meine erste Rolle als Retter einer in die Felsen gestiegenen, jungen Baronesse spielte, und mich gleich erkannt.

Aber nun kurz die Geschichte, aus der zu ersehen ist, wie leicht ein unbescholtener Mensch, der einem anderen unbescholtenen Menschen eine belanglose Gefälligkeit erweisen will, in ein Gefängnis kommen kann.

Der Aufnahmestab für den Ufa-Film mit dem pathetischen Titel »Der heilige Berg« befand sich im winterlichen St. Moritz und wartete auf mich. Neben Hannes Schneider vom Arlberg und Leni Riefenstahl, die damals noch Tänzerin war, hatte man mir die männliche Hauptrolle anvertraut. Meine Zeit war recht knapp, weil ich hauptberuflich in dem von Clemens Holzmeister und mir gemeinsam betriebenen Architekturbüro einen größeren Wohnbaukomplex leitete.

Von Bozen über den Reschenpaß nach St. Moritz war es nicht

weit. Als ich vor unserem Büro am Waltherplatz in meinen Wagen zu steigen im Begriff war, stand ein Freund da und bat:
»Ach sei so gut, nimm dieses kleine Paket mit und gib es, bevor du die Grenze passierst, der Frau Luise Pichler in Reschen ab. Sie hat einen kleinen Kramladen rechts gegenüber der Kirche. Rechnung für dreieinhalb Meter Schürzenstoff, Nähnadeln und ein paar Meter Gummibänder über 27,50 Lire liegt bei. Sag bitte auch einen Gruß von mir.«
»Wird gemacht, auf Wiedersehen.«
Da ich es eilig hatte nach St. Moritz zu kommen, vergaß ich, der Luise Pichler das Packerl zu übergeben. Macht nichts, dachte ich mir, gibst es ihr halt bei der Rückfahrt.
Die Tage in St. Moritz verflogen schnell, der mondäne Betrieb beeindruckte mich sehr. Die Engländer rasten auf dem Bauch liegend die Cresta-Run hinunter. Douglas Fairbanks und Charlie Chaplin machten auf der etwas abseits gelegenen Idiotenwiese des Suvrettahotels ihre ersten zaghaften Gehversuche auf den Bretteln. Wir zogen schon früh los, drehten im jungfräulichen Pulverschnee des himmlischen Fextales, stiegen vom Roseggtal zur Fuorcla Surlay hinauf, wohnten im exklusiven Palacehotel. Dies nur, weil die Ufa alles bezahlte, und wir eine Zeitlang vornehme Filmleute spielen konnten.
Selbstverständlich war der Regisseur in die Diva verknallt, die Engländer waren hochnasig, machten in »understatement«, die Camerieri verstanden nichts oder wollten nicht deutsch verstehen, der Erste Weltkrieg wirkte noch nach. Während der Aufnahmen wurde unter den schmachtenden Blicken unserer Diva sogar der Piz Bernina rosarot. Der Schnee war gut, die Laune auch, die Tage vergingen rasch, ein Telegramm mahnte mich zur Rückreise nach Bozen, wo der Termin einer Generalversammlung unseres Wohnblockbaues anstand, an der teilzunehmen ich verpflichtet war.
Das freundliche Wetter und die freie Fahrt durch das Unter-

engadin zurück nach Hause genießend, erreichte ich die italienische Grenzstation am Reschenpaß. Zwei Finanzsoldaten durchsuchten meinen Wagen und fanden zu meiner Überraschung das kleine Päckchen mit dem Schürzenstoff für die Luise Pichler, das ich schon wieder völlig vergessen hatte. Was das sei, wollten sie wissen. »Nichts Wichtiges, drei Meter Schürzenstoff und ein paar Meter Elastikband«, es sei jedoch keine Schweizer, sondern italienische Ware, die bei meiner Ausreise im Wagen liegengeblieben sei.

Einer der Finanzsoldaten forderte mich auf, weiterzufahren, er würde mich zu dem etwa 2 km landeinwärts liegenden Zollabfertigungsgebäude begleiten. Das sei nicht nötig, bedeutete ich ihm. Da er aber darauf beharrte, gab ich ihm, weil er die Strekke wieder zurücklaufen mußte, 5 Lire Trinkgeld, die er mit Dank annahm.

Auf der Abfertigungsstation sah mich der Beamte durch seine Brille prüfend an und verlangte meinen Reisepaß. Dann schrieb er ein langes Protokoll und ließ mich warten. Ich wurde ungeduldig und nervös. Um 8 Uhr abends war in Bozen die Versammlung der Baugenossenschaftsmitglieder angesetzt, ich durfte nicht zu spät kommen.

Freundlich ersuchte ich den Tintenknochen, der noch immer an seinem Protokoll schrieb und auf mein Drängen nicht reagierte, mich endlich abzufertigen.

»Sie haben versucht, einen diensthabenden Grenzsoldaten mit 5 Lire zu bestechen, um Ihre Schmuggelware verheimlichen zu können.«

Alle meine Vorstellungen, daß es sich nur um italienischen Schürzenstoff im Wert von 27,50 Lire handle, die ich aus Gefälligkeit mitgenommen hatte, fruchteten nichts. Schließlich wurde ich zornig und verlangte energisch die sofortige Aushändigung meiner Papiere, machte den Beamten für die Folgen der geplatzten Generalversammlung verantwortlich:

»Sie werden erst abreisen, nachdem Sie das eben verfertigte Protokoll unterschrieben haben«, entschied der unfreundliche Mann im Faschistenhemd von Mussolinis Gnaden und reichte mir zwei handgeschriebene Ausfertigungen, die ich ärgerlich und ohne zu lesen unterschrieb, und gleich darauf fuhr ich los.

Der Vorfall war bald vergessen, die Luise Pichler hatte ihren Schürzenstoff bekommen und ich die Versammlung rechtzeitig erreicht. Ende gut, alles gut.

Auf der Terrasse des Bozener Stadtcafés am Waltherplatz genoß man die sonnige Mittagsstunde und trank nach guter alter Sitte seinen Schwarzen. Auch der in der Zwischenzeit nach Bozen versetzte Staatsanwalt aus Turin war oft da, wir unterhielten uns über Touren in den Dolomiten und über die gefährliche Monte Rosa-Ostwand, die er zweimal durchstiegen hatte.

So nebenher und etwas unvermittelt fragte er mich Wochen später, ob ich mich an einen Zwischenfall am Reschenpaß erinnerte. Ich hätte versucht, einen diensthabenden Grenzsoldaten mit Geld zu bestechen, es sei eine peinliche Sache, die da gegen mich vorliege.

»Ach ja, ich habe die Lappalie nicht vergessen, von Bestechung kann keine Rede sein.«

»Die Anklage lautet aber ganz eindeutig auf Bestechungsversuch eines Grenzbeamten. Das darüber verfaßte Protokoll trägt Ihre Unterschrift.«

»Ich habe es ohne zu lesen unterschrieben«, gab ich zu und fragte, welche Strafe denn im Falle einer Verurteilung zu erwarten sei.

»Auf derartige Vergehen stehen ein bis zwei Jahre Gefängnis«, antwortete Dr. Crivelli mit der Ruhe des erfahrenen Juristen.

Ich war erschlagen. Schöne Belohnung für die Gutmütigkeit, einer armen Krämerin eine Gefälligkeit und einem Finanzer ein Trinkgeld gegeben zu haben: zwei Jahre Gefängnis!

Daß ich in den folgenden Nächten schlecht geschlafen habe,

wird mir jeder gern glauben. Der Staatsanwalt trank wie gewöhnlich mittags im Stadtcafé seinen Espresso, ich auch. Aber er schmeckte mir nicht mehr. Endlich, etwa zwei Wochen nach unserem Gespräch fragte er mich so nebenher: »Wollten Sie den Soldaten wirklich bestechen?«

»Aber nein, es lag gar kein Grund vor, glauben Sie mir! Aus Gutmütigkeit hatte ich dem Finanzer 5 Lire gegeben, weil er meinetwegen den 2 km langen Weg zurückgehen mußte.«

»Ich persönlich glaube, was Sie sagen, aber ich muß als Staatsanwalt entscheiden.«

Ein, zwei, drei Wochen vergingen, nichts geschah. Der Staatsanwalt, dem ich mehrmals begegnete, grüßte von da ab, wie mir schien, weniger freundlich als bisher.

Bedrückt wartete ich auf das, was kommen würde. Bis zu zwei Jahren Gefängnis hatte er gesagt. Ich wagte nicht, ihn zu fragen, wie der Fall nun stünde. Was blieb mir auch anderes übrig, als zu warten.

Einen Monat nach meinem letzten Gespräch mit Dr. Crivelli erhielt ich eine Vorladung vom Gericht, mich innerhalb von 8 Tagen auf Zimmer Nummer soundso zu melden. Augenscheinlich war der Fall nun einem Strafrichter übergeben worden. Im Amtszimmer aber saß zu meiner Überraschung Dr. Crivelli, der mich aufforderte, Platz zu nehmen, seine Virginiazigarre beiseite legte, einen Aktendeckel wegschob und sagte: »Lieber Trenker, ich freue mich, Ihnen mitteilen zu können, daß die Anklage auf Bestechung abgewiesen wurde. Sie brauchen also keine Sorge mehr zu haben. Aber als Freund empfehle ich Ihnen, in Zukunft mit Trinkgeldern und Unterschriften vorsichtiger zu sein«, setzte er schmunzelnd hinzu.

In meinem Leben habe ich noch oft dankbaren Herzens an den freundlichen Dr. Crivelli gedacht, der Bozen leider bald verlassen mußte, weil er Antifaschist war und Mussolinis Südtirolpolitik verabscheute.

Der Knallfrosch

Es war in Lenzerheide, wo im Winter flockiger Pulverschnee liegt, wo es das beste Frühstück der Schweiz gibt und wo der Kameramann Sepp Allgeier einmal bei einer Geburtstagsfeier so furchtbar stark war, daß er einen ganzen Zaun aus dem Boden riß und im Dorf verteilte. Der Polizeimann aber kannte keinen Spaß, und der Zaun kostete unserem Sepp hundertzwanzig gute Schwyzer Fränkli und einen Seufzer.

Wir arbeiteten damals hauptsächlich bei Nacht im Freien, eine halbe Stunde vom Dorf entfernt. Sechs große Aggregate lieferten die nötigen zweitausend Ampere Strom für die Scheinwerfer und viele Leute waren da, die alle zu tun hatten, man wußte nur nicht recht was. Aber sie schrien und fuchtelten mit den Armen herum, denn das macht immer einen guten Eindruck, besonders bei Filmaufnahmen. Eine Felswand von zwanzig Meter Höhe wurde für eine Szene im »Heiligen Berg« aus Holzbalken errichtet, mit Wasserfontänen berieselt, bis sie total vereist war und nun als Spielbühne benützt werden konnte.

Hoch oben auf einem kleinen Vorsprung mußte mein Gegner mit mir kämpfen. Um neun Uhr abends begannen die Aufnahmen. Petersen, so hieß mein Widersacher, sollte, von mir am Seil gehalten, in die Wand hinaus stürzen und dann frei baumelnd an meinem Seil hängen bleiben. Leichtsinnigerweise hatte ich versäumt, mein Seil durch Haken und Carabiner so zu sichern, daß ich bei seinem Sturz nicht mitgerissen wurde. Wir rauften, um uns war blanke Nacht, die Scheinwerfer blendeten – – und Petersen flog in die Wand hinaus – – ich bekam einen furchtbaren Ruck, der mich um ein Haar mit in die Tiefe gerissen hätte, stand, die Zähne meiner Steigeisen im Eis verankert, am äußersten Ende des Abbruches ... und gab Seil nach ...

»Halten, haalten – – haalten«, brüllte unten der Regisseur aus Leibeskräften. Unmöglich – ich konnte nicht. Tief in die Knie gebeugt, ließ ich Petersen Meter für Meter weiter hinunter. Erst als dieser endlich Boden unter den Füßen hatte, konnte ich mich schweißgebadet wieder aufrichten und hinunterrufen, daß ich um ein Haar nachgestürzt wäre, und daß ich die Sache besser vorbereiten müsse, wenn ich den hundertvierzig Pfund schweren Petersen, wie es der Regisseur wünschte, im Sturz auffangen und eine Stunde lang frei am Seil halten sollte. In der folgenden Nacht, es mag ein Sonntag gewesen sein, stand ich also wieder auf der Kanzel oben, Motoren ratterten, Scheinwerfer warfen ihre Lichtkegel in die kalte Winternacht, Flugzeugpropeller donnerten schneeschleudernd dazwischen. Eine vielhundertköpfige Menschenmenge war aus dem Dorfe gekommen und stand geduldig und neugierig tief unter meinem eisglitzernden Überhang und wartete. Ich fragte einen Führer, der mich diesmal von oben her sicherte, was die vielen Leute denn wollten.

»Oh, die warten, bis Sie herunterspringen.«

»Wer, ich?«

»Ja, man erzählt, daß Sie heute nacht von der Kanzel herunterspringen und dafür zehntausend Franken kriegen.«

»Lieber Cantieni, erstens wäre ich ja hin und kaputt, wenn ich da hinunterspringen würde, und zweitens kriege ich keine zehntausend Franken.«

»Ja, aber die Leute warten darauf.«

Sie standen auch noch dort, nachdem die Szene gedreht und ich längst von meiner Kanzel heruntergestiegen war, und gingen, vielleicht etwas enttäuscht, erst heim, nachdem sie gesehen hatten, daß ich wirklich keine Lust hatte, mich zu erschlagen, auch nicht um zehntausend Franken.

Neben diesen Bildern wurden auch Skiaufnahmen gedreht. Der blonde Hüne Olde Reistadt war dabei. Reistadt war norwegischer Fliegeroberleutnant, er führte seinerzeit die norwegische Militärstaffel in St. Moritz bei der Olympiade zum Siege. Neben ihm wirkten bei den Filmaufnahmen die besten deutschen Springer, Abfahrts- und Langläufer mit.

Das Quartier der vierzig Skiläufer lag neben dem Kurhotel, in dem wir Darsteller wohnten, der »Betrieb« war naturgemäß bei ihnen viel abwechslungsreicher als bei uns, wo es etwas steif zuging.

Eines Abends übergab mir Sepp zehn Stück fette Knallfrösche mit der Bitte, sie abends, sobald im Kultursaalrestaurant das Licht ausgehe, anzuzünden und in die Boxen und unter oder auch auf die Tische zu werfen. Es gäbe einen herrlichen Radau, und wir sollten nur aufpassen, daß man uns nicht erwische. Er habe auch zehn Stück, und andere seien eingeweiht und täten mit.

Ich wollte nichts davon wissen und schlug ihm vor, den Spaß drüben bei den weniger zartbenervten Sportsleuten zu starten. Aber weder Sepp noch seine Kameraden gingen darauf ein, und so blieb mir nichts anderes übrig, als mitzumachen.

Das Abendessen im Saale ging ohne Störung vorbei, nachher im Restaurant wurde es bald recht gemütlich, Sepp spielte die Ziehharmonika, irgendeiner gab mit einer Baßgeige den nötigen Unterbau zu den Skiliedern, und alles war in angeregtester Stimmung.

Im selben Moment, als die Musik verstummt, geht auch das Licht aus, und schon pfaucht und stinkt und kracht es an allen Ecken und Enden. Frauenstimmen schreien und Männerbässe rufen dazwischen oder mahnen zur Ruhe, der Pulverrauch und die immer neuen Detonationen der Knallfrösche verwandeln den Raum innerhalb Sekunden in das Getöse einer kleinen Hölle. Bei dieser Wirtschaft konnte ich schließlich nicht untätig bleiben, und so zündete ich rasch hintereinander meine Frösche an und warf sie alle in die Nische Sepp Allgeiers hinüber. Ich hoffte, daß auf diese Weise auch ihm und seinen Helfern einige Funken in die Nase stieben würden. Die Kurgäste nahmen die Sache nicht krumm, weil sie neben dem Schrecken doch auch ihre große Gaudi mitbekommen hatten. Für uns unmittelbar Beteiligte, sozusagen Unternehmer des lustigen Abends, hat es nachher allerdings einige kleine Begleiterscheinungen abgegeben. Wir mußten sechs zerschlagene Fensterscheiben, allerhand Gläser und Teller, einige Tischtücher und Damenstrümpfe bezahlen und wurden außerdem vom Kurdirektor freundlichst in das Nebengebäude umquartiert. Sepp meinte immer, »eigentlich seien wir ja rausgeschmissen worden«, ich beruhigte ihn mit dem Hinweis, daß im Hauptgebäude wirklich zu wenig Platz für alle sei.

Bald mußte ich nach Bozen, wo ich eine größere Wohnsiedlung im Bau hatte. Es war damals eine sehr betriebsame Zeit für mich, und ich bekam allerhand zu hören.

Die Bauherren schimpften, weil ich mich beim Film in der Schweiz herumtrieb, und die Filmleute schimpften, weil ich, statt am »Heiligen Berg« neben der Diva Stufen zu schlagen, auf irgendeinem Bauplatz Zementmörtel kontrollierte. Trotzdem verlief alles nach Programm, die Häuser in Bozen wurden fertig, ebensogut der Film.

Clemens Holzmeister leitete unser Architekturbüro, zugleich war er auch Professor an der Wiener Kunstakademie. Dieser gute Freund war in jenen Tagen in Tirol bei mir zu Besuch.

Die Aufnahmen in Lenzerheide waren schon lange vorbei, es blühten die Aprikosen- und Kirschbäume, auf den Bauplätzen wurde Grund ausgehoben, Ziegel angefahren, und mein Freund, der Südtirol liebt, seine alte Bauernkultur, die Men-

schen, die Berge und auch die Weinreben, fuhr mit mir über Land. Wir besuchten Gemeinden und Bauherren, mit denen wir zu tun hatten, der Wein schmeckte gut, und der Motor zog herrlich über die schönen Dolomitenpässe.
Sooft ich den Rock anzog, den ich während der Filmerei in Lenzerheide getragen hatte, blieb mir, wenn ich in die Tasche griff, ein Knallfrosch in der Hand. Ich hatte diesen zehnten Stinker damals in der Eile nicht mehr anzünden können, wegwerfen wollte ich ihn auch nicht, also wartete ich eben auf eine passende Gelegenheit, ihn loszuwerden.
Clemens und ich fuhren von Cortina d'Ampezzo zurück und landeten abends fröhlich und hungrig im »Hotel Greif« in Bozen. Bei Wiener Schnitzel und Rotwein genossen wir noch einmal die Freuden des Tages. Während wir nachher gemütlich über den Waltherplatz einem gegenüberliegenden Kaffeehaus zuschlenderten, kam uns eine große Gesellschaft aufgeräumter Menschen in Abendkleidern entgegen. Natürlich waren es Bekannte. Der Herr Doktor und der Herr Advokat und die Frau Doktor und der Herr Vizebürgermeister und die Frau Vize und die Herren Schnittwarenhändler und der Herr Stadtrat und noch der und jener. Wir kamen nicht davon und mußten mit zurück ins Hotel. Unsere Einwände, daß wir mit unseren grauen und staubigen Kleidern nicht zu den Smokings und Seidenkleidern der Damen paßten, wurden großmütig übergangen, und ehe wir uns recht versahen, saßen wir wieder im Speisesaal. Aber diesmal nicht mehr als ungezwungene Freunde, sondern weit auseinander, mitten an einer langen Tafel von zweiunddreißig vornehm tuenden Leuten. Es hätte ein Konzertabend stattgefunden, erzählte man uns, und die Sängerin hätte so »schöin« gesungen, und sie sei befreundet mit der Frau von dem Bruder des Herrn Schnittwarenhändlers, und mein Freund mußte oben, weit weg von mir, ehrenhalber neben der Sängerin sitzen. Ich aber kam zwischen einem Herrn Soundso

und seiner Schwägerin zu sitzen. Sie saß links von mir, er rechts. Er redete nichts, und sie war zu vornehm dazu. Die Stimmung war wunderbar. Kein Mensch sprach ein Wort, es wurde nur verlegen geräuspert und manchmal flüsterten sich die Herren einen Witz in die Ohren. Der Witz wurde weitergeflüstert. Damen wurden taktvoll übergangen. Meine Nachbarin blickte trotz einiger Versuche meinerseits vorwurfsvoll in die Welt. Ihre dicken Backen verhinderten eine Sicht in ihre seelenvollen Augen, und es mag wohl auch sein, daß ich ihr zu wenig vornehm war. Es schien als wären die Herzen und Seelen dieser Menschen, die sonst urgemütlich und ohne viel Hemmungen sein konnten, eingefroren und erstarrt. War der ungewohnte Smoking schuld oder die Sängerin oder das zwangsweise Zusammensitzen, ich wußte es nicht. Clemens Holzmeister standen Schweißperlen auf der Stirn. Ich war über diesen dummen Abschluß des schönen Tages verärgert und wäre am liebsten heimgegangen.

Mit verlegener Geste griff ich in die linke Rocktasche. »Donnerwetter! Der Frosch!« Mit Vergnügen stelle ich mir vor, wie nun alles lebendig werden könnte. Das Blut wird wieder warm werden, und die Leute werden sofort ihre Steifheit verlieren und meine nackensteife Nachbarin wird auftauen! Heimlich und ohne zu zögern zünde ich den Knallfrosch unter dem Tisch an. Schon rieche ich das Pulver und höre das leise fauchende Geräusch der Zündschnur. Schon fliegt das Ding unter die Waden meiner freundlichen Nachbarin und pppaacch – pppiich – pppuuch – pppfrung – pprumm – pppeng hat der Frosch achtmal gekracht, und achtmal ist er gesprungen. Geraucht und gestunken hat er, daß es eine Freude war!

Aufkreischend hatte beim ersten Knall meine Nachbarin zu den Beinen gegriffen, um im nächsten Moment auf den Tisch zu springen. Jemand ist ohnmächtig geworden.

Zwei unbeteiligte Gäste, die an einem Nebentisch saßen, flogen bei jedem Knall von ihren Sesseln hoch. Der Hoteldirektor stürzte mit hervorquellenden Augen zur Tür herein und fragte im allgemeinen Durcheinander, was geschehen sei.

Merkwürdig, die ganze Gesellschaft wußte sofort, wer der Sünder war und jetzt, da alle ein bißchen aufgetaut und miteinander besser bekannt geworden waren, da zahlten sie und gingen.

Blieben nur Clemens und ich.

Ich hatte ein moralisches Minus, wie man so sagt, und Clemens rannen vor Lachen die Tränen über die Wangen.

Einen Tag später schickte ich meiner Nachbarin vom »Hotel Greif« einen schönen Strauß roter Rosen.

So war alles gut, und ich wieder salonfähig.

Der Kampf ums Matterhorn

Eines Tages kommt ein junger Bub in mein Büro und bittet um ein Bild mit meiner Unterschrift. Als er das Autogramm strahlend annimmt, sagt er: »Sie machen doch bald wieder eine neuen Film, nicht wahr?«

»Das weiß ich noch nicht.«

»Ich habe gelesen, daß ein Film vom Matterhorn gemacht wird.«

»Wo hast du das gelesen?«

»Im Filmkurier.«

»Wieso liest du den Filmkurier?«

»Mein Vater ist Vorführer in einem Kino, er hat ihn abonniert.«

Der Bub war fünfzehn Jahre alt und las diese ausgesprochene Fachzeitschrift!? Ich kannte sie kaum.

»Sei so freundlich und bring mir die Ausgabe her.«

Er lief und kam wieder. Ich las: »Die Tragödie vom Matterhorn. Ein Marcusfilm.«

Ein halbes Jahr vorher hatte ich einem Pariser Filmproduzenten namens Marcus einen ausführlichen Entwurf zu diesem Thema überreicht. Nun schrieb ich an diesen Marcus einen Brief. Er antwortete telegrafisch, ich solle nach Berlin kommen.

Zwei Tage später begegnete ich ihm im Hotel Bristol. Er tat geheimnisvoll und fuhr gleich mit mir in die Friedrichstraße Nr. 5. Oben meldete er sich und mich an. Wir wurden empfangen. Die Herren stellten sich vor. Beide hießen Marcus. Der meine hatte in Paris sein Büro, der andere in Berlin, und beide hatten sich noch nie gesehen. Die Anzeige im Filmkurier war

vom Berliner, dem Pariser aber hatte ich mein Manuskript gegeben!
Sie verhandelten lange.
Der eine sagte: »Ich habe den Stoff!«
Der andere sagte: »Ich habe den Trenker!«
Ich hatte gar nichts begriffen. Aber Filmgeschäfte sind kompliziert, und die Wege der Direktoren unerforschlich.
Man vertraute mir, ich schloß mit dem Berliner Marcus ab und fuhr wieder heim. Dort gab ich dem Buben, der mir den Filmkurier gebracht hatte, eine schöne Uhr!
Kurze Zeit darauf fuhr ich mit einer Anzahl ausgesuchter Leute nach Zermatt.
Wer einmal von dort aus die Granitpyramide des Matterhorns gesehen hat, vergißt diesen Anblick nie mehr.
In den Jahren 1861 und 1865 unternahm Edward Whymper sieben Versuche, das Matterhorn zu ersteigen. Sechs davon erfolgten von der Südseite, von Breuil aus. Fast immer war der italienische Führer Jean Antoine Carrel sein Begleiter.
Inzwischen war der Club Alpino Italiano gegründet worden. Man machte Carrel Vorwürfe, daß er einem Engländer zum Siege über die gigantische Sphinx von Zermatt, deren westlicher Gipfel in Italien liegt, verhelfen wolle.
Carrel gab nach und unternahm, tatkräftig vom römischen Ministerium unterstützt, mit einigen seiner Leute den Versuch, über den Südgrat auf den Berg zu gelangen.
Whymper, der bisher fast nur mit Carrel gegangen war, erfuhr von der heimlichen Expedition durch Zufall.
Er schreibt darüber in einem Buch *Berg- und Gletscherfahrten:*
»... Der Gasthof in Breuil blieb einsam. Ich ging früh zu Bett und wurde am nächsten Morgen durch die Frage geweckt, ob ich die Neuigkeit gehört habe. ›Nein, was gibt's Neues?‹
›Nun‹, sagte man, ›eine große Gesellschaft von Führern versucht heute morgen eine Ersteigung des Matterhorns ...‹

Ich ging vor die Tür und sah durch mein Fernrohr die Gesellschaft. Favre, der Wirt, stand neben mir. ›Was geht da vor?‹ fragte ich, ›wer ist der Führer der Gesellschaft?‹
›Carrel.‹
›Wie, Jean Antoine?‹
Nun sah ich, wie ich an der Nase herumgeführt worden war, und erfuhr nach und nach, daß die Sache vor langer Zeit verabredet worden war.
Mein Berg, mein Ziel, mein seit Jahren erhoffter Sieg sollte verloren sein?« –
Whymper versucht das Unmögliche, will den Italienern doch noch zuvorkommen und eilt noch am selben Tag über den Theodulpaß nach Zermatt. Von dort aus will er über den bisher gemiedenen Schweizergrat die Ersteigung versuchen. Trommelt in aller Eile Leute zusammen. Es war keine Stunde zu verlieren, wenn er den Gipfel vor den Italienern erreichen wollte.
Schnell entschlossen, brechen die teilweise bergungeübten Engländer Hudson, Douglas und Hadow unter Führung von Croz am 13. Juli 1865 mit Whymper, dem Führer Peter Taugwalder und dessen Sohn zur Besiegung des Matterhorns auf.
Die sieben Italiener auf der Südseite hatten einen zweitätigen Vorsprung, dieser Gedanke peinigte den Engländer ununterbrochen, besonders während des nächtlichen Biwaks auf halber Höhe des Berges am freien Grat. Je höher Whymper kam, um so größer wurde seine Aufregung, seine Freude und die Siegeszuversicht seiner Begleiter . . . Am 14. Juli 1865 betrat Whymper mit seinen Gefährten als erster den heißumkämpften Scheitel. Das Matterhorn war bezwungen.
Whymper schreibt: »– Der Gipfel des Matterhorns besteht aus einem unebenen Grat von zirka 350 Fuß Länge, und die Italiener konnten auf dem entgegengesetzten Endpunkt gewesen sein. Ich eilte dorthin und blickte links und rechts über den Schnee: hurra, er war nicht betreten worden. Wo waren die

Leute? Halb im Zweifel, halb in Erwartung, bog ich mich über die Klippe. Sofort sah ich sie, aber als bloße Punkte auf dem Grat und ungeheuer weit unten. Meine Arme und mein Hut flogen in die Höhe.

›Croz, kommen Sie hierher.‹

›Wo sind sie?‹

›Dort, sehen Sie nicht, dort unten.‹

›Ah, das ist ja hübsch weit unten.‹

›Croz, die Leute müssen uns hören.‹

Wir schrien, bis wir heiser waren. Die Italiener schienen uns zu sehen, doch war die Sache nicht gewiß.

›Croz, sie müssen und sollen uns hören.‹

Ich rollte einen Felsblock hinunter und beschwor meinen Gefährten, im Namen unserer Freundschaft dasselbe zu tun. Wir trieben unsere Stöcke in Risse, und bald polterte ein Strom von Steinen die Klippe hinunter. Diesmal waren wir unserer Sache gewiß. Die Italiener machten kehrt und flohen. Gern hätte ich gewünscht, daß der Führer jener Gesellschaft in diesem Augenblick neben uns gestanden hätte, denn unser Siegesschrei sagte ihm, daß er sein höchstes Lebensziel verfehlt habe. Von allen, die das Matterhorn zu ersteigen versuchten, verdiente er am meisten, den Gipfel zuerst zu erreichen. Er war der erste, der seine Unersteiglichkeit bezweifelte, und der einzige, der an dem Glauben festhielt, daß die Ersteigung gelingen werde. Es war sein Lebensziel, seinem heimatlichen Tal zu Ehren den Sieg von der italienischen Seite zu gewinnen. Eine Zeitlang hatte er das Spiel in seiner Hand und glaubte es vorzüglich zu spielen, aber er machte einen Fehler und verlor es.«

Von Breuil aus sah man an jenem Tage sieben Leute auf dem Gipfel. Man jubelte und glaubte, es sei Carrel, und telegrafierte den Sieg nach Rom.

Von Zermatt sah man am gleichen Tag die gleichen Leute. Man jubelte und wußte, das waren Whymper und Croz!

Whymper kehrte als Sieger und Geschlagener nach Zermatt zurück. Croz, Hudson, Douglas lagen, beim Abstieg verunglückt, tot in den Schründen des Matterhorngletschers. Der unsichere Hadow war beim Ausgleiten dem unter ihm stehenden Croz auf den Rücken gefallen, so daß dieser in die Wand stürzte.
»Ich hörte von Croz einen Ausruf des Schreckens und sah ihn und Hadow abwärtsfliegen. Im nächsten Moment wurden Hudson und unmittelbar darauf auch Lord Douglas die Füße unter dem Leib weggerissen.
Dies alles war das Werk eines Augenblicks. Sowie wir Croz aufschreien hörten, pflanzten der alte Peter und ich uns so fest auf, wie das Gestein es uns gestattete. Das Seil war zwischen uns straff angezogen, und der Ruck traf uns, als wenn wir bloß ein Mann wären. Wir hielten uns, aber zwischen Taugwalder und Lord Douglas riß das Seil. Einige Sekunden lang sahen wir unsere unglücklichen Gefährten auf den Rücken niedergleiten und mit ausgestreckten Händen nach einem Halt suchen. Noch unverletzt kamen sie uns aus dem Gesicht, verschwanden einer nach dem anderen und stürzten von Felswand zu Felswand auf den Matterhorngletscher in eine Tiefe von beinahe viertausend Fuß hinunter. Von dem Augenblick an, wo das Seil riß, war ihnen nicht mehr zu helfen.
So starben unsere Gefährten! Wohl eine halbe Stunde lang blieben wir an Ort und Stelle, ohne einen einzigen Schritt zu tun. Die beiden Führer, vom Schreck gelähmt, weinten wie Kinder und weinten so, daß uns das Schicksal der anderen drohte.«
Dies berichtete Whymper über das furchtbare Unglück.
Jean Antoine Carrel erreichte einige Tage später mit Bich den italienischen Westgipfel des Berges über den bisher so oft vergeblich angerannten Südgrat. Der erste große Sieg über den Berg war ihm nicht vergönnt gewesen. Wäre er Whymper treu geblieben, würde die Erstersteigung des großen Gipfels vielleicht weniger tragisch ausgegangen sein.

Das war also ungefähr die Geschichte, die im Film wiederzugeben war.
In Zermatt begannen wir. Zuerst mußten Füße, Herzen und Lungen ein wenig trainiert werden. Dazu machten wir große Touren. Allgeier war gut in Form, ich ebenfalls. Die Kameramänner Winterstein, Eigner und Benitz kamen bald genauso in Schwung. Die Führer Lehner, Furrer und Aufdenblatten rieten, halfen und arbeiteten mit Freude. Die Matterhornhütte wurde mit Proviant versorgt, die Apparate hinaufgeschafft.
Dann arbeiten wir in den Brüchen des Grenzgletschers. Sepp Allgeier geht an meinem Seil. Er ist kaum fünfzig Schritt unterwegs, da bricht er durch, und sein Pickel fliegt lautlos in die Finsternis des Schrundes. Er schimpft ausgiebig.
Acht Tage später übernachten wir auf dem Gipfel des Monte Rosa in der Capanna Margherita, 4600 Meter hoch. Die Luft ist dünn, der Schädel brummt, drei Tage lang grollte das wilde Sturmwetter. Die Drahtseile der Hütte knarren und ächzen, daß wir glauben, der ganze Bau würde bald über die zweitausend Meter hohe Ostwand fliegen.
Furrer kocht Tee, Lehner trinkt ihn, Aufdenblatten schimpft auf das Wetter; unser bißchen Holz ist bald aufgebraucht. In der dritten Nacht klart es auf, der Sturm läßt nach, und wir können bei herrlichstem Wetter arbeiten.
Dann sind wir wieder unten auf der Bétempshütte und aalen uns auf den warmen Steinplatten in der Sonne. Ich betrachte das Rund der Walliser Bergriesen in all ihrer Weite und Ruhe. Der gefürchtete Eiswall des Lyskamms steigt ungeheuer vor uns auf, das behäbige Breithorn senkt sich in allmählicher Ruhe zum Paß des heiligen Theodul und holt im Furggengrat neuen Schwung zum mächtigsten Ansatz, den ein Grat sich leisten kann: zum himmelanjagenden Ostgrat des Matterhorns, von dessen Haupt die leuchtende Wolkenfahne weht.
Nach einigen Wochen sind wir drüben am Nordgrat des Mat-

terhorns, wo wir wochenlang bleiben. Der Einstieg und Biwakplatz Whympers werden aufgesucht, und eines Morgens stehen wir um sechs Uhr auf dem Gipfel und geben uns die Hand. Hell und klar leuchtet das strahlende Dreieck des Weißhorns zu uns herüber. Bald werden wir es nicht mehr sehen, denn unsere Arbeit führt uns auf die südliche Gratseite des königlichen Berges.

Kaum ist Mitternacht vorüber, sitzen wir, noch etwas schlaftrunken, beim Frühstück. Vor der Hütte ist es noch stockfinster; beim Schein der flackernden Petroleumlampe packen wir die Rucksäcke. Breit und gespenstig liegen die Riesenbahnen der Gletscher zu unseren Füßen. Dunkel und still ist die Welt um uns. Der Riesenleib des Matterhorns droht in den unendlichen Himmelsraum. Hoch oben am Schweizergrat bewegen sich in unregelmäßigen Abständen Lichter. Es sind die Laternen der ansteigenden Führer.

Wir queren unmittelbar unter der Ostwand zum Furggengrat hinüber, um über seine trennende Rippe hinweg zum Theoduljoch zu kommen. Der Schnee ist hart gefroren, und mit Vorsicht werden die ersten Schritte auf den steilen Firn gemacht. Angeseilt und noch halb träumend ging's langsam und behutsam hinüber. Bald fuhr der letzte Schlaf aus unseren Augen. Kein Wunder, wenn unter uns schwarze Gletscherspalten drohen und über uns das Gespenst des Steinschlags hockt.

Wir erreichten den Furggengrat, als eben die Sonne die Gipfel von Monte Rosa, Lyskamm und Breithorn aufglänzen ließ. Vom hohen Grat aus schweifte der Blick in südliche Fernen; erst die begrünte Furche des Val Tournanche entlang, dann weiter über das Aostatal hinweg bis zur weißen Kuppe des Gran Paradiso. Über ihr verklang in feinen Wolkenschleiern der Horizont ins Unerreichbare.

Einige Stunden später sind wir am Fuße des Südgrates. Ein bösartiger Magenschmerz und ein schwerer Rucksack bedrükken seit Wochen von innen und außen meinen Körper.
In beinahe viertausend Meter Höhe liegt unmittelbar an der steil abfallenden Kante des felsigen Kolosses eine winzige Bretterbude, die den Namen des Principe Amadeo di Savoja trägt. Jedes Brett, jeder Nagel, jedes Einrichtungsstück mußte zu ihrem Bau unter kaum glaubhaften Strapazen heraufgeschleppt werden; über viele Stellen war der Transport nur durch Aufseilen möglich. Eis, Schnee, Wind und fallende Steine spielten die Musik zu solcher Arbeit.
Müde, aber doch unendlich zufrieden, saßen wir am späten Nachmittag in der winzigen Hütte. Eisiger, scharfer Wind blies aus der Richtung der Dent Blanche ständig über den Grat. Es mangelte an Platz, wie Heringe lagen wir im Schlafgestell und am Boden. Als es mir zu arg wurde, beschloß ich, unser Zelt draußen auf einer kleinen Plattform aufzustellen. Sepp, Furrer und ich wollten darin schlafen. Unsere Zähne klapperten vor Kälte. Wir lagen auf eckigen Steinen. Nach Mitternacht drohte ein Windstoß Zelt und Inhalt über den Grat zu werfen.
Einer meinte schlaftrunken: »Wer wird denn die Steuerung übernehmen, wenn wir fliegen?« Der eiskalte Wind blies in der dünnen Höhenluft durch Kleider und Knochen. Zu dritt hatten wir nur eine einzige Decke. An Schlaf war nicht zu denken. Schließlich krochen wir fluchend wieder in die Hütte. Zerschlagen, wie wir waren, legten wir uns auf den Boden, der wenigstens eben war, und versuchten zu schlafen.
Mittags blickte ich sehnsüchtig nach dem Dörfchen Breuil hinunter ins Val Tournanche. Aber nicht wegen der Herrlichkeit der Natur: ich dachte an den guten Chianti, an den Valpolicella, an Risotto milanese und an die frischen Pfirsiche, die da unten zu haben wären. Unterdessen kramte Furrer,

unser Spezialkoch, ein wenig Holz aus seinem Rucksack, um aus Eisbrocken einen heißen Kaffee zu kochen.
Mit Behagen schlürften wir das köstliche Getränk aus rostigen Blechtassen. Bald schmauchten die Pfeifen, und die Arbeit konnte beginnen.
Am dritten Tage, gerade vor unserem Abstieg, kam Besuch herauf. Es war der 65jährige Herzog der Abruzzen. Wir kannten seinen Namen von der ersten Besteigung des Ruwenzori im Herzen Afrikas und des Eliasberges in Alaska. Auch hatte er im Jahre 1909 im Himalaja einen Riesen der Karakorumkette, den 7654 Meter hohen Bride Peak, fast bis zum Gipfel erstiegen und hielt lange Jahre den Höhenrekord der Bergsteiger.
In einem Schneesturm besonderer Härte stiegen wir, ständig von Lawinen bedroht, ab. Am Fuße des Südgrates rasteten wir bei einem Kreuz. Hier war der 64 Jahre alte Johann Anton Carrel nach einer Besteigung des Matterhorns gestorben. Im Sturm und Schnee hatte er seine Touristen in Sicherheit gebracht und ließ sie nun, da keinerlei Gefahr mehr bestand, unter dem Vorwand, die Seile ordnen zu müssen, vorausgehen. Er kam nicht mehr nach und starb in den Armen seiner Gefährten am Fuß des Berges, der ihm alles bedeutet hatte.
Im Gedenken an ihn nahmen wir die Hüte ab, wie wir es zu Ehren Whympers und seiner Begleiter im Zermatter Friedhof am Grabmal von Croz, Hudson, Hadow und Douglas getan hatten.
In ungeheurem Satz bäumt sich von hier aus das Matterhorn auf. Ununterbrochen schlägt, nie beruhigt, der Berg bald mit prasselnden Steinsalven, bald mit wuchtigen Eisstürzen um sich. Unaufhörlich fallen die Wasser von Fels zu Fels und springen in schäumenden Bogen zu Tal.
Plötzlich jagt uns ein gewaltiges, unheimliches Rauschen und Donnern auf. Ein großartiger Anblick bietet sich. Der ganze

Berg scheint lebendig geworden. Hoch droben haben sich gewaltige Blöcke gelöst. Sie rasen mit schmetterndem Krachen über die Wand herab, schlagen auf, zerschellen, zerfetzen und zerstäuben, bis sie sich endlich, zu Schutt zermahlen, in einer Schlucht grollend und polternd verlieren.

Sepp hat es aufgeschrieben: Jeder von uns hatte in jenem Sommer fünfzigtausend Meter bergauf und bergab an Höhen zurückgelegt. Alles ohne Lifts und Seilbahnen. Kameras, Ausrüstung, Proviant, alles haben die braven Bergführer und mit ihnen auch wir selbst auf unseren Rücken zu den Aufnahmen mitgeschleppt. Wieviel Schweißtropfen sind da geflossen und doch, wie schön ist die Erinnerung an jenen Sommer in unseren Herzen aufbewahrt.
Im Atelier in Berlin wurden dann zu den Bergaufnahmen einige Spielszenen romantischer Natur hinzugedichtet. Die Bergsteiger waren davon nicht so begeistert wie die Filmverleiher. Es ist nicht leicht, Filme so zu machen, wie man selbst will. Es reden auch andere mit. Die Hom-Film-Gesellschaft erhielt für den »Kampf ums Matterhorn« eine goldene Medaille, weil er der zweitbeste Verleiherfolg des Jahres geworden war. Der Direktor Marcus hatte uns während des Arbeitens zweimal besucht. Er wohnte im Hotel Victoria und fuhr dann wieder nach Berlin.
In jenem Sommer lernte ich Theodor Wolff kennen, der seine Sommerurlaube in Zermatt verbrachte. Unsere Art zu leben und zu arbeiten gefiel ihm, und als es Zeit wurde zum Abreisen, sagte er zu mir: »Schreiben Sie doch einige Beiträge für das Berliner Tageblatt!« Ein wenig erschrocken fragte ich, was ich denn schreiben solle, ich hatte bis dahin fast nichts veröffentlicht. »Ganz einfach«, antwortete er, »schreiben Sie, wie Sie hier arbeiten.« So bekam ich Mut und schrieb in der Folge regelmäßig Beiträge für das Feuilleton seiner Zeitung. Dem

großen Mann, der von den Nazis verfolgt, auf eine unendlich traurige Art sein Leben beschließen mußte, bin und bleibe ich unendlich dankbar.
Die Tatsache, daß ich mit der stummen Fassung meines ersten Matterhornfilmes nicht zufrieden war, ließ mir keine Ruhe. Gemeinsam mit Hans Saßmann schrieb ich zehn Jahre später ein neues Buch und fuhr 1938 wieder zu meinen Freunden nach Zermatt. Um Verwechslungen mit dem Stummfilm zu vermeiden, wählte ich für den neuen Film den Titel »Der Berg ruft!«. Die englische Fassung wurde mit Unterstützung der Nachkommen Edward Whympers und des Alpine Clubs London von Günther Stapenhorst und der Londonfilm finanziert, was von den Leuten im Berliner Propaganda-Ministerium nur mit Mißtrauen zur Kenntnis genommen wurde. Ich scherte mich nicht weiter darum, die Schweiz war frei und wir verlebten in bester Kameradschaft mit den englischen Darstellern einen herrlichen Arbeitssommer. Mehrere Male stiegen wir zum Gipfel des Berges hinauf, immer wieder auch zur Absturzstelle unter dem Gipfelaufbau und drehten unter Mithilfe der Zermatter Bergführer die entscheidenden Szenen an den Originalstellen. Von Mai bis Mitte Oktober blieben wir da, seither sind nun dreißig Jahre vergangen. Viel hat sich inzwischen geändert in der Welt und auch in Zermatt. Otto Furrer, der hervorragende Führer ist am Südgrat des Horns verunglückt, Hugo Lehner, der treue, tapfere Gefährte so vieler Berg- und Weltfahrten ruht im Friedhof, Bernhard Biener und manch anderer Freund auch.
Ja, vieles hat sich verändert, doch ist Zermatt im großen und ganzen das alte geblieben, und das Matterhorn kündet nach wie vor die Kraft und Allmacht des Schöpfers.
Es hieß Abschied nehmen. Bevor wir in den Zug stiegen, flogen unsere Blicke noch einmal hinauf zum Gipfel, der dem Himmel so nahe und dem Tageslärm so fern ist.

Lars Nielsens letzte Eismeerfahrt

Im Februar 1941 war ich einige Tage nach Berlin gekommen, um vielleicht doch noch ein Filmprojekt in Angriff zu nehmen. Der Leiter des Presseamtes im Oberkommando der Wehrmacht hatte mir den Vorschlag gemacht, einen Film in Narvik zu drehen. Da ich Norwegen von einer Expedition her kannte, hätte ich die Aufgabe gerne übernommen, aber die Durchführung scheiterte am Widerstand des Propagandaministers. Schon vorher hatte er mich aus dem Produktionsprogramm der Ufa gestrichen. Daß sich auch die Wehrmacht stumm vor ihm beugte, deprimierte mich sehr, und in schlechter Laune saß ich in meinem Arbeitszimmer, als es läutete:

»Hallo, wie geht es dir, alter Freund?«

Diese rauhe gute Stimme hatte ich seit vielen Jahren nicht mehr gehört, aber sofort erkannt. Ja, es war Lars Hansen, der nordische Erzähler und Schriftsteller, der mit mir vor Jahren in Spitzbergen gewesen war.

Die Filmgesellschaft, bei der ich damals verpflichtet war, hatte die fixe Idee, ich müßte einen Film auf Spitzbergen drehen. Ein Mann, der in den Bergen so daheim war, wie man es von mir glaubte, mußte wohl unbedingt auch mit dem ewigen Eis der Arktis vertraut sein. Ich war dies aber nicht und versuchte, dies den Herren Direktoren begreiflich zu machen. Da mir anscheinend die Begabung fehlte, Filmproduzenten etwas begreiflich zu machen, mußte ich nachgeben, denn ihr Vertrauen in mich war größer, als ich es verdiente und so begann man, die Expedition vorzubereiten. Ich war nie in Norwegen, und schon gar nicht in Spitzbergen gewesen, konnte zwar leidlich

Ski laufen und wußte, wo Tromsö lag, aber ein wirklicher Kenner des eisigen Nordens mußte gefunden werden, um mir bei den Vorbereitungen zu helfen.
Zum Studium las ich einige Bücher des berühmten dänischen Forschers Rasmussen sowie auch andere Nordlandliteratur, darunter ein ganz ausgezeichnetes, im S.-Fischer-Verlag, Berlin, erschienenes, furchtbar aufregendes Büchlein »Die weiße Hölle«, dessen Verfasser Lars Hansen hieß. Gleich nachdem ich das spannende Büchlein ausgelesen hatte, rief ich beim Verlag an, fragte nach Aufenthalt und Adresse des Autors.
»Sie haben Glück, er ist gestern aus Alaska gekommen, will in drei Tagen weiterreisen, nach Norwegen.«
»Wo wohnt er?«
»Im ›Anhalter Hof‹ am Anhalter Bahnhof.«
Noch in derselben Minute rief ich das Hotel »Anhalter Hof« an und ließ mich mit Lars Hansen verbinden. Eine rauhe, heisere Stimme antwortete im gebrochenen Deutsch, das mit norwegischen und englischen Brocken durchsetzt war. Die Stimme verriet viel Humor und wollte wissen, was ich von ihrem Besitzer wolle. Es gelang mir, eine Zusammenkunft für den nächsten Tag im Büro der Filmfirma zu vereinbaren.
In einem jener nüchternen Filmproduktionszimmer der Friedrichstraße ging die Tür auf, herein trat ein schlanker Mann in grauer Persianermütze, grauem Persianerkragen, helläugig, mit buschigen Augenbrauen, scharfem Blick, einer hakigen Nase, unter der ein weißhaariger Seehund-Schnurrbart den Mundbewegungen des Besitzers munter folgte, und sagte:
»Ich bin Lars Hansen. Wer bist du?«
»Ich bin der Mann, der mit dir gestern telefonierte.«
»Sehr schön ist das! Was willst du von mir?«
»Wir fahren nach Spitzbergen, wenn du Lust hast.«
»Lust habe ich schon, aber kein Geld.«
»Das können wir verdienen.«

»Gut. Hast du eine Zigarette?«
Ich reichte ihm mein goldenes Zigarettenetui, es war ein Geschenk zur Erinnerung an die Uraufführung eines meiner Filme. Lars langte zu, nahm eine Zigarette und steckte meine Dose in seine Tasche. Aus seinen listigen grauen Augen blinzelte dabei ein vergnügter Funken, Lars weidete sich wohl an meinem Geiz oder meiner Angst. Ich hätte nichts sagen sollen, aber ich kam erst zu spät auf diesen Gedanken und sagte: »Lieber Lars, die Dose ist aus Gold, die möchte ich gerne wiederhaben.«
Erstaunt griff er in die Tasche. »Gold?« fragte er, »ist das? . . . Pfui Teufel, dann mag ich es nicht,« gab sie mir mit einem Ausdruck ehrlichen Abscheus wieder zurück und setzte sich, immer mit der Pelzmütze auf dem Kopf, mir gegenüber. Dann fragte er:
»Was wollen wir nun tun?«
»Wir werden mit der Filmgesellschaft einen Vertrag machen, und dann wirst du eine Expedition in das Eis Spitzbergens führen. Kannst du das?«
»Ich glaube schon, weißt du, ich habe da oben gelebt.«
»Hast du auch Eisbären gesehen?«
»O ja. Einige davon habe ich gegessen!«
»Werden wir ein kleines, nicht zu teures Eismeerschiff bekommen?«
»Ich werde die ›Hobby‹ chartern, das ist eine güte, güte Schiff. Wieviel Leute nimmst du mit?«
»Achtzehn bis zwanzig.«
»Gut. Schiffsmannschaft heuere ich an und Polarhunde, die besorge ich bei meine güte Freund Leif Andersen in Tromsö, und Lars Nielsen nehmen wir mit, der hat schon viele Male in Spitzbergen überwintert, er ist der Beste von den ganzen Welt und hat immer eine güte Hümör.«
Sechs Wochen später zog die »Hobby« durch das nördliche

Eismeer ihren Kurs. Es war äußerst kalt und sehr klar. Wir hatten einen furchtbaren Sturm hinter uns, und unser Holzkasten war drei Tage lang wie eine Nußschale von den wilden Wellen herumgeworfen worden, so daß wir alle seekrank waren. Viele gaben es zu, manche nicht. Ich gab es zu. Aber der alte Lars merkte nichts vom Sturm und nichts vom Wind und nichts von der Kälte. Als Kind des Nordmeeres hatte er ein Leben hinter sich, daß gewiß nicht spießbürgerlich verlaufen war: sieben Jahre lang hatte er in Alaska bei den Indianern als Lachsfänger gelebt, war dann als Klempner auf den Wolkenkratzerdächern New Yorks herumgestiegen, hatte sich später sein tägliches Brot als Holzfäller einer großen Sägemühle in Kansas verdient und war vor all dem einmal ein reicher Schiffsbesitzer gewesen, hatte eigene Seehundfänger auf Fang geschickt. Großzügig, kühn, phantasievoll und ohne bürgerliche Maßstäbe, wie viele im hohen Norden, hatte er seine Schiffe samt ihren Ladungen in einem einzigen Jahr vertrunken und verloren. Hemmungslos wurden Feste gefeiert, das Meer war ja reich, der Fang gut, warum sollte man nicht leben und leben lassen! Mädchen, Matrosen, Spitzbergenfahrer, Fangmänner, alles mußte mithalten, und Lars Hansen sah wohl schon weiße Mäuse in seinem Kontor herumhüpfen, als die Hiobsbotschaften von den nicht versicherten Schiffen eintrafen.

Seitdem aber waren Jahre vergangen, und Lars war nach Amerika zu den Lachsfängern gegangen, er hatte das getan, was eine starke Persönlichkeit in einem solchen Falle tut: er hatte frisch und ohne zurückzuschauen neu angefangen. Sein köstlicher Humor half ihm dabei. Selten hatte ich in meinem Leben so viel gelacht wie mit Lars, wir liebten ihn sehr in seiner naiven, trockenen Art. Lars trank nie, obwohl ich ihn oftmals aufforderte, ein Glas Wein oder einen Schluck Schnaps zu nehmen. Er blieb fest. Lars trank nicht.

»Warum trinkst du gar nicht?« fragte ich ihn eines Tages.
»Weil, wenn Lars eine Schnaps trinkt, dann Lars sofort eine ganz neue Mann wird, weißt du?«
»Ja, gut, aber das macht doch nichts?« sagte ich.
»Nein, mein Lieber. Weißt du, diese neue Mann will dann sofort auch eine Schnaps.«
»Na ja, und?«
»Und? Und diese dritte neue Mann will auch wieder eine Schnaps und so weiter und immer weiter, bis dann die letzte neue Mann unter den Tisch fällt und nicht mehr aufstehen kann.«
Das war schön gesagt, und Lars blieb mit einer bewunderungswerten Energie seinem Grundsatz treu, er trank keinen Alkohol.
Immer weiter nordwärts ging unsere Fahrt. Wieder kam grobe See. Die schweren Roller kamen von Ost und packten den Holzrumpf unseres Schiffes wild und hart an, kalt brauste der Sturm von der Barentsee her und wirbelte Millionen dünner Schneeflocken durch den grauen Himmel. Das Schiffsdeck war naß und ölig, Fässer rollten, Hunde jaulten und Taue wimmerten. Sturzwellen gingen über Bord, und wer auf Deck bleiben mußte, hatte nichts zu lachen. Wer im Schiffsrumpf lag, auch nicht. Unsere Besatzung bestand aus zehn norwegischen Seeleuten, welche dem Kapitän unterstanden, außerdem noch mein zehnköpfiger Aufnahmestab, dann Lars Hansen und dessen Freund Nielsen.
Erst nach Tagen wurde die See wieder ruhig und spiegelklar, alle ihre Bosheiten vergaßen wir rasch, wir glitten im ruhigsten Meer und mildesten Sonnenlicht der Welt dahin, wie im Märchen, fast gewichtslos und unendlich fern von allem. Das waren unvergeßlich schöne, verzauberte Tage und Nächte im nordischen Mittsommer, unsagbar ruhig und wunschlos.
Spielende Seehunde tauchten aus dem Wasser, beobachteten

unser Schiff und die merkwürdigen Gestalten darauf. Die Schiffsmannschaft erlegte viele. Die Beute gehörte der Besatzung. Wenn Seerobben oder andere Jagdbeute gemeldet wurde, hielt das Schiff. Die Jäger gingen in die Boote und sprangen im Verlauf der Schießerei auf die tanzenden Schollen und ihrer Beute nach. Ihr Anführer, der beste Fangmann weit und breit, Lars Nielsen, führte diese Ausflüge über die wogenden, wippenden, trügerischen und gar nicht immer sicheren Eisschollen. Größte Vorsicht und Vertrautheit mit dem Eismeer gehörte zu solcher Jagd. Die Beute wird auf dem Eise rasch verarbeitet. Das Fleisch bleibt meist auf dem Eis liegen, und nur die Robbenhäute mit der dicken Tranfettschicht werden an Deck gebracht. Nur Tran, Fett und Felle sind gesucht.
Nach dem aufregenden Spiel einer solchen Jagd zog dann die »Hobby« mit ihren mörderischen Waffen und Menschen weiter, nordwärts, der raumlosen Lichtkuppel zu.
Lars blies an solchen Tagen auf der Flöte gerne seine norwegischen Lieblingslieder. Er trillerte mit Hingabe alle Melodien, die er kannte. Die meisten Töne blies er falsch, aber das machte gar nichts. So weit das Auge reichte, stilles, wogendes Eismeer und dazu des drolligen Freundes wunderliches Flötenspiel ... So holte ich denn schließlich meine Geige aus der Kajüte (ich hatte sie mitgenommen) und spielte mit Lars zusammen. Trotz der schauderhaften Dissonanzen gefiel uns unsere Musik sehr gut; ob sie auch den anderen gefiel, weiß ich nicht, aber Lars Nielsen war ganz hingerissen, er hockte am Boden, rauchte seine Pfeife und war im Himmel. Schöner könnte es absolut und ganz und gar nicht mehr sein auf dieser Welt, sagte er.
Wir kamen nach Advent-, Kings- und Amsterdambai, weitum hat uns die Fahrt den weißen Küsten entlang gebracht, bis wir schließlich im Eisfjord landeten.
Das menschenleere Spitzbergen hat uns mit seinen blauen

Felsen und weißen Gletscherströmen die Erhabenheit jener weltweiten Stille, das Gefühl und Ahnen jener unermeßlichen Größe, die über uns Menschen schaltet und waltet, tief ins Herz gesenkt. Die Zeitlosigkeit, die regungslose Weite, die ewig strahlende Dämmerung jener Tage ist wie ein unvergängliches Geschenk Gottes in unseren Seelen geblieben, alles war von einer unvergeßlichen und unbeschreiblichen Weihe und Stille.

Wenn aber der Sturm nahte, wurde es noch stiller, bis er dann, tobenden Göttern gleich, über uns hinwegbrauste. Das Meer schien zu brüllen, und pausenlos donnerten die gewaltigen Orgeln des zornigen Nordens. Aber auch wehmütig und dem Heulen eines verwundeten Tieres gleich konnte sein Lied klingen, wenn der Wind umschlug und aus dem Süden kam.

Die »Hobby«, das erste Schiff der Welt, wie sie sagten, lag nach einem schweren dreitägigen Schneesturm im Packeis des Eisfjordes fest. Ich fragte einmal den Steuermann, warum die »Hobby«, dieser schlingernde Holzkasten, den Ehrentitel eines »ersten« Schiffes der Welt bekommen habe. Er sagte, seinen Priem ins Eis spuckend: »Weil die ›Hobby‹ der erste Holzkasten sein dürfte, den die Menschen nach der Arche Noah gebaut haben.«

Also dieses erste Schiff der Welt lag samt uns allen im Packeis fest. Wir waren gefangen, und es war eine neblige, eintönige Zeit, wochenlang, Tag für Tag, einer wie der andere, und dies nach monatelangem Aufenthalt im Eismeer! Wir standen vor der Heimfahrt, aber das Packeis wich nicht, Tag um Tag schauten wir sehnsüchtig südwärts und westwärts, einmal mußte der erlösende Wind kommen, einmal mußte das Meer in Bewegung geraten, es war schon Mitte Juli, und ab Mitte August fror der Eisfjord zu, das hieß überwintern auf Spitzbergen. Dazu hatten wir weder Zeit noch Lust, wir wollten heimfahren, unser Material entwickeln lassen, unseren Film beenden.

Eines Morgens, nein, mitten in der hellen Polarnacht, erschallten frohe, freudige Rufe vom Ausguck am Toppmast, der Wind war gekommen, der Bann gebrochen, eine unaussprechliche Freude kam über uns, denn mächtig war die Sehnsucht geworden und der Wunsch, grüne Wiesen, Bäume und die Heimat wiederzusehen.

Noch ein paar Aufnahmen fehlten, und wir holten sie auf der Rückfahrt auf den tanzenden Eisschollen nach. Wir hatten allmählich viel Übung bekommen und bewegten uns wie alte Seehundfänger auf dem trügerisch-schwankenden Boden. Wir liefen, sprangen zwischen den tanzenden Schollen hin und her und ließen uns oft weit vom Schiff hinaustreiben.

In den letzten Tagen vor Verlassen des Eismeeres hatte Lars Nielsen in den Abendstunden drei Eisbären erspäht. Sofort war er mit Munition und Gewehr im Boot.

Hansen und ich beobachteten die drei Tiere durchs Glas. Lars Nielsen stieg, einen Mann in seinem Boot zurücklassend, auf eine Eisscholle und ging, das Gewehr schußfertig im Arm, auf die Eisbären zu. Die Bären kümmerten sich um das Schiff gar nicht. Manchmal stand der größte unter ihnen auf und schnupperte neugierig, sich über die Augen und die dunkle Schnauze wischend, zu uns herüber. Dann rieb er sich vergnüglich mit beiden Tatzen den Magen. Nielsen war auf fast dreihundert Schritte an ihn herangekommen, auf dem Bauch liegend zielte und schoß er. Getroffen sank der Bär in den Schnee, die beiden Jungen sprangen ins Meer.

Nielsen stand nun auf, sprang über einige Schollen seiner Beute zu, da sperrte ihm ein großer Abstand von der nächsten Scholle den Weg; Nielsen änderte die Richtung, schätzte die Entfernung zur nächsten Scholle ab, wippte in den Beinen, sprang zu, erreichte die kleine Scholle, stand den Bruchteil

einer Sekunde aufrecht und versank zwischen den Eisflächen in die eisigen Fluten.
Erstarrt standen wir da, bleich vor Schrecken, es würgte mich im Halse, ich konnte nicht rufen. Ein Schaudern überlief mich, als ich die beiden Eisbären blitzschnell untertauchen sah.
Lars Nielsen kam nicht mehr zum Vorschein, er blieb im Eismeer – die Scholle hatte ihn betrogen.
Nach wenigen Wochen trafen wir in Tromsö ein. In die Freude der Wiederkehr mischte sich das bittere Leid der Trauer um den braven Nielsen und der Schmerz seiner armen Frau und Kinder.
Fünfzehn Jahre waren seit jener Nordlandfahrt vergangen. Was war in der Welt alles geschehen in dieser Zeit! Lars Hansen stand nun mit seinen strahlenden Eismeeraugen vor mir und drückte mich an sein ehrliches Seefahrerherz. Er hatte seine Frische und seinen »Hümör« trotz der siebzig Jahre, die er lebte, noch nicht verloren. Er sagte nur:
»Weißt du, meinen lieben Freund, die Nemesis ist auf dem Weg. Sie wird kommen.«
Und ich verstand seine Worte. Dann nahm er die Gitarre von der Wand und sang wieder ein Lied, das er oft an Bord der »Hobby« im Eismeer gesungen hatte! Ich sah wieder das unermeßliche Licht des Nordens, die stillen Fluten von nah und fern, den zum letztenmal über die Eisschollen laufenden Lars Nielsen, hörte den gewaltigen Orgelton der furchtbaren Schneestürme über die graue Fläche der Eisfjorde brausen und fühlte die Erhabenheit jener Stille, die so groß war und erwartungsvoll feierlich.
Als Lars die Gitarre wieder an die Wand hängte und stumm vor sich hin blickte, war sein Herz wie das meine, inmitten der rastlosen, lärmenden Weltstadt, von einer großen Sehnsucht nach jenem Land der zeitlosen Unendlichkeit ergriffen.

Das Bad im Fjord

Das war eine große Freude, als unser Schiff im Hafen von Tromsö einlief. Die Angehörigen der Eismeerfischer, der Matrosen und auch Hilda waren da, lachten und riefen und wurden nicht müde, die Tücher zu schwenken. Vier Monate waren wir fortgewesen, in Spitzbergens eisiger Welt, in dessen rätselhaften Fjorden.

Nach der ersten Freude des Wiedersehens wollten wir wieder die Köstlichkeiten des zivilisierten Lebens genießen, unsere Bärte fielen barmherzigen Rasiermessern zum Opfer, es wurde gebadet, gebügelt und gekauft, man richtete sich wieder auf das Leben in der wärmeren Welt ein.

Der Hafen von Tromsö war voll von kleineren und größeren Eismeerschiffen. Da war ein Leben; es roch nach Seewasser, nach Abenteuern, Sturm und Ferne, nach Wind und Weite.

Helmer Hansen, der treue Begleiter Amundsens zum Südpol, war auch da, bescheiden, blauäugig und angenehm im Wesen, fast schüchtern könnte man sagen. Ich bewunderte ihn. Welch ungeheure Energie mußte in diesem feinen Kerl stecken, und welch herrliche Bescheidenheit zierte diesen Mann. Lars Hansen, der unverwüstliche Geselle, hat mich mit Helmer bekannt gemacht, dann gingen wir gemeinsam zum Polarforscher Trygve Gran, wo wir einen Kaffee tranken und uns Geschichten aus Spitzbergen erzählten, und nachher zu Leif Andersen, der den schönen Pelzladen in Tromsö besitzt und unsere Expedition mit warmen Anoraks, Komagen, Skiern und allem Nötigen ausgestattet hatte. Dessen freundliche junge Frau lud uns zu einem Abschiedsbesuch in den Lyngefjord ein.

Neben dem Matterhorn, dem Gran Cañon und dem sternenübersäten dunklen Nachthimmel in den ungeheuren Sandwüsten Kaliforniens gehört die kühle Größe jenes Fjordes mit seinen jäh aus urtiefen Kristallwassern sich auftürmenden Felskolossen zu meinen unvergeßlichen Eindrücken.

Um Mitternacht stiegen wir an Land. Vor uns lag das Märchen des menschenverlassenen Felsgebirges, und von den Höhen stürzten, wehenden Fahnen gleich, weißschäumende Wasserfälle in die Tiefe.

Ein kleines Birkenwäldchen nahm uns auf. Frau Andersen hatte für alles gesorgt, und während Lars und Helmer ans Wasser hinunterstiegen, um ihr Glück beim Fischfang zu versuchen, fachten wir Feuer an und kochten Kaffee.

Die helle Mittsommernacht dieser Landschaft hatte etwas Mystisches. Opalfarben wölbte sich der Himmelsraum über uns, die Menschen verschwanden in diesen Dimensionen von Fels, Licht und Wasser. Eine heilige Ruhe ohnegleichen war über allem, gehoben noch vom geheimnisvollen Rauschen der von den Felsen niederschwebenden Wasser. In unberührter Schönheit und Stille lag der Fjord.

Lars schlief unter einem Schierlingsbusch zwischen Gras und Unkraut. Helmer träumte wohl im Halbschlaf von seinen großen Fahrten, bis Hilda die beiden mit einer himmlisch duftenden Tasse Kaffee weckte und Lars sich lächelnd entschuldigte:

»Gut geschlafen bringt gute Hümör, weißt du, Hilda. Du bist den schönsten Frau von dem ganzen Welt, und Frau Andersen hat die besten Koffee von der ganzen Welt gekocht.«

Bei ihm war immer alles herrlich und schön, denn Lars hatte bei Gott den besten »Hümör« von der ganzen Welt.

Wir schlossen kein Auge in jener Nacht des hellen Nordens. Lars erzählte von seinen Erlebnissen in Alaska, New York und Grönland.

Eine Möwe kam fjordeinwärts gezogen und mahnte uns mit ihrem heiseren Schrei, daß es Zeit sei, aufzubrechen. Nur schweren Herzens verließen wir die wildromantische Bucht, der Himmel war türkisgrün geworden, die Felsen ragten totenstill aus dem reglos blaugrünen Wasser, alle Farben waren von einer nie gesehenen Klarheit und Tiefe. Wieder zurückgekehrt nach Tromsö, ging es an die Abreise. Ein normaler, gut ausgestatteter Passagierdampfer nahm uns auf. Halb freuten wir uns, halb schmerzte es uns. Tief im Grunde unserer Seelen schlummerte nun die Sehnsucht nach jenem Zauber des ewigen Eislandes Spitzbergen.

Viele Freunde hatten sich zum Abschied am Hafen eingefunden.

Diese Menschen hatten uns eine Gastfreundschaft entgegengebracht, wie man sie in den steinernen Städten des alten Europa kaum mehr kennt. Lange noch sah ich Smith und Helmer und Hogne am Pier stehen, zwischen ihnen Andersen und dessen Frau mit ihrer weißen Polarhündin Leila ...

Wir verließen das Schiff nach zwölf Stunden und nahmen Kurs über Narvik nach Schweden.

Eine schmale, abwechslungsreiche Gebirgsstraße führte über einen Paß nach dem norwegischen Grenzort. Dort war ein Fjord auf einer Fähre zu übersetzen, und drüben endlich befand sich die Ausgangsstation der schwedischen Erzbahn.

Spät am Nachmittag fuhren wir aus Narvik in einem gemieteten Omnibus ab. Meine ursprünglich aus achtzehn Filmleuten bestehende Expedition war auf sieben Personen zusammengeschmolzen, die anderen waren auf dem Dampfer geblieben und über Oslo heimwärts gefahren.

Die Fahrt über den Paß, dessen Namen ich vergessen habe, führte an einer Skiherberge vorbei; trotz der Sommerzeit lag noch Schnee da.

Am anderen Morgen kamen wir an den erwähnten Fjord.

Rasch wurde der Omnibus auf die Fähre gefahren; in einer Stunde sollten wir drüben auf der anderen Seite im Lapplandexpreß sitzen.
Erwartungsvoll waren unsere Blicke auf das andere, steil und jäh ins Meer abfallende Felsufer gerichtet, wo auf der Landebrücke einige Männer standen und anscheinend auf uns warteten.
Frisch strich der kühle Morgenwind über den stillen Spiegel des meergrünen Fjordes. Wir waren übernächtig, müde und schlaftrunken. So träumten und dösten wir zwischen Wachen und Schlafen dahin.
Ich ahnte nicht, wie rasch und gründlich wir bald aus unserem Dahinduseln geweckt werden sollten.
Die Fähre legte mit unserem Omnibus am Landungssteg an. Ketten rasselten, die Brücke wurde heruntergelassen, wir wurden ersucht, im Omnibus zu bleiben, der gleich nach dem Verlassen der Fähre ein steiles Stück vom Fjordufer bis zur Straße hinaufzufahren hatte.
Erwartungsvoll schauten wir aus den Fenstern des nicht ganz neuen Vehikels, Hilda und ich hinter dem Fahrer, weiter rückwärts unser Kameramann Winterstein, daneben dessen Assistent, dann die Hauptdarstellerin unseres Films und die übrigen Teilnehmer der Fahrt.
Eine Stimme auf der Brücke rief:
»Lets go, boys!«
Der Chauffeur schaltete ein, der Wagen fuhr ruckartig an und rollte von der Fähre auf die an Ketten hängende Brücke.
Alles verlief normal, wie wahrscheinlich alle Tage, aber dann geschah etwas Unerwartetes. Die Brücke krachte, neigte sich nach rückwärts, anfänglich langsam, so daß der Fahrer sogar noch Zeit fand, auf den ersten Gang zu schalten und Vollgas zu geben, aber es war schon zu spät, das Ungetüm unseres plumpen Omnibusses fiel mit der Brücke zurück, schlug

mit dem rückwärtigen Oberteil krachend an die Fähre und sank in die wildaufschäumende Flut.

Schrille Schreie, Angstausbrüche und das tödliche Kreischen klirrender Ketten war alles, an was ich mich aus diesen Sekundenteilen erinnere. Alle waren während des Fallens nach vorn gelaufen, instinktiv Rettung suchend, aber es gab keinen Ausweg: wie in einer Mausefalle gefangen, sollten wir auf dem Grund des Fjordes ertrinken, die Wassermassen verschlangen die entsetzten Hilfeschreie. Eishände würgten meinen Hals, kaum spürte ich die hilflos sich an meinen Oberarm klammernden Hände Hildas. Jemand zog mich an der linken Schulter und hielt sich an meinen Haaren. Nur mit dem Aufwand meiner ganzen Kraft gelang es mir, mich vorn am Steuerrad festzuklammern, um Kopf und Hände so lange wie möglich aus dem Wasser zu halten ...

Alles hatte sich beklemmend rasch abgespielt. Der Wagen schien zu schweben oder zu hängen, der vordere Teil, die Motorhaube und der Führersitz ragten noch aus dem Wasser, und das gleiche taten zum Glück auch unsere Köpfe. Ich wunderte mich, denn eigentlich hätten wir schon auf dem Meeresgrund liegen müssen. Neben mir sah ich Hilda und sechs verzweifelte Augenpaare, sechs zu Tode erschrockene Gesichter.

Man warf uns Stricke zu, schlug die vordere Wagenscheibe ein, und einer nach dem andern konnte eilig über die Motorhaube hinaufkriechen und den Todeskeller verlassen. Als erste schickten wir die ohnmächtig gewordene Diva auf den Weg, die diesmal ohne Spiegel, Schminke und Probe eine Szene gespielt hatte, wie sie ihr wohl in ihrem ganzen Leben nie mehr gelingen würde, dann Hilda, die erst anfing zu weinen, als sie auf dem sicheren Boden stand, und zum Schluß, wie ein Schiffskapitän, verließ ich den Omnibus. Was mich während der Rettungsarbeit in furchtbarer Spannung gehalten hatte, war der schauerliche Gedanke, daß alles nur an einem Faden hängen könne, daß der ganze Plunder jederzeit wie ein Stein auf den Meeresgrund sacken könnte. Aber wie von einer Wunderhand geschützt, blieb der Bus mit dem schweren Vorderteil über Wasser.

Wie alle anderen bekam auch ich zwei gute Schnäpse, die mir von den verlegen lächelnden Fährmännern freundlich eingeschenkt wurden.

»Ketter igge gut, ah ketter igge gut«, sagte einer und schüttelte zornig den Kopf.

»Skol«, setzte er hinzu, und ich sagte:

»Skol und mange takk!« Das heißt soviel wie: »Gesundheit und vielen Dank!«

Der alte Fährmann schüttelte noch immer den Kopf, so was war ihm noch nie passiert.

Ein Sperrzapfen der Hängevorrichtung war herausgesprungen und ehe sich's ein Mann versehen hatte, war der Omnibus hintenüber in den Fjord gerutscht. Alles schien verloren, aber blitzschnell hatte ein Hilfsarbeiter eine an den Brückenpfeilern hängende Drahtseilschleife erwischt, war vorgesprungen und hatte das linke Vorderrad damit eingefangen, das faßte, bremste und schließlich den durch die Wasserverdrängung verminderten Zug des schweren Kastens aushielt.

Lars schimpfte mit den Männern, lehnte alle Schnäpse ab und war böse. So fluchen habe ich ihn noch nie gehört, nicht einmal mit den Polarhunden, wenn sie rauften. Aber den braven Hilfsarbeiter Ole Oxaas umarmte er zehnmal.

»Er ist den bravsten Mann von ganz Norwegen!« sagte er zu mir. Dann nahm er Hilda am Arm, führte sie zu ihm und befahl:

»Hilda, du mußt diese brave Mann eine Kuß geben, er ist die beste von ganz Norwegen!«

Ole Oxaas stand verlegen lächelnd vor uns und meinte, es sei nur Zufall gewesen, das Drahtseil sei eben dagelegen. Einige wollten ihm Geld geben, das nahm er nicht an. So gab ich ihm zum Andenken meine Uhr, die Diva ihr Halstuch und Hilda einen Kuß.

Dann ging die Fahrt wieder weiter. Im gut geheizten, gemütlichen Lapplandexpreß, der uns von Kiruna in langer Fahrt nach Stockholm beförderte, erfaßten wir erst, wie nahe wir dem Tode gewesen waren.

Berge in Flammen

Werdegang eines Films

Es mag interessant sein zu erfahren, wie wir in den ersten Tagen des Tonfilms bei der Herstellung eines Filmes arbeiteten, dem ohne Vorschußlorbeeren und ohne Pressepropaganda ein international anerkannter Welterfolg beschieden war. Unsere Kameraausrüstung wog damals das dreifache der heute verwendeten Apparaturen, von den ersten komplizierten Tonfilmwagen gar nicht zu reden. Da eine Finanzierung des Projekts im Jahre 1930 durch einen deutschen Verleih nicht erreichbar war, mußte ich als Autor, Regisseur und Hauptdarsteller auf eigenes Risiko vorfinanzieren. Die französische Firma Vandal et Delac übernahm schließlich das Produktionsrisiko für die französische und deutsche Version, deren Außenaufnahmen in Österreich, der Schweiz und in Italien durchgeführt wurden.

Daten und Ziffern:

1923: Ein Besuch der einstigen Kampfstellungen in den heimatlichen Dolomiten erschüttert mich. Aus schmelzenden Schneeresten hoch oben in den Felsbandnestern sprießen österliche Schneerosen, da und dort blühen zarte Eisblumen zwischen verrosteten Granatsplittern, Patronenhülsen und vermoderten Skeletten gefallener Soldaten. Blauer Himmel, Friede und frühlingshafter Sonnenschein über allem. Der tragische Gegensatz Krieg und Frieden läßt mich nicht mehr los.

1929: Niederschrift des ersten Entwurfes zum Film.

1930: Mai bis Oktober: Handlungsablauf, Drehbuch, technische Vorarbeiten, Festlegung der Drehorte und des Titels. November: die Ufa lehnt ab, alle deutschen Verleiher lehnen ab. Dezember: Motivsuche und Erstellung von Bauten an der Nordkette über Innsbruck auf eigenes Risiko. Verhandlungen mit Vandal et Delac Paris. 27 Besprechungen, mehrere Reisen nach Paris, Vertragsabschluß.

1931: Drehbeginn.

Zunächst: 4 Wochen in Stuben am Arlberg.

Thema: Skipatrouille, Lawinen- und Dorfaufnahmen in Stuben am Arlberg.

Durchschnittlicher Tagesstand: 21 Leute. Diese legen in 18 Arbeitstagen je 9000 m Anstieg und ebensoviel Abstieg bzw. Skiabfahrt zurück und tragen zusammen auf dem Rücken 10340 kg spazieren.

Bemerkenswert: 21 Schlechtwettertage.

Eine Gruppe geht voraus ins Karwendelgebiet.

Februar bis 30. April: 10 Wochen am Karwendelgrat (Innsbrucker Nordkette, Hafelekarspitze 2334 m).

Dort an Bauten ausgeführt: 5 Wohnbaracken in den Felswänden, 1 Arbeiterbaracke, 1 Kaverne für 50 Mann aus dem Schnee geschaufelt, 1 Materialschuppen, 3 Gelegenheitsbaracken, zirka 900 m Schützengrabenstellungen, Posten- und Maschinengewehrstände. 3000 m Stacheldraht werden verbraucht. An besonderen Arbeiten wurden notwendig: Lieferung, Montage und In-Stellung-Bringen eines Flugzeugmotors für Sturm und Wind, der durch die echten Stürme überflüssig wurde; Transport von 2 großen Stromumformern mit je 1000 bzw. 800 kg Gewicht und 1 Gesteinsbohrmaschine mit Kompressor. Legen von 1200 m isoliertem Gleichstromkabel.

Transport und hundertmaliges Umtransportieren von 16 Scheinwerfern unterschiedlicher Größe. 1 Marinescheinwerfer von 1000 Ampere und 1,60 m Durchmesser ist in den abschüssigen, vereisten Felsen besonders schwer zu behandeln.

Aufstellen einer 700 m langen Freileitung mit Beleuchtungsmasten zur Verhinderung von Abstürzen bei Nacht.
Transport eines 1200 kg schweren Tonwagens auf die Nordkette und dann in zerlegtem Zustand über Felsgrate und vereiste Steige. Erste Verwendung einer Tonaufnahmeapparatur im Hochgebirge überhaupt.
Verbraucht wurden: an Brettermaterial, Rund- und Kanthölzern, Zement, Zementsäcken, Sägespänen (»Sandsackstellungen«) usw. rund 3 Waggonladungen. An Sprengmunition, Handgranaten, Geschützeinschlägen usw. zirka 18000 Schuß, Gewehre, Uniformen usw. für 3000 Mann.
Durchschnittlicher Tagesstand 45 Mann.
Dem Arbeitsstab gehören außer den Schauspielern noch an: 1 Produktionsleiter, 1 Regisseur, 1 Hilfsregisseur, 1 Regieassistent, 3 Operateure, 3 Hilfsoperateure, 1 Fotograf, 1 Architekt, 5 Bergführer, 2 Sprengmeister, 3 Beleuchter, 1 Tonmeister mit 2 Tontechnikern, 1 Organisator für die Statisten, 1 Rechnungsführer für die Statisten, 2 Magazineure, 2 Mineure. Mithin 32 Mitarbeiter.
27 Paar Ski wurden zerbrochen. Von 100 Paar Wickelgamaschen segneten 95 das Zeitliche, von 50 »Alpini-Pelerinen« fanden 45 ihre Liebhaber.
Die Nordketten-Schwebebahn registrierte 2400 Fahrten von Filmleuten. 31000 kg Gepäck schwebten in ihren Gondeln zu uns herauf.
Drehbeginn: Freitag, den 13. Februar 1931.
Gedreht werden: Bau der Kampfstellungen, Gefechte und großer Nachtangriff, Spielszenen, Offiziersbaracke, Arbeit der Bohrmaschinen (hierfür eigene Gesteinsbohrmaschinen mit Kompressor in Tätigkeit), Lawinen (Details), Beschießungen des »Col alto«, Sprengungen; gesamte Tonaufnahmen: Gefechte, Schüsse, insbesondere Echoaufnahmen.
Während der 54 Arbeitstage wurde in 36 Nachtschichten ge-

arbeitet, die nicht selten von 8 Uhr abends bis 5 Uhr morgens dauerten und meist von Sturm und Kälte bis zu 22, ja 25 Grad unter Null begleitet waren.

Operateure und Beleuchter, Apparate und Scheinwerfer müssen angeseilt und gesichert werden.

Ein glücklich abgelaufener böser Vorfall: Unter den Fußsohlen von sieben Männern bricht eine lange Wächte ab und stürzt über die 400 m hohe Gumpfkarwand. Durch ein Wunder werden die Menschen nicht mitgerissen.

Mein ehemaliger Kommandant des Kampfabschnittes Fanesturm, Major Karl von Raschin kommt zu uns, spielt als einfacher österreichischer Soldat mit.

Der Wirkung wegen müssen wir bei den Maschinengewehraufnahmen scharfe Munition verwenden, was uns wegen der damit verbundenen großen Gefahr sehr auf die Nerven geht.

Am Nordkettengrat gab es 12 Verwundete durch Sprengwirkungen, Stürze und Steinschlag. Der Regisseur Karl Hartl verliert durch Unachtsamkeit der Sprengmeister ein Auge.

Arbeitsplätze: Alpenklubscharte, Ochsenwand, Seespitze, Seejöchl (2500–2800 m).

Gedreht werden: Skipatrouille, Kletterei am »Fanesturm«, Innerkoflers Tod, italienisches Zeltlager, Dimais Weg.

Durchschnittlicher Stand: 30 Leute, dazu etwa 150 Mann als Komparsen. Diese legen in 14 Arbeitstagen je 7500 m Anstieg und ebensoviel Skiabfahrt zurück und schleppen insgesamt etwa 6800 kg Filmgepäck in den Kalkkögeln herum.

Bemerkenswert: Der Jagdverein von Axams behauptet, durch die Filmaufnahmen sei die Spielhahnjagd gestört worden. Er verlangt Zutreibung neuer Spielhähne oder entsprechende Entschädigung.

Durch den Frühjahrsschnee herrscht ständige Lawinengefahr.

18. Mai bis 1. Juni: 2 Wochen auf Deutschlands höchstem Berg.

Arbeitsplatz: Zugspitzgrat (2800 m) und Zugspitzstollen.
Thema: Stollenaufnahmen. Bohrarbeiten. Spiel- und Kletterszenen.
Dimais Weg.
Durchschnittlicher Stand: 35 Leute.
Unter sagenhaften Schwierigkeiten wird ein großer Dieselmotor mit gekuppeltem Dynamo zur Stollenbeleuchtung hinauftransportiert und eingebaut.
Bemerkenswert: Wir sehen Piccards helle Gondel deutlich in der Stratosphäre. Einer behauptet, es sei ein Registrierballon, ein anderer meint, irgendein Kinderballon. Am anderen Tag erfahren wir, daß es Piccard gewesen ist.
3. bis 14. Juni: Erholungsarbeit in Ardez-Guarda im Unterengadin. Karl von Raschin ist wieder dabei.
Gedreht werden: Alle Dorfszenen, Ausmarsch der Eingezogenen.
Stand: 35 Mann, unter diesen auch die Schauspieler mit ihren Maskenbildnern und Friseuren.
Nach dem harten, überlangen Winter macht uns dieser späte Frühling viel Freude.
16. Juni bis 5. Juli: Atelieraufnahmen in Berlin.
Es werden gedreht: Inneres der Kaverne, Haus Dimais, italienische und österreichische Kommandostellen. Alle in Innenräumen spielenden Szenen.
Stand außer dem »Stab« und den Schauspielern: der komplette »Fundus«, d.h. 1 Architekt, 1 Hilfsarchitekt, 12 Bühnenarbeiter, 6 Beleuchter.
160 Drehstunden.
Temperatur unter den Glasdächern von Berlin: plus 45 Grad.
10. Juli bis 1. August: Die Außenaufnahmen im Gebiet der Tofana und am Falzaregopaß sind notwendig. Im faschistischen Italien Mussolinis ist es ausländischen Firmen verboten, im ehemaligen Kriegsgebiet Filmaufnahmen zu machen. Wir

helfen uns indem wir Kameras und Negativmaterial in Rucksäcken verstaut über die Grenze schmuggeln. Einmal in den Bergen, drehen wir in großen Höhen, wo uns weder faschistische Miliz noch Carabinieri vermuten. Das belichtete Material schmuggeln wir wieder zurück nach Berlin.
Gedreht werden: Kletterszenen, Landschaftsbilder des Vor- und Nachspiels zum Film.
Stand: 12 Mann.
Steigleistung aller in 14 Tagen: Insgesamt 50 000 m hinauf und wieder herunter.
5. August bis 28. September: Wieder in Berlin zur Fertigstellung des Films: Auswahl, Sichtung und Schnitt des Materials. Synchronisieren und Montage des Tons. Nachaufnahmen einiger Details in den Rüdersdorfer Kalkbrüchen.
Neue Arbeitsgruppe: Der Komponist mit 28 Mann Orchester für 3 Tage und 2 Nächte, 1 Toncutter, 3 weitere Cutter, 3 Kleberinnen, 1 Vorführer.
28. September: Uraufführung Berlin, Ufapalast am Zoo. Großer Erfolg, das Publikum ist ergriffen, in der Nebenloge sitzen Werner Krauß und Conrad Veidt.
3. November: Reichspräsident von Hindenburg läßt sich den Bildstreifen vorführen.
20. Dezember: Die Universal Pictures New York kauft den Film für Amerika.
1932: 7. Januar bis 1. April: Reise nach Amerika zwecks Fertigstellung einer englisch-amerikanischen Fassung in Hollywood. Materialverbrauch: An Negativ 75 000 m (plus 30 000 m amerikanische Ergänzungsaufnahmen), sowie 75 000 m für die Arbeitskopie.
Länge des fertigen Films: 2950 m in deutscher Fassung, 2700 m in französischer, 2600 m in englischer Fassung, eine italienische Fassung wurde nicht gedreht. Der Film lief in der ganzen Welt, in Italien wurde er von Mussolini verboten.

Gesamtkosten ohne die amerikanische Fassung zirka 550000 Mark, mit dieser ungefähr 1000000 Mark.

Zahl der entstandenen Prozesse: 3, der gewonnenen ebenfalls 3.

Herstellungsdauer: 91 Minuten.

Der unter dem gleichen Titel veröffentlichte Roman erhält 1932 in Wien den Preis für das beste Buch des Jahres.

1940: Der Film wird von Goebbels verboten, weil er gegen den Krieg Stellung nimmt und pazifistisch wirkt.

1945: Der Film wird von einer alliierten Stelle auf eine neue Verbotsliste gesetzt, weil Kriegshandlungen darin vorkommen.

1951: Der Film wird zur Zensur der Freiwilligen Selbstkontrolle eingereicht und mit dem Zusatz »am Karfreitag, am Bußtag und für die Jugend zur Vorführung« freigegeben. Ein Mitglied der Zensurkommission schreibt mir anläßlich der Freigabe folgende Zeilen:

»Zugleich darf ich Ihnen noch persönlich sagen, daß ich vor 14 Tagen bei der Filmkontrolle in Wiesbaden als Mitglied der Kommission nach langer Zeit wieder Ihren Film »Berge in Flammen« sah. Alle Damen und Herren der Kommission empfingen einen tiefen Eindruck von der Gestaltungskraft und der seelischen Wirkung Ihres Films. Wir müssen in Deutschland bei der Prüfung von Filmen mit militärischen und kriegerischen Handlungen sehr kritisch und streng sein, da ja gerade bei uns ›militärische und nationalistische Tendenzen‹ im öffentlichen Leben sehr unter die Lupe genommen werden müssen. Doch der Eindruck Ihres Filmes war wertvoll, weil in Darstellung und Tendenz die rechte menschliche, und auch, so darf ich wohl sagen, ausgesprochen christliche Sprache gegenüber Krieg und Frieden und Soldatsein ausgedrückt war.«

1952: Der englische Vertreter verweigert seine Zustimmung zur Aufführung, obwohl der französische und amerikanische Kontrolloffizier ihr Einverständnis schon längst gegeben hatten.

1953: Mit dem Generalvertrag werden die Ämter der Kontrolloffiziere aufgelöst. Der Film wird frei und darf wieder in allen Ländern der Welt vorgeführt werden.

Im Santa-Fé-Expreß

Es ist Mitternacht. Im Hintergrund des Hafens von New York blitzen und locken tausend und abertausend Lichter. Ein märchenhafter Riesenschein liegt über dem ruhenden Steinmeer, dessen Wolkenkratzersilhouetten sich hoch in den nächtlichen Himmel strecken. Vor uns ist der Pier, die Menschen lachen, grüßen, winken. Langsam und lautlos gleitet das Riesenschiff an die Brücken. Es ist ein wahrhaft großes Erlebnis, vor uns schlummert die Riesenstadt, das Riesenland. Seltsamer, einmaliger Augenblick im Leben! Wir sind in Amerika angekommen. Wie abenteuerlich das klingt und wie verheißungsvoll: Amerika!

Bald bin ich im ohrenbetäubenden Lärm der Riesenhallen. Und nach kurzer Zeit, in der alle Grenzformalitäten erledigt werden und ich den Mund kaum zubringe vor Staunen, sitze ich in einem geräumigen Taxi und flitze durch die dunklen Straßen Brooklyns dem Kern New Yorks, der City, zu. Schnell bin ich im Hotel und gleich darauf im 42. Stockwerk in meinem Zimmer.

Die Tage vergehen wie im Taumel eines unruhigen Traumes, zu neu, zu schnell wirbelt alles vor meinen Augen dahin. Wolkenkratzer, Lift hinauf, Lift herunter. Hier steigt man anders auf die Gipfel als bei uns daheim.

Das Empire State Building ist dreihundertachtzig Meter hoch. Ich denke an die Fünffingerspitze in den Dolomiten. Vom Einstieg bis zu ihrem Gipfel brauche ich ungefähr drei Stunden. Hier gehe ich in einen Lift, nehme, wie es Sitte ist, den Hut ab und fliege, von einem ziegelrot befrackten Liftboy und dreißig anderen Menschen umgeben, in zwei Minuten hinauf in den »Himmel«. Dort gibt es eine phantastische und unerhörte Aussicht auf New York bis weit in den Ozean hinaus, mit Radiomusik und Kaffee. Die Menschen sind winzig klein tief unten in den Schluchten des steinernen Meeres, und wie aus weiter Ferne brodelt und rauscht der gewaltige Verkehr zu uns herauf.

Ein gigantischer Wille steckt in diesen Wolkenbauten, sie sind wie die ganze Stadt auf Fels gebaut. Ungeheuer, wie das Land in seiner Kraft und unbändigen Energie ist, sind auch diese Wahrzeichen, es sind steingewordene Denkmäler einer nie geahnten Entwicklung der Technik und Maschine. Es sind Türme zu Babel ohne Verwirrung. Die Vermessenheit, sie bis in den Himmel bauen zu wollen, scheint fast zu gelingen. Mehrmals überkommt mich der Gedanke: Wenn das einmal alles einstürzte, Erdbeben oder krachende Bomben die Sockel umrissen? Es ist vermessen, daran zu denken, aber fast schien es mir auch vermessen, so in den Himmel zu bauen.

Das Wohnen ist in solchen Riesenbauten angenehmer, als man annimmt. Ich schlief bei offenem Fenster stets ruhig und ungestört. Das Brodeln tief unten im Tale erklang fern, wie daheim das Rauschen des Baches, nur elektrischer war es, dumpfer und ferner, nicht lauter.

Im Zentralbahnhof dampft und faucht die Lokomotive des twentieth century. Die Koffer sind verstaut. Es gibt noch ein paar gute Ratschläge, eine noch bessere Zigarre, und ich sitze im geräumigen Abteil. Der Zug gleitet langsam aus der Halle und verschwindet in den Boden New Yorks. Im düsteren Dunkel fahren wir durch die Eingeweide der Metropole. Rohre links und rechts, Kabel, Bündel von Kabeln, Metallträger, Schienen, Eisen und Schlünde fliegen vorbei, tauchen auf, verschwinden im nächtlichen Nichts.

Am anderen Morgen bin ich in Chicago und nach kurzem

Aufenthalt und Bahnwechsel rollt der Zug auf den Gleisen der Santa Fé Rail Road weiter. In zwei Tagen und Nächten soll er uns zum anderen Ende, an die Gestade des Stillen Ozeans bringen.

Der Tag verging mit Schauen, Staunen, Fotografieren und Schreiben. Dann kam langsam der Hunger. Irgendeine Scheu hielt mich davor zurück, in den Speisewagen zu gehen. Es wird wohl die Tatsache gewesen sein, daß ich auf alle freundlichen Worte, Bemerkungen und Aufforderungen der Stewards nur mit »Yes« antworten konnte. Schließlich siegte der Hunger doch, ich ging in den Speisewagen und nahm Platz, wie man so sagt. Hier herrschte jene angenehme Atmosphäre der ruhigen Unterhaltung, wie man sie meist nur in weitfahrenden Überlandzügen trifft. Die Räder rollten im leisen Schlag, draußen flog die große Welt vorbei, die Steppen, der Mississippi-Strom, die Wälder Old Shatterhands und die weiten Prärien Winnetous. Ein freundlicher, riesengroßer Colored-Man in tadellos weißer Jacke legte mir eine große Speisekarte, dazu Tintenstift und Schreibblatt auf den Tisch.

Ich blickte alles an und muß wohl ein ziemlich hilfloses Gesicht gemacht haben, denn bald kam der Ober zurück und murmelte etwas. Ich nickte verständnisvoll und dachte mir, daß es im Grunde ja ganz wurscht wäre, was man esse, und schaute in die Karte. Die Räder rollten, die Gäste aßen, der Boy wartete. Ich konnte aber nichts finden, wenn ich mich auch noch so anstrengte. Immer schwerer wurde ein Entschluß, denn ich konnte ja das Zeug weder lesen noch aussprechen. Beim Umschauen zu den Schüsseln, Tellern, Schalen und Gläsern der Nachbarn sah ich so viele gute Speisen, daß mein Appetit noch größer wurde. Seit achtzehn Stunden hatte ich nichts anderes als einen Kaffee genossen.

Grapefruits, frische Obstcocktails, Braten, Salate, Hühner, Fische, Erdbeeren, Artischocken und noch viel mehr und noch viel Schöneres wurde rundum mit selbstverständlicher Ruhe verzehrt. Mir lief das Wasser im Munde zusammen. So nickte ich verbindlich zum Boy und bestellte auf folgende Art mein Dinner:

Dem Ansehen nach gefiel mir auf der Speisekarte die siebente Zeile, von oben nach unten gezählt, am besten. Die Sache war etwas dicker gedruckt und kostete einen Dollar und fünfzig Cents. Kann nicht schlecht sein, dachte ich mir, zeigte dem dunkelhäutigen Boy die Karte und tippte deutlich auf den Preis der Speise. Dann wählte ich als Ergänzung die vierte Zeile des dritten Absatzes von unten. Etwas Zuspeise kann nicht schaden, dachte ich mir. Der Boy grinste verbindlich und sagte etwas. Ich verstand ihn nicht und zeigte wieder auf die beiden Ziffern. Der Boy zuckte freundlich die Achseln und ging. Ja, ja, dachte ich, es geht auch ohne zu reden. Außerdem war ich furchtbar neugierig, was man mir nun bringen würde. Sicherlich etwas Gutes. Ich freute mich schon. Ein Dollar fünfzig war viel Geld.

Es dauerte einige Zeit. Mein Magen knurrte. Mußte wahrscheinlich frisch gemacht werden. Vielleicht wurden Präriegamsen oder Hirschlenden nach Indianerart frisch am Rost gebraten. Ich wartete mit jener Vorfreude, die angeblich die schönste sein soll.

Da endlich kam mein dunkler Freund mit leeren Händen, wie ich enttäuscht feststellte, nickte lächelnd und redete flüsternd, und wie mir schien, auch eindringlich auf mich ein. Ich verstand keine Silbe, obwohl er einige Zeichen auf die Karte hinweisend machte und zuerst nach oben und dann nach unten auf Zeile vier des Absatzes tippte.

Ich blieb bei meiner Wahl, nickte verständnisvoll und sagte, um Aufsehen zu vermeiden, immer wieder »Yes«.

Der Steward bemühte sich, mir etwas zu erklären, aber ich zeigte auf meine zwei Zeilen und sagte wieder »Yes« und

»Allright«. Achselzuckend gab der schwarze Sohn Amerikas endlich seinen Kampf mit mir auf und kehrte zurück in die Küche.
Einige Leute, die auf unsere Unterhaltung aufmerksam geworden waren, lachten zu mir her und verspürten anscheinend Lust, sich meiner Sache anzunehmen. Dies war mir peinlich, ich wollte kein Aufsehen und tat so, als sei alles in bester Ordnung.
Endlich öffnete sich die Türe. Halleluja, das ist mein Abendessen, mein Lunch, mein Dinner, mein Souper! Der schwarze Ober schwang eine riesengroße Silberplatte in Schulterhöhe mit glänzenden Eisbrocken und stellte sie umständlich auf meinen Tisch. Hirschlenden waren es allerdings keine ... Präriegamsen auch nicht ... Im ersten Moment kannte ich das Zeug überhaupt nicht. Große, mit Eis garnierte Muscheln lagen vor mir – – werden wohl Austern sein, dachte ich. Mein Leben lang hatte ich solche kleine Meeresungeheuer nie geschluckt. Kreisrund und schön verteilt lagen die teuflischen Dinger da vor mir auf der Silberplatte. Ich überlegte, wie ich mit diesen Dingern fertig werden könnte, da kicherte neben mir eine Dame halblaut ins Taschentuch, ich genierte mich furchtbar. Der freundliche Colored-Man aber brachte mir nun noch Zeile vier von unten: Eine silberne Kanne voll dampfender Milch und schüttete sie sorgsam und liebevoll lächelnd in hohem Bogen vor meinen erstarrten Augen in die bereitgestellte Schale. Dann murmelte er etwas von »good appetite« und ging, mich meinem Schicksal überlassend, wieder seiner Wege.
Ich saß ratlos vor meinen Austern und der dampfenden Milch. Alles mögliche hatte ich in meinem Leben schon gegessen. Eigenhändig gerösteten Hüttenbraten, der zäh war wie Skisohlenleder, norwegischen Käse, italienische Puddings und angebrannte Kartoffelpuffer, buchweizene Knödel mit militärischem Drahtverhau, aber solche schlüpfrigen Meeresfrüchte

noch nie. Ich wußte nicht, sollte man sie freundlich anschauen, böse oder gleichgültig.
Die eisgekühlten Dinger warteten, die Milch dampfte. Was der Mensch bestellt hat, muß er bezahlen, was er aber bezahlt, muß er auch essen! Ich riß mich zusammen, wenn sich auch mein Magen sträubte, ha, ich hatte schon schwerere Situationen überwunden. Nach einer Viertelstunde war alles überstanden. Nun noch schnell die Milch. Ganz gleich, heiß oder kalt, nun hinunter, dachte ich mir. Drei Schnäpse wären notwendiger gewesen, hätte ich sie nur gehabt, denn plötzlich wollten die Austern wieder ins Meer. Ich wehrte mich dagegen und ging.
So saß ich wieder in meinem Abteil, sah die dunklen Wälder und fernen Berge im nächtlichen Mondlicht vorüberhuschen, hörte das dreistimmig langgezogene Heulen der Lokomotivsirenen, sah die Sterne Arizonas im tiefblauschwarzen Himmel funkeln und rauchte und träumte. Bald schlief ich im gleichmäßig ruhigen Takt der rollenden Räder ein und erwachte erst, als mich die Morgensonne durch das breite Wagenfenster freundlich weckte.
Welch einen Anblick boten die Farben der kalifornischen Wüste, wie wundervoll breiteten die Palmen von Albuquerque ihre Fächer, welche Vielfalt von Farben, welch exotische Bauformen, dazwischen teppichwebende Indianerfrauen, alles neu, alles von einer unbeschreiblichen Romantik überhaucht. Da fiel mir das gestrige Abendessen ein. Von der mageren Austernmahlzeit noch immer hungrig, dachte ich nach, wie ich wohl zu einem nahrhaften Frühstück kommen könnte auf der schönen Fahrt durch Arizona. Ja, das wär's gewesen – Ham and Eggs –, das gab's ja in jedem kleinen Wirtshaus bei uns in Tirol – hätte ich doch gestern abend ganz einfach Ham and Eggs gesagt, ich Esel!
Kaum hatte ich im Dining Car Platz genommen, erschien,

vom Colored-Man gerufen, freundlich nickend der Chef des Speisewagendienstes, ein smokingbekleideter Manager, den ich vorher leider nicht das Vergnügen gehabt hatte, zu sehen. Die Spezialität eisgekühlter Austern mit heißer Milch mußte seinem Personal bekannt geworden sein. Der Manager fragte mich lächelnd in französischer Sprache, ob ich Ungar sei.
»No, no«, sagte ich.
»Habla spaniol?«
»No, no.«
Eine Sekunde lang überlegte dieser freundliche Mann, dann fragte er:
»Parlez-vous farnçais?«
»Non, ne pas français.«
Wieder kurze Überlegung, dann mit prüfendem Blick:
»Forse parla l'italiano?«
»Benissimo«, antwortete ich erfreut, »a, italiano si che parlo!«
Von wo ich aus Italien herkäme, wollte er nun wissen. Er bediente sich dabei der italienischen Sprache so sicher, daß ich einen Moment lang glaubte, einen Italiener vor mir zu haben. Ich antwortete:
»Non direttamente dall' Italia, ma dal' Tirolo!«
Worauf mir der Mann lachend ins Wort fiel und sagte:
»Dann können wir ja deutsch miteinander reden, denn ich bin Wiener!«
Wir verstanden uns großartig, und ich brauchte keine kalten Austern mit heißer Milch und auch kein Ham and Eggs mehr zu essen, denn nun gab es einfach alles, was ich wollte, von frischen Walderdbeeren bis zum Büffelsteak im Santa Fé-Expreß zwischen Chikago und Los Angeles.

»You are the man!«

Wir hatten den Tag in den Elendsquartieren New Yorks bis spät in den Abend hinein gearbeitet, so daß uns die Lust zum Umziehen fehlte und wir hungrig und des Getöses der Weltstadt müde in der Gegend des Broadway nach einem Eßlokal suchten, das ein wenig europäisch anmutete. Wir drehten den Film »Der verlorene Sohn«. Durch wochenlanges Nichtrasieren und durch ärmliche Kleidung sah ich recht heruntergekommen aus – nur mein schöner Kamelhaarmantel riß mich ein bißchen heraus. Außer diesem taten es auch meine beiden Freunde Hugo Lehner und Werner Klingler, die in dem Film keine Rolle zu spielen brauchten und daher stets so elegant daherkommen konnten, wie es ihnen paßte.

Blaue Lichter, grüne, weiße, rote warfen ihre Schriften in den Nachthimmel und auf die Straßen. – Wuchtige Wolkenkratzer drohten, nächtlichen Gipfeln gleich, zu uns herunter in die drängende Enge der lärmenden Straßenschluchten.

Beziehungslos zu allem, müde und fremd trotteten wir im Getöse der Subways, Broadways und aller ihrer lärmenden Blechgefährten durch die Sechste Avenue dahin bis zur Zweiundvierzigsten Straße. Da gab es nun allerdings so viele Speakeasies, Restaurants, Dinnerrooms, Coffee-shops, Lunchrooms und Dancings, als wir wollten. Um das italienische Restaurant »Luigino« machten wir einen großen Bogen, obwohl der Besitzer mein südlicher Namensvetter war. Er hatte uns einmal schwer hereingelegt – wir hatten an den weißgedeckten Tischen des Neapolitaners gesessen und Wein getrunken. Es war der erste Rotwein, den wir in New York genossen hat-

ten, und beinahe auch der letzte. Er sah wunderbar aus und war dunkel wie Blut. Wir lobten die italienische Sonne, den italienischen Himmel, den wackeren Wirt, Neapel und die ganze Welt, bis wir Schädel bekamen wie Betonklötze und Schläfen, die weh taten, als hätten wir Folterschrauben dran – obwohl wir zu dritt nicht mehr als einen Kaffeetopf des edlen Getränkes getrunken hatten. Als wir über seinen Wein zu fluchen begannen, erklärte Luigino, wir seien im Irrtum, der Wein sei großartig, in ganz New York gäbe es keinen besseren. Als ich ihn fragte, wo er das Zeug hernähme, antwortete er:
»Fatto in casa!« (Im Hause gemacht!)
Wunderbar, ein Neapolitaner verkauft in der Zweiundvierzigsten Straße von New York italienischen Wein, den er selbst macht, ohne italienische Sonne, ohne Trauben, nur mit Fusel und Farbe und anderem Mischmasch, großartig!
Also, um diesen Luigino machten wir einen großen Bogen und suchten uns etwas anderes, wo man, wie wir Tiroler es gewohnt sind, zum Essen ein Glas ungefälschten Weines trinken konnte. – Da lese ich ein Schild: »Caruffo e Caroffo Ristorante italiano.« Vorsichtig und etwas mißtrauisch gehe ich vorerst allein hinein – komme durch einen Gang, an der Kleiderablage vorbei, wo ein Diener mir den Mantel abnehmen will und ein eben fortgehender Herr, plötzlich stehenbleibend, mich scharf und merkwürdig anstarrt, und komme zu einem überraschend gemütlichen Raum mit Tischen und einem kleinen unaufdringlichen Tanzraum in der Mitte. Ein Geiger spielt, von zwei Gitarren und einem Cello begleitet, italienische Lieder. Der Ober im Frack kommt zu mir:
»Tisch, Herr? Wieviel Personen?«
»Ihr seid alle Schwindler«, sage ich, »ihr gebt euren Gästen Gift als italienischen Wein!«
»Aber, Herr, Sie bekommen bei uns nur ausgewählte gute Sachen, alles, was Sie nur wollen!«

»In Originalflaschen? Parola d'onore?«
»Jawohl! Chianti, Mosel, Magdalena, Frascati.«
»Bin neugierig. Bei Ihrem neapolitanischen Freund und Kollegen gegenüber war das anders!« sage ich lachend, kehre um, gehe zur Tür hinaus und rufe meine zwei Freunde herein:
»Kommt her, hier ist's recht nett!«
Wir geben an der Kleiderablage unsere Mäntel ab. Alles vollzieht sich rasch und selbstverständlich, bis auf den Mann im steifen Hut, der noch immer dasteht und mich aus seinem blassen Gesicht mit flackernden Augen anstarrt, als wolle er sich auf mich stürzen. Ich mache eine Drehung halblinks und schaue ihn scharf an. Ich schäme mich ein wenig wegen meines Aussehens, Lehner und Klingler stehen da, sie schauen stumm und warten. Jetzt hebt der fremde Mann seinen Arm, zeigt auf mich, seine Augen sind weit aufgerissen, als sähen sie Gespenster. – Ich bin auf eine Schlägerei gefaßt, – da schreit der Fremde, noch immer auf mich zeigend:
»You are the man! – You are the man!« und Schritt für Schritt näher kommend: »I know you! Ich kenne Sie! – Sie sind der Mann!«
»Was wollen Sie? Was für ein Mann bin ich?«
»Sie sind der Mann! Ich sah Sie schon zuvor. Habe ich recht? Oh, entschuldigen Sie, ich bin so aufgeregt. Entschuldigen Sie! Wir müssen mitsammen reden! Ich sah Sie! Gestatten Sie, daß ich mich fünf Minuten lang mit Ihnen an den Tisch setze? Ich muß mit Ihnen reden!«
Zögernd antwortete ich:
»Ja, fünf Minuten, nicht länger, wir sind müde, möchten essen.«
Hastig gibt er Hut, Mantel und Stock wieder ab und geht mit uns an den Tisch. Sein Gesicht zuckt, seine Stimme zittert:
»Wissen Sie, entschuldigen Sie, ich bin Broker in der Wallstreet. Seit vielen Jahren. Ich bin Italiener. Als 1915 der Krieg

kam, meldete ich mich freiwillig nach Italien und kam zu den Alpini an die Dolomitenfront. Wir stürmten den Lagazuoi. Bohrten ein Jahr lang unterirdische Stollen bis unter den Gipfel. Monatelang arbeitete ich in den finsteren Felslöchern. Es waren im Mai 1915, in der Nacht der großen Sprengung – es waren über dreißigtausend Kilo Ekrasit – wurde ich im Donner der Explosion von herunterstürzenden Sand- und Geröllmassen verschüttet, Hunderte von Kameraden wurden von den Felsmassen begraben. Es waren die furchtbarsten Stunden, die ich je erlebt habe. Dann kam ich verwundet ins Spital und nach meiner Genesung wieder hierher nach der Wallstreet zu meiner Firma. Da sitze ich nun wieder seit 1920 im sechsunddreißigsten Stockwerk zwischen Telefon und Tabellen.

Vor einiger Zeit stand am Broadway über einem Filmtheater: ›Berge in Flammen‹. Alpinisoldaten und Tiroler Kaiserjäger waren abgebildet. Ich ging hinein, ohne lange zu überlegen. Im Kino sieht man so viel Mist, aber manchmal, man kann nie wissen, auch etwas Gutes, nicht wahr?«

»Ja, ja!«

Aufgeregt und immer wieder aufspringend erzählt er weiter: »Denken Sie, und dann sah ich Sie als Kaiserjäger auf Skiern dahersausen, sah den Mann auf dem Gipfel fallen, mein großes Kriegserlebnis haargenau auf der Leinwand abrollen, sah, wie wir uns in den Fels fraßen, sah die Patrouillen in weißen Schneemänteln, sah die furchtbare mitternächtliche Sprengung des Colalto und bekam einen Nervenanfall und begann zu schreien und zu toben, daß dies mein Erlebnis sei und daß dies lauter unwissende Idioten seien, die im Theater säßen. Ich hatte dies alles persönlich mitgemacht, ich allein, ja, ganz allein! Und denken Sie, da nahm man mich und warf mich hinaus, weil alle gegen mein Geschrei protestierten! Ich beruhigte mich wieder, versprach ruhig zu sein und durfte wieder

in die Vorstellung, und denken Sie, ich bin dann noch fünfmal dort gewesen, und, entschuldigen Sie – ich bin so aufgeregt – und heute, ja heute erkannte ich Sie, jetzt, da im Gang draußen – ja – Sie sind der Mann – Sie sind der Dimai. Oh, ist das eine Freude! Wir waren Feinde, nicht wahr, auf demselben Gipfel in den Dolomiten kämpften wir, nun sind wir Freunde hier in New York, o Dio! Wenn ich heute meinen Bruder getroffen hätte, würde ich mich nicht so freuen wie darüber, daß ich Ihnen begegnet bin. Ich habe meinen Bruder seit zwanzig Jahren nicht mehr gesehen. – Trinken Sie!«
Nun erst wurde uns allen dreien das merkwürdige Verhalten des Mannes im Gange draußen verständlich. Unsere Freude war groß, wir blieben ein bißchen länger als »fünf Minuten« sitzen, der Wein war gut und nicht »hausgemacht«.
Wir gedachten unserer gefallenen Kameraden an der Dolomitenfront und tranken ein Glas auf den Frieden. Als wir durch die ruhig gewordenen Straßen New Yorks in unser Hotel zurückkehrten dachte ich darüber nach, wie recht das Sprichwort hat, das sagt:

Berg und Tal
kommen nicht zusammen,
wohl aber die Menschen!

Die verhexte Scheune

Stuben am Arlberg ist ein verträumtes Bergdorf voller Stille und Verlorenheit. Schnee gab es dort in Mengen, wie es ihn auf Wunsch sonst wohl nur im Himmel geben kann. Der gemütliche Gashof, die freundliche Wirtin, das unter der Schneelast schlummernde Kirchlein mit Turm und Glockenklang, die weitum sich dehnenden Täler und gewaltigen Hänge, alles weiß und unverspurt, die berühmte Flexenstraße, dazu eine treue Schar von ausgezeichneten Skifahrern und Mitarbeitern bewogen mich immer wieder, das kleine Nest aufzusuchen. In fast allen meinen Arbeiten kamen Szenen vor, die in jenem stillen Winkel gedreht worden sind. Beim Film »Der verlorene Sohn« hatte ich eine Rauhnacht mit Bräuchen aus grauer Vorzeit mit dem Übergang und Ausklang des heidnisch-überlieferten Imster Schemenlaufes in eine stille, selige Christmette eingebaut. Fast jede Nacht arbeiteten wir in jenen Wochen unter dem Licht brennender Fackeln und Scheinwerfer im Schnee, in jeder Nacht sanken die Sterne nieder und standen Geister auf, zogen gespenstische Schatten durch den Wald, wuchsen unheimliche Riesengestalten spukhaft aus dem Boden, huschten goldbesternte Rauhnachtsbräute durch die Gassen, schrillten grelle Pfiffe und heisere Rufe vom Feld her zum verlassenen Dörfchen, die zur Mitternacht vom friedlichen Geläute der weihnachtlichen Kirchenglocken abgelöst wurden. Die Familien der Bauern kamen mit schwankenden Laternenlichtern von den Höfen zum Gotteshaus herunter, wo Weihrauch und leiser Orgelklang sie erwartete, um mit ihnen das ewige Wunder der Geburt des Heilands zu feiern und dem Christkind in der Wiege zu huldigen. Sie sangen:

»Es ist geboren zu Bethlehem
ein Kindlein selig in dieser Nacht.
Es segnet alle, die guten Herzens,
und hilft dem Armen aus tiefer Not.
Oh, dankt dem Heiland, der uns gerettet,
der über Himmel und Erde wacht.
Ach, Kindlein, hilf uns
und schenk uns Frieden,
denn Dein ist alle Gottesmacht!«

Auch die berühmten Imster Schemenläufer waren mit ihren wunderbaren Masken zu uns gekommen, mit Glocken, Besen, Spiegeln und ihrer ganzen Zauberstimmung, Salzburger Perchten und urige Lötschentaler Ungetüme aus dem Wallis humpelten in düsterer Feierlichkeit daher. Scheinwerfer blendeten auf und verloschen, heut da, morgen da, im Walde bald und am Kirchlein, im Dorf und im Hang, das wilde Heulen und dumpfe Stammeln der Walddämonen wurde zwischendurch von Knabenstimmen, die ihr weihnachtliches Hirtenlied sangen, abgelöst.
Unter den Rauhnachtsgestalten spielten die Verkörperungen des Waldes, des Ackers, der Wiese und des Feuers eine besondere Rolle. Sie hatten vor dem Sonnenkönig, der die große goldene Sonnenmaske trug, ihren althergebrachten Spruch aufzusagen. Ein golden flammender Strahlenkranz umrahmte das rätselhaft aus dunklen Augenhöhlen blickende Antlitz des auf hohem Thron sitzenden Königs. Rundum standen die furchterregenden Rauhnachtgestalten in zottigen Fellen, mit böse schielenden Schlitzaugen und dämonischen Larven. Beruhigend wirkten dagegen die mächtigen Symbolgestalten: die Riesenfigur des Waldes bestand fast nur aus Tannenzweigen mit Zapfen, der Acker aus Kornähren und Stroh, während die tänzelnde Wiese tausend Blumen auf ihrem Kleide trug. Unser

Produktionsleiter, dessen Aufgabe es war, die Arbeiten wirtschaftlich zu überwachen, bat mich, einige Aufnahmen, die im Atelier in Berlin vorgesehen waren, nun, da schon einmal alles in Stuben war, in einer Scheune zu drehen. Wir konnten uns so die Errichtung der Scheune im Atelier und viel Geld ersparen. Manches sprach für den Plan, manches sehr dagegen. Da der Produktionsleiter ein verständiger Mann war, gab ich seinen Vorschlägen schließlich nach.

So wurde der große Heustadel des Gemeindevorstehers Walch für die Aufnahmen hergerichtet. Der Platz war knapp, denn das Winterheu war noch da, aber mit dem guten Willen, den wir hatten, konnten wir schon in der folgenden Nacht mit dem Drehen beginnen. Ich saß zusammengeduckt hoch oben zwischen Dach und Heu hinter der Kamera, der Kameramann neben mir, und unten vor mir auf dem Heuboden spielte sich die zu drehende Szene ab. Der Produktionsleiter gab keine Ruhe und ermahnte mich wiederholt schneller zu arbeiten, um Geld zu sparen. Der Kostenvoranschlag des Films dürfe unter keinen Umständen überschritten werden, sagte er zum hundertsten Male, bis ich ihn ärgerlich aufforderte, zum Teufel zu gehen und mich in Ruhe zu lassen.

Von draußen klang das Schellengeläute der Vermummten, knisterten die brennenden Holzscheite des Sonnenwendfeuers, schwirrten die undeutlichen Rufe der Hexen. Eine unerklärliche Spannung lag über allem, das war sehr schön, und ich begann mit den Proben.

Zuerst sollte der Wald hereinschreiten, dann die Wiese und schließlich der Acker, dem dann Regen und Feuer folgen sollten. Der Acker sollte gleich seinen Spruch hersagen; die Wiese, der Wald und das Feuer nachher das gleiche tun.

Gravitätisch, im Takt dumpfer Rhythmen erschienen die Gestalten im großen Scheunentor. Die Lampen strahlten, die Apparate schnurrten, bannten das Bild auf den Filmstreifen . . .

alles verlief planmäßig – da stockte plötzlich die Szene. Der Acker, auf und auf in sein goldenes Ährenkleid gehüllt, war mitten im Bild stehengeblieben. Dadurch war der Wald behindert vorzutreten um den Bauern, Rauhnachtlern, kettenrasselnden Teufeln und im Heu hockenden Hexen seine Mitternachtsbotschaft kund zu tun:

»Ich bin der Wald,
bin ur-uralt . . .
Ich hege den Hirsch,
ich hege das Reh,
ich fessle den Sturm,
ich fessle den Schnee,
ich bau euch die Hütte,
ich heiz euch den Herd,
Bäuerlein, Bäuerlein,
halte mich wert!«

Das konnte er nicht, weil der Acker blöd und dumm wie ein Holzklotz mitten im Bild stand als sei er plötzlich verzaubert und an den Boden gefesselt.

Ich wartete nervös und ungeduldig. Alles schien wie von einem unerklärlichen Zauberwort gebannt, verhext und willenlos geworden zu sein. Ganz unheimlich war es plötzlich im nächtlichen Winterstadel geworden . . . die massige Gestalt des Ackers wiegte manisch den Kopf als wollte sie etwas sagen, konnte dies aber nicht.

»Halt, abbrechen!« rief ich, den Bann lösend. »Ich habe Ihnen doch gesagt, Acker, Sie sollten weitergehen, nicht stehenbleiben, hinter Ihnen kommt der Wald. Erst dieser bleibt stehen und spricht. Also, haben Sie verstanden??«

Tief neigte der Acker sein bartumrandetes Maskenhaupt, er hatte verstanden.

Es war ein merkwürdiges Gefühl, mit den vermummten Riesengestalten zu reden, als seien es normale Menschen; ich sah nur ihre starren Fratzen und wußte nie, wer in den Verkleidungen steckte. Bis auf den Wald, in dem ein stimmgewaltiger Darsteller lauerte, waren nur Tiroler Bauern da, also echte Rauhnachtler, die mitmachten und Kälte, Nässe und Schnee, wie das bei solchen Filmen nun einmal unvermeidlich war, mit Ruhe und Gleichmut ertrugen.

»Also, noch einmal. Und Sie, Acker, merken Sie sich, weitergehen, nicht stehenbleiben!«

Der Ährenbekleidete stapfte, den schweren Stock in der Hand, zurück, hinaus in das Dunkel der Nacht.

»Alles fertig?«

»Jawohl!«

»Also Aufnahme! Los! Bitte kommen!«

Lautlos humpelten die Gestalten herein, tänzelte die Wiese durchs Tor, schwankte schweren Schrittes der Acker daher – da – plötzlich und mitten im Bild schien es, als hielte ihn eine geheimnisvolle Kraft fest, er kam nicht mehr vom Fleck und blieb regungslos stehen.

Alles stockte. Ich wartete, nichts rührte sich mehr.

»Aus! Zum Teufel, Acker, was ist denn in Sie gefahren? Sind Sie taubstumm? Sie Viehskerl, das geht doch nicht! Was treiben Sie denn? So reden Sie doch, Sie Esel, sind Sie denn total blöd?«

Keine Antwort. Ich rief den Aufnahmeleiter: »Sagen Sie, welches Arschloch steckt in dem Acker? Ist denn der Kerl besoffen?«

Der Aufnahmeleiter beschwichtigte mich, auch er könne sich das nicht erklären, ich solle doch noch einmal versuchen, nun ginge sicher alles gut.

»Tauschen Sie mir lieber den Idioten aus, das muß ein Narr oder ein Vollidiot sein!« schimpfte ich, erschrak aber selbst über meine lauten Worte, weil der Gemeindevorsteher von Stuben, wie mir plötzlich einfiel, früher schon einige Male als Rauhnachtler mitgemacht hatte. Er hatte etwas Unberechenbares in seinem Wesen, das mit der Anzahl der Viertelen Rotwein, die er trank, wuchs wie die Wolke im aufziehenden Gewitter.

»Also, dann bitte nochmals! Wissen Sie denn nun in allen Teufelsnamen endlich, was Sie zu tun haben?«

Der Acker nickte und humpelte hinaus ins Dunkle.

»Aufnahme! Los!«

Wieder kamen die Gestalten durchs Tor herein – huschte die blumengeschmückte Wiese hinter dem Acker her. Mit klopfendem Herzen starrte ich in die Szene. Leise surrte die Kamera. Es schien, Gott sei Dank, nun alles gutzugehen. Aber da, mir verschlug es den Atem, blieb der Acker mitten im Bild starr glotzend zum dritten Mal wie an den Boden genagelt stehen. Es war nun wirklich unheimlich, ich schaute mich um, nur fragende Mienen starrten mich an ... Halb zornig und halb ängstlich legte ich los:

»Das ist ein Wahnsinniger – nehmt ihm die Maske fort, das kann ja nicht mit rechten Dingen zugehen. Sagen Sie, Mensch, sind Sie betrunken, blöd oder verhext oder sind denn wir alle und der ganze Stadel verhext?«

Wiese, Regen und Feuer glotzten mich aus geisterhaft starren Fratzen an. Der Acker stand reglos in seiner ganzen Plumpheit vor mir. Alle warteten was geschehen würde ... Da neigte der Acker den Kopf ein wenig schief, blieb stumm, stierte mich an, klopfte mit seinem groben Ast zornig auf den Scheunenboden. Alles geschah gespenstisch und beängstigend ...

»Nehmen Sie bitte in Teufels Namen die Maske von Ihrem Gesicht weg, damit ich Ihren wirklichen Holzkopf sehen kann!«

Insgeheim hatte ich Sorge, es könnte am Ende doch der betrunkene Stubener Gemeindevorsteher dahinterstecken, der von seinen Bauern als Raufer gefürchtet war ... Neben mir standen, völlig perplex Kameramann und Aufnahmeleiter, denen es wohl die Rede verschlagen hatte. Sie schauten das Monster im Ährenkleid verständnislos an. Da – in erwartungsvoller, feierlicher Stille griff sich das Ungetüm an den Kopf und hob in feierlicher Geste die schwere Holzmaske in die Höhe.

Was darunter zum Vorschein kam, war ein freundlich lächelndes Antlitz.

»Na«, sagte der Mann, »habe ich das nicht gut gemacht?«

Mir verschlug es Wort und Rede, es war nicht der gefürchtete Gemeindevorsteher, sondern unser Produktionschef Paul Kohner, der lachend vor mir stand. Er hatte mich großartig hineingelegt, an jenem Abend im verhexten Stadel von Stuben, in dem die Rauhnacht erst endete, als die Glocken des Dorfkirchleins zur Christmette riefen.

Begegnung am Broadway

Gleichmäßig und unbeirrt durchschnitt unser Schiff die Dünung des himmelüberwölbten, endlos weiten Ozeans. Diese meine zweite Fahrt nach New York war, im Gegenteil zu meiner ersten, von schönstem Wetter begleitet und sehr angenehm. In New York sollte ich Aufnahmen zu meinem Film »Der verlorene Sohn« drehen. An Bord hörte ich, daß in den Staaten die Prohibition aufgehoben werden sollte. Eine flüchtige Durchsicht der Passagierliste bestärkte meine Hoffnung, denn es fanden sich darin auffallend viele Namen von Sektfabrikanten und Weinhändlern.

Mit viel guter Laune und wenigen Dollars kam ich nach New York, um in den Straßen von Manhattan oder auf den Höhen der Wolkenkratzer und unter den Brücken des Hudsonriver Szenen vom Schicksal des verlorenen Sohnes zu drehen.

Das Arbeiten war äußerst schwer, die New Yorker sind picture-crazy, filmverrückt, und es war unmöglich, auch nur die kleinste Szene in den Straßen aufzunehmen, weil sich schon beim Aufstellen der Kamera innerhalb weniger Minuten Hunderte von Neugierigen ansammelten und sehen wollten, wer und was gespielt werden sollte. Sie wollten die Greta Garbo, Gary Cooper, die Crawford oder die Bergmann sehen, warteten und zogen dabei immer mehr Menschen an, die wie gebannt in unsere Kamera starrten. Alle Beteuerungen, daß weder die Garbo noch die Kaiserin Maria Theresia kommen würden, waren erfolglos, und ohne einen Meter gedreht zu haben, mußten wir in den ersten Tagen unsere Kamera meist rascher einpacken, als uns lieb war. Ich war verzweifelt. Schon

37, 38 u. 39 Nach vielen Jahren wieder in Amerika: Auf dem Wolkenkratzer der PanAm in memoriam Der verlorene Sohn *und* Der Kaiser von Kalifornien.

Abenteuerliche Amerikareise

40 ... Luxusdampfer »Bremen«

41 ... in der Wüste Arizonas

42 ... quer durch den Kontinent

43 ... und immer dabei: Albert Benitz.

Filmen am Polarkreis

44 . . . am Ruf des Nordens *in Spitzbergen.*

45 . . . beim Schiffswrack im Eisfjord.

46 . . . auf treibender Eisscholle.

Nach dem Motto: „Wer rastet, der rostet":

47 Immer noch gern dabei – ob Sommer oder Winter.

48 Beim Malen, einem meiner großen Hobbies.

49 Fröhliche Talkshow in Hamburg 1982 mit der Moderatorin Magnani.

drei Tage hatte ich verloren, so konnte es nicht weitergehen. Nach einer schlaflosen Nacht entschloß sich mein Kameramann Albert Benitz, die Arbeit auf eine völlig neuartige Basis zu stellen. Heute würde man es Neoverismus nennen. Damals gab es dafür noch keinen Fachausdruck. Schauspieler brauchte ich keine, wer außer mir mitwirkte, waren die New Yorker Einwohner. Wir beschlossen also, alles heimlich aus einer verhängten Autolimousine heraus zu drehen. Die Verständigung zwischen mir und dem Kameramann geschah durch unauffällige Zeichen. So spielten die New Yorker, gleich, ob reich oder arm, jung oder alt, unbewußt in meinem Film und in allen Gegenden der Stadt mit.
Wir drehten im Madison Square Garden und erlebten, wie der amerikanische Italiener Canzoneri den bisherigen Weltmeister im Leichtgewicht, einen vollendet gebauten Kreolen namens Kid Chokolate, k.o. schlug. Wir stiegen am Hafen an der Battery herum und fuhren auf die vorgebauten Inseln nach Governos Island und zur riesigen Freiheitsstatue, dem Wahrzeichen New Yorks. Allmählich arbeiteten wir uns ausgezeichnet ein, freundliche Policemen stoppten uns sogar den Verkehr im Centralpark und ließen uns drehen. Dann stellten wir unsere Kameras versteckt und heimlich hinter einer Auslagescheibe der Fifth Avenue auf. Wir rollten auf riesigen Autobussen durch die Streets und Avenues und glitten auf den dunklen Wellen des Hudson an geisterhaft thronenden Wolkenkratzern entlang. Ich blickte verloren und hilflos unter den gigantischen Eisenkonstruktionen der maßlos großen Brücken in die nächtlichen Nebel zu unzähligen erleuchteten Fenster empor, die wie Irrlichter im unfaßbaren Raum schwebten, und starrte aus engen Straßenschluchten in den Rausch eines Lichttaumels sondergleichen – ich spielte alle Wandlungen eines verlorenen Sohnes, wir froren und drehten und plagten uns von morgens früh bis tief in die Nacht hinein.

Wilder wuchs der Bart in meinem Gesicht, zerrissener und zerlumpter wurde Anzug und Habitus. Die Not kam und der Hunger. Wir arbeiteten am Hafen, in der Bowery und in der Gegend, die man drüben Hellskitchen, Höllenküche, nennt. Und eines Tages hatte ich gar nichts mehr, keinen einzigen Kreuzer, kein Stück Brot, keinen Mantel und keine ganzen Schuhe. Der dünne Anzug schlotterte zerrissen um meine Knochen, die Augen waren hohl und eingefallen, kalter Schweiß stand auf meiner Stirne. Verlassen, elend und hilflos schleppte ich mich durch die 42. Straße. Meine Habseligkeiten, ein Hemd, einige Taschentücher und zwei Paar Socken, trug ich eingerollt in Zeitungspapier unterm Arm. Der Wind pfiff unbarmherzig durch die zerschlissenen Kleider. Ein gemeiner, schmerzender Husten plagte mich elendiglich, die Augen tränten und schmerzten. Ziellos irrte ich zur Ecke des Broadway, blieb dort im Brennpunkt des wilden Verkehrs kurze Zeit hilflos stehen und beschloß schließlich, zum Centralpark hinaufzugehen. Dort hatte ich früher manchmal Obdachlose auf Bänken schlafen gesehen.
Schwach und müde schlug ich also den Weg zum Park ein. Ich schämte mich in meiner grenzenlosen Verlassenheit vor jedem Menschen, der mir begegnete. Warum war ich in diesem Zustand auf den Broadway gekommen? Was hatte ich hier verloren? Was sollte ich hier? Das bittere Elend meines Zustandes wurde angesichts der Tausenden, die hier Vergnügen suchten und mir lachend, redend und schreiend entgegenströmten, nur noch bitterer fühlbar. Kaum jemand, vor allem die Frauen, würdigten mich eines Blickes. Sah mich zufällig doch eine an, so war es, als blicke sie durch Glas oder Luft. So trostlos seelenlos war mir noch nie im Leben zumute gewesen. Männer, die vorübergingen, schenkten mir eher einen mitleidigen Blick und das gab mir, dem verlorenen Sohn, Trost und tat wohl in meiner elenden Verlassenheit.

Mein Magen war leer und der Hunger tat mir weh. Es war, als hätte ich Feuer in den Eingeweiden. Seit zwei Tagen hatte ich nichts mehr gegessen. Im italienischen Viertel war es mir gelungen, durch einen schnellen, verzweifelten Griff zu einem Laib Brot zu kommen. Ungeschickterweise hatte ich dann mit dem kostbaren Gut unterm Rock plötzlich zu laufen angefangen. Mir war schwindelig gewesen vor Hunger und Schwäche. Das Brot habe ich gierig in wenigen Minuten unter den Riesenpfeilern einer Brücke verschlungen, wobei mich ein Policeman, der mich verfolgt hatte, kurze Zeit, von Mitleid gepackt, wieder laufen ließ.
Meine ganze Hoffnung und Zuflucht war jetzt dieser Park. Dort gab es Bänke. Dort konnte man ausruhen. Das Sitzen konnte mir niemand verwehren. Und am Ende merkte gar kein Mensch, daß ich dort schlafen wollte.
Während der nächsten Aufnahmen sah ich unter den mir begegnenden, eiligen Menschen am Broadway plötzlich ein erstauntes Gesicht, zwei Augen blitzten mich den Bruchteil einer Sekunde an, und erschrocken dachte ich mir: Der hat dich erkannt, da gibt es kein Ausweichen mehr. Wie von einem Magnet angezogen, kam der junge Mann direkt auf mich zu. Es war mitten in einer schönen Szene, schade ... ein Ausweichen war unmöglich, schon stand der Mann vor mir:
»You are Mister Trenker!?«
Ich sagte nichts, aber er ließ sich nicht abbringen:
»Mein Gott, was ist mit Ihnen geschehen? Wieso kommen Sie in diesem Zustand nach New York? Erzählen Sie! Ich kenne Ihre Filme, Ihre Bücher. Es geht Ihnen scheinbar nicht gut – darf ich Ihnen helfen?«
Ich schwieg ... er fuhr fort:
»Entschuldigen Sie ... aber, Sie sind doch Mister Trenker?«
»Ja, allerdings. Wir sind gerade bei einer Filmaufnahme, die Kamera ist in einem Auto versteckt, und es soll niemand etwas

merken«, sagte ich und schielte zum Wagen hin, um zu sehen, ob meine Leute noch da seien.

Der überraschte Mann entschuldigte sich ob der Störung und ging zur 42. Straße, wo unsere Wagen parkten. Als wir mit der Aufnahme fertig waren, traf ich den freundlichen Amerikaner bei den Wagen. Er war nicht wenig erstaunt, mir als Bettler in der Millionenstadt am Hudsonriver begegnet zu sein. Immer wieder sah er mich und die im Innern des zweiten Wagens versteckte Kamera.

»What a funny story!« meinte er.

In der Halle des Roosevelthotels erzählte ich dann Mister Henry John Candler aus Brooklyn, warum ich am Broadway und in diesem Zustand filmte.

Vielleicht war für ihn die unverhoffte Begegnung mit dem Tiroler Bergsteiger nur verblüffend, denn nie im Leben war mir Mister Candler vorher begegnet, und in meinen Filmen hatte ich doch bei Gott ein wenig anders ausgesehen als jetzt hier in New York. Ich weiß nicht, war es mein Zustand oder die Rolle, in die ich mich eingelebt hatte: Selten habe ich mich im Leben so gefreut wie an jenem Nachmittag, an dem mich ein fremder Amerikaner unter tausend Menschen am Broadway erkannt und in herzlicher und hilfsbereiter Weise angesprochen hatte.

Als einige Tage später unser Schiff wieder ostwärts in See ging, stand er am Pier neben vielen anderen amerikanischen Freunden und grüßte und winkte. Lange noch sah ich seinen hellen Hut, dann verschlangen die Nacht und das Meer Menschen und Gebäude. Die gewaltigen Blinkfeuer der Wolkenkratzer und die Millionen Lichter strahlten und flimmerten, bald nur mehr fernen Sternen gleich, über den dunkelglänzenden Fluten des Ozeans.

Kalifornische Reise

New York

Ankunft am 13. Januar mit dem Dampfer »Bremen« nach Schneetreiben, Sturm und Nebel während der Überfahrt.
Es ist Mitternacht. Eine Unmenge Menschen am Pier. Ohrenbetäubender Lärm und Tausende von Koffern.
Fahrt durch Brooklyns dunkle Straßen, dann über die gewaltige Hudsonbrücke. Immer lichter und rauschender das Brodeln der Stadt, immer flammender und lebendiger die Lichtreklamen. Bis diese am sogenannten White Way alles übertreffen, was sich das phantasiereiche Hirn einer nach Vergnügen schreienden Metropole vorstellen kann. Lichter wandern hinauf, Lichter wandern hinunter, Strahlen löschen und zünden, Menschen strömen in breiten, unabsehbaren Ketten: Broadway.
An den Ecken und Haustüren Lungerer, Gauner, verdächtige Figuren. Schwere Massen wuchten gleich Felswänden in den dunklen Himmel. Lichter hängen im dunstigen Nichts. Tausend Laternen leuchten gestaffelt irgendwo im Raum, Wolkenkratzer bei Nacht.
Weiter fahren wir durch Schluchten dem Hotel zu. Im 42. Stockwerk liegt mein Zimmer.
Der Portier begrüßt mich:
»How are you?«
»All right! Können Sie Deutsch?«
»Ja, ich bin Wiener.«
Die amerikanischen Lifts sind schneller als die europäischen.

»Please?«
»In den 42. Stock. Können Sie Deutsch?«
»Jawohl, ich bin Würzburger.«
Im Zimmer ist Radioanschluß, sonst ist es sehr nüchtern und klein. Ich klingle dem Stubenmädchen. Die Maid erscheint:
»Do you speak German?«
»O yes, I am a German.«
»Von wo?«
»Aus Bayern bin i.«
»Das ist ja herrlich. Wieso sind so viele Deutsche hier im Hotel?«
»Das ist Zufall. Aber im Hotelgewerbe arbeiten hier in New York viele Landsleute.«
New York im hellen Lichte eines nebel- und wolkenlosen Tages: hundertfünfzig Meter unter meinem Fenster kriechen winzige Autos und Menschen dahin. Ich habe Abseilanwandlungen.
Sehe ein Theaterstück »Reunion of Vienna«, eine derbe, billige Persiflage auf die Habsburger. Hervorragend gespielt. Ich bin kein Legitimist, aber mir hat das Herz weh getan.
Dann Roxy, das Riesenkino, der Riesen-Sex-Tempel, in dem sich der New Yorker Bildung, Rührung, Unterhaltung und – Andacht holt.
Alles Revuehafte, Varietéartige ganz hervorragend gemacht. Bühneneffekte, Lichttechnik, Exaktheit und Auswahl der Mitwirkenden erstklassig. Das große, hundert Mann starke Orchester bestechend fest und klar. In der Wochenschau amerikanische Flotten-, Flieger- und andere Soldatenbilder. Das Publikum klatscht begeistert. Die Musik spielt die Hymne der Blaujacken.
Dancing mit Chicken-Dinner. Das Lokal heißt »Hollywood« und liegt am Broadway. Sie tanzen, singen, werfen Beine in die Luft, sind blond und gelenkig. Schlanke Girls. Die Stimmen

sind alle gleich, die Haare, die Lippen, die Fingernägel und die Kostüme auch.
Auf unserem Tisch stehen zwei Flaschen Ginger Ale. Wir sind die einzigen, die das Zeug ohne Alkoholzusatz trinken.
Unter allen Tischen stehen mitgebrachte Whiskyflaschen, und jeder trinkt, was und wieviel er will.
Neben mir wird ein Mann, der fast vom Stuhl fällt, hinausgeführt. Es wird geraucht, daß die Decke zu schweben scheint. Die Laune ist fröhlich und ausgelassen. Lachen können diese Amerikaner wie Pferde.
Im 42. Stockwerk schläft es sich prachtvoll. Ich höre kein Autohupen, ich höre kein Geschrei und Gebell. Nur irgendwo von unten herauf ein fernes, gleichmäßiges Brodeln, das mich einschläfert.

Nach Westen

Von Chikago führt die Santa-Fé-Bahn über La Plata nach Kansas City. Wir überqueren den gewaltigen Mississippistrom. Die niedergespannten Bündel der Telegrafendrähte leuchten im Abendlicht, als glühten sie. Die Schienen laufen geometrisch geradeaus. Ins Unendliche.
Braungraue Steppe, Birken- und Eschenwälder, gewaltige Maisfelder, Ahornbäume, Holzbaracken, Farmen fliegen vorbei. Die Bauten erinnern an die Siedlungen der Westküste des nördlichen Norwegen. Schuppen rot, Wohnhäuser weiß.
Die Landschaft wird immer grauer, brauner, eintöniger. Die Sonne versinkt im Boden. Gleichmäßig rollt die schwere Rauchfahne vom kurzen Schlot der vierstimmig heulenden Lokomotive weithin über das Land.
Wie groß ist dieses Land! Anders als New York oder Chikago. Dort die Fabriken, rauchend, zischend, grollend. Hier

nichts mehr von alledem. Wir sind in der Prärie, im Steppenland, weitab vom alten besiedelten Osten. Es geht westwärts.

Die Lokomotive heult wie ein Tier, groß und stark klingt das Rufen. Auf ihrem Rücken läutet eine warnende, kündende, stürmende Glocke. Sie läutet durchs Land: »Ich komme, ich komme, ich komme . . .«

Die Züge haben Namen, nicht Nummern. Mein Zug heißt: »The Chief« – »Der Häuptling«.

Es ist sechs Uhr morgens. Schneeverwehungen zeigen an, daß wir über Nacht gestiegen sind. Die Landschaft wird nun härter, trockener, gelber. Das Vieh dickfelliger, zerzauster. Ohne Unterbrechung gleiten wir an Ranchen vorbei und an ärmlichen Farmen. Alle sehen aus wie improvisierte Bretterbuden.

Tafelbergförmiger Fels erscheint. Hoch oben am Grat leuchtet in großen Buchstaben ein Name: Trinidad.

Drei Quer- und eine Längsstraße. Hotels, Stores, Magazine. Amerikanische Provinz. Die Architektur ist schauderhaft nüchtern, wie abgestandenes Bier. Maurische Spitzbogen aus Lehm. Im Führer steht: Trinidad, 5971 Fuß hoch, 11732 Einwohner. Es werden hier 51 Erzminen mit 5000 Mann betrieben. Das Opernhaus kostete 75000 Dollar, die Wasserleitung 1000000 Dollar und das Gemeindehaus 100000 Dollar.

Wir nähern uns der Mitte des Kontinents. Der Zug bekommt drei Lokomotiven. Wir steigen rasch um weitere 1700 Fuß und sind nach 15 Meilen ungefähr 2600 Meter hoch. Farmen und Ortschaften werden seltener. Das weidende Vieh sucht sein kärgliches Futter unter dem Schnee.

Ich sitze 55 Stunden im Zug, der nur drei- bis viermal am Tage hält, und habe noch 30 Stunden Fahrt bis Los Angeles vor mir. Es ist die schnellste Eisenbahnverbindung, die es zwischen Ost und West gibt.

Wir kommen ins Gebiet von Arizona und Neumexiko. Kirchen und Bahnhöfe haben mexikanischen, indianischen Einschlag und scheinen aus Lehm errichtet zu sein. Indianer sieht man fast gar nicht, Mexikaner selten.

Die Landschaft wirkt ganz groß. Niedrige Bäume und dunkles Buschwerk unterbrechen das kühle Blauweiß der gefrorenen Schneedecke. Weit im Westen erhebt sich ein gewaltiger Gebirgsstock.

Bis gegen Mitternacht bleiben wir noch in der Höhe von zirka 7000 Fuß, dann geht es bergab. Aber morgen mittag werden wir wieder auf 7000 Fuß steigen.

Albuquerque. Es ist zehn Uhr abends. Hier gibt es Indianer. Die armen Teufel hocken herum und rauchen. Weiber verkaufen Teppiche, Bogen, Mokassins und Ansichtskarten. Das ist nicht sehr lustig, eher traurig.

Der Mond steht klar und kreisrund am Himmel. Wir fahren durch die Wüste Kaliforniens.

Seidenes Grün hebt sich zart und matt vom sandfarbenen Boden. Zwischendurch steckt dunkles Gestrüpp seine phantastischen Formen. Zauberhaft wirken die auftauchenden Oasen mit Palmen und Gärten. Es sind Haltestellen der Bahn, deren Hauptproblem beim Bau die Wasserversorgung gewesen sein muß.

Die geteerte, staubfreie Automobilstraße läuft seit gestern immer neben der Bahn her.

Benzindörfer mit farbigen, lustigen Holzbaracken tauchen auf. Es wird wärmer, sonniger. Der Zug rollt schneller. Es geht bergab.

Wir fahren durch Orangenhaine, durch nicht enden wollende Grapefruitpflanzungen. Das Gelände wird reicher und lebendiger, und weit unter uns spannt über einem unendlichen Häusermeer der Pazifische Ozean seinen blauen, unwirklichen Bogen. Die Westküste ist da.

»Wollen Sie mitkommen nach Agua-caliente?«
»Wozu?«
»Es gibt dort große Pferderennen, schöne Frauen, Rheinwein, deutsches Bier, Schnaps, und spielen können Sie auch, wenn Sie Lust haben.«
»Das gibt es ja auch hier.«
»Aber dort ist es anders. Kommen Sie und nehmen Sie nicht zuviel Geld mit.«
»Mit wessen Wagen fahren wir?«
»Mit dem des Präsidenten. Um zwei Uhr. Vergessen Sie den Paß nicht.«
»Okay, ich werde da sein.«
Der bequeme Rolls-Royce rollte lautlos über die breite Hauptstraße der Grenze Mexikos zu. Bis Agua-caliente mögen es von Hollywood aus 250 Kilometer sein. Die Durchschnittsgeschwindigkeit der großen Wagen ist auf den Hauptstraßen mit 70 bis 80 Meilen begrenzt.
Die Straßen sind so breit, daß links und rechts vom weißen Strich, der die Mitte anzeigt, drei bis vier Wagen gleichzeitig fahren können. Die Bilder wechseln schnell. Orangenhaine, zwanzig Minuten lang rollen wir an den Gärten dieser goldenen Früchte vorüber.
Gegen Abend passieren wir die Grenze. Wir erreichen den ersten mexikanischen Ort. Er heißt Tia Juana. Nichts erinnert an Mexiko. Der Ort hat eine Hauptstraße, Dancings, Drugstores, Garagen, Bierhäuser und Bordelle. Es ist ein amerikanischer Ausflugsort ohne amerikanische Gesetze, ohne Prohibition und ohne die Mäntelchen, die dem öffentlichen amerikanischen Leben durch die großen Frauenorganisationen umgehängt werden. Hier herrscht im Gegensatz zu den Hemmungen jenseits der Grenze der Exzeß.

Wir fahren weiter und steigen einige Minuten später im paradiesischen Viereck eines Palmengartens vor dem Portal des Hotels Agua-caliente aus.
Ein Diener führt uns durch die märchenhaft schöne, im altspanischen Stil erbaute Halle und durch einen Garten in unseren Wohntrakt.
Ein Springbrunnen plätschert. Es ist Abend, und in einigen Zimmern brennt Licht. Tiefe Ruhe herrscht. Irgendwo in den Palmen plärrt ein Papagei. Alles ist ebenerdig in die Breite gebaut. Man empfindet den absoluten Gegensatz zur Enge der Wolkenkratzer.
Das Appartement des Präsidenten liegt abseits, für sich abgeschlossen. Es besteht aus sechs Zimmern, darunter ein eigenes Spielzimmer. Drin sitzen zwei Croupiers zu seiner Verfügung. Sie vertreten die Spielbank von Agua-caliente.
In diesem Zimmer kann man nach Belieben Roulette, Baccarat oder Karten spielen. Der Mieter ist allein und ungestört.
Der Präsident spielt trotz seines Alters bis zum frühen Morgen. Tausende von Dollars werden umgesetzt. Kurz nach unserer Ankunft sitzt er schon am Spieltisch. Er hat Glück und gewinnt.
Vor dem Haus begegnet mir Paul, der aus Hollywood mitgekommen ist, und wir gehen zusammen hinüber in den Trakt, in dem die Unterhaltungsräume untergebracht sind.
»Wollen Sie spielen?«
»Heute nicht, ich will mir aber die Spielsäle ansehen.«
»Habens Sie Wallace Beery gesehen?«
»Ist er hier?«
»Alle sind hier.«
Wir betreten die Halle. Sheriffs im Abendanzug. Links an der Brust haben sie einen metallenen Stern, der Zweck und Behuf ihres Hierstehens kennzeichnet.
Aus dem Grillroom kommt Tanzmusik. Im Spielsaal ist es

verhältnismäßig ruhig. Wir gehen hinein. An allen Tischen wird gespielt. Die großen Roulettebänke in der Mitte sind von Damen und Herren umlagert. Das Rollen und Springen der Kugeln übertönt das halblaute Sprechen der Croupiers. Es sind nicht alle nüchtern die spielen, aber auch die Nüchternen verlieren ihr Geld. Die Spielwut ist groß.

Frauen sind da, die älteren spielen, ihre Falten um den Mund werden härter trotz der verdeckenden Schminke. Schöne junge Frauen sieht man kaum.

Paul hat alles verloren, was er in der Tasche hatte. Die Menschen scheinen wie im Fieber. Ich schaue zu, wie die Croupiers die Banknoten mit ihren Stäben in die Versenkung des Spieltisches schieben. Brennende, lachende Augen. Rollende Kugeln. Zerknüllte Dollarfetzen. Klotzige Rollen Silberdollars in ganzen Blöcken auf dem grünen Tisch.

Make money, make money.

»Morgen sind die großen Rennen, Phar Lap aus Australien wird mitlaufen. Es soll das schnellste Pferd der Welt sein.«

»Auf das werde ich setzen.«

»Gute Nacht.«

Im Frühstücksaal herrscht großer Betrieb. Ich habe noch nie so exquisit gefrühstückt. Grapefruits, frische Erdbeeren mit Sahne; im Februar für einen Tiroler ungewohnte Genüsse.

Der Präsident ist da. Wir fahren zu den Rennen.

Phar Lap, das australische Wunderpferd, gewinnt. Mit ihm endlich auch Paul und ich. Wir fahren um fünf Uhr ins Hotel zurück. Paul wird, als wir am Eingang des Spieltrakts vorbeifahren, sehr aufgeregt. Er steigt aus und läuft schnell in die Spielsäle, wo er das beim Rennen gewonnene Geld sofort wieder verliert.

Abends essen wir gemeinsam im großen Saal. Während des Essens wird getanzt. Mexikanerinnen singen.

Alles ist da, was in Hollywood Namen hat und Rang. Mayer

von der Metro-Goldwyn-Mayer tanzt bald mit einer Schlanken in Rot, bald mit einer Dicken in Grün. Er hat die Nase eines Habichts, weiße Haare und den Blick eines Raubtieres. Thalberg, gegenwärtig der gewaltigste Mann der Metro, soll in diesem Jahr 1 3/4 Millionen Dollar verdient haben, plaudert mit einer schönen Lady. Man sagt, Thalberg sei ein leidenschaftlicher Spieler. Im Spielsaal ist er aber nicht zu sehen. Er hat ein eigenes Spielzimmer.

Buster Keaton findet seinen Tisch nicht mehr, er läuft auf mich zu und redet und lacht, er ist ja so besoffen, es dreht sich scheinbar alles in seinem Kopf; seinen Tanz hätte man filmen müssen.

Alles lacht, strahlt, tanzt und unterhält sich. Kein Platz, kein Sessel, kein Sesselchen ist frei. Die Türe wird von zwei Sheriffs bewacht. Sie lassen niemand mehr herein in dieses Allerheiligste jener Leute, die heute Geld und Erfolg haben und morgen vielleicht wieder vor dem Eingang stehen werden und anderen neidvoll zuschauen.

Tirol und Hollywood

»Berge in Flammen« sagt dem Amerikaner nichts. Der Film soll hier »The doomed Bataillon«, »Das verlorene Bataillon« heißen.

Im Atelier ist die Kaverne errichtet. Ganz genau wurde der große in die Felsen gehauene Raum nachgebaut. Die fünfzig Soldaten sehen gut aus. Mir scheint alles sehr bekannt verwandt. – Mein Englisch mag etwas tirolerisch klingen, aber das schadet nichts, ich spiele einen Tiroler Kaiserjäger. Dem Amerikaner ist es gleichgültig, wenn er merkt, daß das gesprochene Englisch einen deutschen, schwedischen, französichen oder spanischen Einschlag hat, er ist weit davon entfernt, darüber die Nase zu rümpfen, wie der Engländer dies in solchen Fällen gern tut. Daher waren auch die großen Erfolge der Garbo, der Dietrich, des Chevalier und anderer Europäer möglich.

Während wir eine Szene aufbauen, sitzt ein rothaariger, sommersprossiger Mann neben mir. Sein Schnurrbart ist an den Ecken zu einer scharfen Spitze gezwirbelt. Blick, Bewegung und Gehabe ist das eines Tiroler Kaiserjägers aus einem Unterstand an der Südfront im Jahre 1917: Ich frage ihn: »Do you speak German?«

»Jawohl, Herr.«

»Von wo sind Sie?«

»Aus Tirol.«

»Himmelherrgottsakrament! Von wo aus Tirol?«

Er redet Südtiroler Dialekt mit ampezzanischem Einschlag. Geboren war er in Cortina d'Ampezzo, den Krieg hatte er als Kaiserjäger mitgemacht, nun lebt er seit elf Jahren in Kalifornien. Der Film kam ihm gerade recht. Seit einigen Monaten ist er arbeitslos.

Unter den Komparsen sind Österreicher, Bayern, Ungarn und Italiener. Alle haben Heimweh, jetzt gar, weil es ihnen wegen Arbeitsmangel nicht gutgeht.

Die einzelnen Szenen werden ausführlich und bis ins letzte Detail geprobt, studiert und wieder geändert. Es kommt vor, daß wir früh neun Uhr fix und fertig im Studio stehen und nachmittags um fünf Uhr die erste Szene drehen. Der Negativverbrauch spielt dabei keine Rolle. Man arbeitet mit Fleiß, Exaktheit und Ruhe. Aufregung und Geschrei gibt es nicht. Dafür fehlt auch das Gefühl der Beteiligten, einer Idee, einem Gedanken, einem Ziel zu dienen.

Ins Freie zu gehen und dort zu drehen, ist dem Filmtechniker von Hollywood eine unbequeme, ungewohnte Sache. Es bedurfte großer Reden und langer Kämpfe, bis ich die Leute so weit hatte, daß sie die im Freien spielenden Szenen auch wirklich im Freien drehten. Sie taten dies erst, als die im Atelier gedrehten Szenen sich als unbrauchbar, weil nicht zu meinen aus den Bergen mitgebrachten Aufnahmen passend, erwiesen.

Palm Springs

»Wo essen wir?«

»In dem Gartenhaus an der Ecke drüben ist eine wunderbare speakeasy.«

Nach vorsichtigen Fragen öffnet ein Herr. Er trägt Frack und führt uns hinunter in die Räume, welche im Keller liegen. Kerzenbeleuchtung auf den Tischen. Schlechtes Essen, teures, aber gutes Trinken.

»Was machen Sie Sonntag, Feyder?«

Er hebt seine müden Augen und sieht mich fremd und traurig an.

»Fahren wir nach Palm Springs oder La Quinta? Wollen Sie mitkommen? Dort bleiben wir bis Montag.«

In Palm Springs ist viel Sonntagspublikum. Von Filmleuten sehe ich den Regisseur Willy Whyler, die Dietrich, Ramon Novarro.

Abends fahren wir im Mondschein durch die Wüste. In der Ferne taucht nach zwei Stunden Fahrt eine dunkle Oase auf. Es scheint ein Kloster zu sein. Wir halten. Läuten. Alles ist geheimnisvoll.

Ich frage Jacques Feyder. Er sagt: »Hier kann man ganz gut essen und trinken.«

Ein Herr öffnet eine kleine Luke in der Tür, flüstert etwas und geht wieder. Wir warten unter dem Sternenhimmel der kalifornischen Wüste. Inzwischen sind noch fünf, sechs große

Limousinen angekommen. Damen in kostbaren Abendkleidern steigen aus.
Endlich dürfen wir eintreten. An der Tür ist ein Spiegel angebracht; von innen kann man sehen, wer draußen wartet, von außen sieht man nur sein eigenes Spiegelbild.
Wir sitzen im Saal. Es wird getanzt. Die Musik ist ausgezeichnet, wie alle amerikanischen Jazzkapellen. Dann gehen wir hinüber in die Spielsäle. Eine luxuriöse Spielhölle mitten in der Wüste. Trotz aller Verbote. Es gibt französischen Champagner und deutsche Weine, Whisky und Soda.

La Quinta

La Quinta ist ein versunkener Traum aus dem alten Spanien. Die Stille, der Wüstenhimmel und das Klima hüllten mich in die Unwirklichkeit eines Märchens unter unzähligen Sternen.
Ich dachte an die Berge drüben in der Heimat, an die Gletscher des Wallis und die leuchtenden Türme der Dolomiten.
Feyder hört zu, ich erzähle von meinen Kameraden.
»Das Land hier ist märchenhaft schön«, sage ich.
»Ja, aber gefährlich, man wird bequem und unendlich träge.«
Er kennt es besser als ich.
In tiefer, einsamer Nacht fahren wir durch die herrliche Wüste nach Palm Springs zurück.
Als wir in Hollywood in unserer speakeasy bei einem Glas Wein den zweitätigen Ausflug beschließen wollen, erfahren wir, daß sie geschlossen ist und die Insassen verhaftet seien. Feyder hebt, als er es hört, seine müden Augenlider um eine Nuance höher und sagt: »Schade, sehr schade.«

Öl

Unweit von Los Angeles erstrecken sich große Ölfelder. Der Pazifische Ozean mit seinen weichen Wellen umspült den hellen Strand dieser ewigen Sommer-Palmgärten. Blühende Kakteenhecken sonnen sich und wachsen im üppigen Licht.
Daneben schießen dunkel und ehern Bataillone von Bohrtürmen in den kalifornischen Himmel, starr und gradlinig.
Drüben, in den verkommenen Vierteln von Los Angeles, laufen Tausende von Arbeitslosen herum. Sie sind selbst über diesen Zustand verwundert, da er bisher in Amerika unbekannt war.
Auf den ungeheuren Ölfeldern von Venice, Riverside Hills und Bakersfield schöpfen Tausende von Bohrtürmen Tag für Tag, Nacht für Nacht, Stunde für Stunde Geld aus der Tiefe. Ich trieb mich manches Mal auf diesen Ölfeldern herum und begegnete kaum einem Menschen, so daß ich den Eindruck hatte, in einer Geisterstadt zu sein.
Dieser Eindruck wurde durch das gleichmäßige Saugen und Klappen der Pumpwerke erhöht.
Arbeiter sah ich keine, nur gelegentlich einen Aufseher. Arbeiter sind nicht mehr notwendig. Die Maschinen besorgen alles.

Death Valley

Es ist Sonntag vier Uhr morgens. Wir stehen in der kühlen Luft und verpacken unsere Sachen im kleinen Wagen. Die Lichter brennen, und der Fuß drückt den Gashebel, daß der Wagen mit achtzig Meilen über die dunkel geteerte Straße fliegt. Der weiße Strich in ihrer Mitte kommt mir vor wie ein Band, das wir fressen.
In San Bernardino fassen wir Brennstoff. Ohne Rast fahren

wir weiter, nordwärts über Barstow, Baker, Soshone. Es sind kolonial anmutende Garagen, Drugstores und Hotelplätze, romantisch verloren in der großen Wüste. Auf den breiten Straßen ist das Fahren ein fast stumpfsinniger Genuß. Die Sonne brennt heiß auf die steinige Wüstenlandschaft.

Wir sind jetzt zwölf Stunden im Wagen. Den Durst löschen wir mit einem Glas Coca-Cola. Wir wollen noch auf Dantes View und nachher hinunter ins Todestal, wo irgendwo, verloren in der großen, stillen Einöde, ein schönes Hotel namens Furnace Creek liegen soll.

Kein Teer und kein weißer Strich kennzeichnet nunmehr die Straße. Sie wird schmal, steinern, holperig und oft zwischen Sträuchern und Felsbrocken kaum erkennbar. Die Sonne sinkt immer tiefer zum Horizont, so daß sie uns in die Augen scheint. Wohin wir blicken und so weit der Wagen fährt, gibt es nichts als Sand und karges Wüstengestrüpp. Der Weg wird steiler und noch schlechter. Nach einiger Zeit erreichen wir endlich Dantes View, den höchsten Punkt der diesseitigen Umrahmung des Todestales. Eine Hütte steht oben. Dunkel hebt sich ihre Silhouette vom goldbraunen Himmel ab.

Wir steigen aus. Der Blick nach Westen ist phantastisch. Weit drüben lastet schwer, gleich einem blauen Riesentier, eine lange Bergkette. Kein Laut ist zu hören, keine menschliche Siedlung zu spüren, so weit das Auge reicht. Wir sind auf ungefähr zweitausend Meter Höhe; gerade unter uns im Todestal ist die tiefste Stelle Kaliforniens, sie liegt dreihundertzehn Fuß unter dem Meeresspiegel. Gespenstische Stille liegt über allem. Unten leuchten tintenfarben die Seen, deren Gase zu gewissen Zeiten giftig, ja tödlich sein sollen. Weiter südwärts liegen die kalifornischen Goldgräberbezirke.

Wir schauen. Die Unendlichkeit, die Ewigkeit der großen Natur erschreckt uns.

Um Mitternacht landen wir in einer Oase. Viel schöner kann

das Paradies auch nicht gewesen sein. Ich bezweifle, ob es so schön war wie die Furnace Creek Inn. Wasser plätschern in den Pools, Vögel singen, Palmen rauschen im kühlen, abendlichen Wüstenwind, Lichter leuchten, von irgendwoher klingen durchs Radio sonore Negerstimmen in weichen Klagetönen. Der Sand und die Trockenheit des ganzen Tages sind im Bad vergessen.

Ins Raunen und Rauschen der Palmen quaken die Frösche ihre Gesänge, und bald schlafen wir fest und traumlos.

Der Morgen ist klar, hell, weiß und gläsern. Nichts mehr von der dunkelfarbigen Schwere und Tiefe des gestrigen Abends ist zu spüren, aber weiter, endloser, ferner und leblos – steiniger ist der Ausblick.

Wir packen auf und fahren ins Goldene Canon, dann quer durch das Todestal in die Schotterberge, an Stovepipe Wells vorbei, wild, fremd und eintönig führt das Band der hellen Straße durch fruchtlose Steinwüsten und Sanddünen westwärts bergauf bis hoch in die Einöden. Wir kommen an verlassenen Goldgräbersiedlungen vorbei. Kleine Städte sind hier in Tagen entstanden und in Tagen verschwunden. Damals gab es noch keine Autos und keine Straßen. Die Menschen mußten in wochenlangen Reisen mit Maultieren alles herschleppen. Wasser fehlt hier vollständig, die Luft trocken und die Sonne heiß. Im Sommer ist hier die Hölle.

Aber die Goldgräber fragten nicht danach, sie wollten Gold finden.

Wir treten in eine Hütte, sie war einmal eine Bar. Keine Menschenseele ist da. Stühle stehen herum, Tische. Auf dem Bartisch liegen Flaschen, auf dem Boden ein Hut. Wir gehen noch in einige andere Hütten. Überall dasselbe unheimliche Bild; ich hätte Angst, hier allein bleiben zu müssen. Seit vielen Jahren ist der Ort völlig verlassen. Viele hundert Menschen haben hier einmal gearbeitet, verdient, gelitten und verloren.

In den Goldminen liegen Spaten, Werkzeuge, Schubkarren, Sandsiebe, Maschinen verrostet und verwittert herum. Wo ist das Gold jener Zeit, das Tausende hergelockt hatte, die in der Hitze und sengenden Wüstensonne verdursteten und zugrunde gingen? Mit Schaudern verlassen wir diesen Friedhof der Wünsche und Hoffnungen. Der Vergleich mit der natürlichen Gesundheit eines Bauernhofes im Gegensatz zu diesen Grabstätten drängt sich auf.

Unser treuer kleiner Motor läuft unermüdlich. Wir kommen noch an vielen verlassenen Siedlungen und Goldminen vorbei. Erst gegen Nachmittag taucht Darwin, eine bewohnte Silberminenstadt, auf. Hier leben in Baracken etwa fünftausend Arbeiter. Die Straße wird besser, der Josuabaum belebt weite Strecken. Drüben im Westen sind gewaltige Schneeberge erschienen, es ist die Sierra Nevada, die gegen Norden der 14560 Fuß (zirka 4800 Meter) hohe Mount Withney abschließt. Zwischen gewaltigen Salzseen führt uns der Weg über einen dritten Paß in ein unendlich langes Tal, welches von der Sierra Nevada längsseits begrenzt wird.

Wir fahren abwechselnd. Jetzt ist die Straße auch wieder geteert und fast sechzehn Meter breit.

Nach einiger Zeit biegen wir ab, dem Walkerpaß zu und kommen in die Sierra Nevada. Die schönen, die ewigen Schneeberge! Es gibt wieder Wasser im Tal, es gibt plötzlich Fichten, Tannen, Wiesen, schweizerartige Bauernanwesen, Zäune, weidende Rinder, Korn und Menschen! Der Gegensatz ist stark, verblüffend, groß und mächtig. Wir halten und legen uns ins grüne Gras.

Dantes View und Mount Withney! Ein Fluß rauscht durch das Tal, der Kern River. Er begleitet uns bis zur Ölstadt Bakersfield. Vom Kern River kommt kein Tropfen in den Pazifischen Ozean. Jeder Tropfen wird den Feldern zugeführt.

Morgen früh müssen wir im Atelier sein und verlassen deshalb in später Nacht nach kurzer Rast das lichtflimmernde Bakersfield.

Zweihundert Kilometer durch die kalifornische Nacht. Lichter kommen, Lichter gehen, Brücken tauchen auf, Berge, Schluchten und Ölfelder fliegen vorbei.

Um vier Uhr morgens, genau zwei Tage nach unserer Abfahrt, brummt der tapfere kleine Ford wieder durch den Sunset-Boulevard in Hollywood unserer Behausung zu.

Der Mountain-Climber

Die Universalstudios sind groß, und ihre Bauten bedecken das Areal einer kleinen Stadt. Weil die Unternehmung auch ein eigenes Postamt hat, nannte man den ganzen Komplex einfach Universalcity.

Wenn mich jemand im Gelände oder in der Kantine, im Studio oder in den Büros sah, dann hieß es immer: »Dort geht der Mountain-Climber.«

Ich war für die Leute dort nicht Darsteller, Regisseur oder Verfasser eines Films, ich war einfach Mountain-Climber. Mit dieser Bezeichnung wurde meine Ankunft in Hollywood von der Presse bekanntgegeben, und unter dieser Bezeichnung wurde ich überall vorgestellt. – –

Vor mir sitzt eine junge blonde Lady und will für die Sonntagsausgabe der Times allerlei wissen. Ich versuche, ihr mit meinem sparsamen Englisch das Handwerk möglichst zu erleichtern.

»Sie sind ein Mountain-Climber?«

»Ja, man sagt hier so.«

»Und was tut ein Mountain-Climber?«

»Er steigt auf die Berge.«

»Wozu steigt er hinauf?«

»Weil es ihn freut.«
»Verdient er dabei Geld?«
»Nein, im Gegenteil, es kostet Geld.«
Sie schüttelt den Kopf, schaut mich lächelnd an und fragt: »Gibt es viele Menschen, die das tun?«
»O ja, viele.«
»Ist es weit auf die Berge, und gibt es auch Schnee und Eis dort oben?«
»Ja.«
»Ist es gefährlich?«
»Manchmal ja.«
»Was tut ein Mountain-Climber, wenn er oben auf dem Gipfel ist?«
»Dann rastet er und freut sich.«
»Was tut er nachher?«
»Dann steigt er wieder hinunter ins Tal.«
»Machen es denn alle Mountain-Climber so?«
»Ja, die meisten.«
»Aber was hat das für einen Sinn?« fragt sie, und ich sehe, daß sie mich bemitleidet. Sie hatte sich unter »Mountain-Climber« etwas Vernünftigeres vorgestellt, vielleicht etwas, womit man viel Geld verdienen konnte, aber nur aus Freude auf die Berge zu klettern, das verstand sie nicht.

Rätsel um Hermann Buhl

In der so reichen und vielgestalteten Welt des Alpinismus gibt es keine Erscheinung, die sich mit Buhl vergleichen ließe. Die üblichen Bezeichnungen Bergsteiger, extremer Kletterer, Meister des VI. Grades reichen für Buhl nicht aus. Er war dies alles, ein Meister im Fels wie im Eis, und er war noch mehr, als diese Begriffe sagen. Für ihn ist die landläufige alpine Klassifizierung tatsächlich unzureichend. Nicht allein was Buhl geleistet hat, sondern wie er es geleistet hat, bleibt einmalig. Dieser junge Tiroler war dem Berg in einer Weise vertraut, die sich schwer erklären läßt und immer neue Rätsel aufgibt. Dabei war Hermann Buhl keineswegs eine athletische Erscheinung, im Gegenteil, von Kindheit an eher schwach und leicht kränkelnd, wurde er später unheimlich zäh, drahtig und ausdauernd. Wer hätte diesem fast zart wirkenden jungen Mann die ungeheuerlichen Leistungen zugetraut, die ihn in einem Sturmlauf ohnegleichen an die Spitze der alpinen Elite führten. Für ihn galt immer und überall nur der Berg an sich. Das Wetter, das doch für jeden Bergsteiger eine so wichtige Rolle spielt, war ihm im Grunde gleichgültig. Er lachte nur, wenn andere für ihre Unternehmungen auf »schönes Wetter« warteten. Er hat das Wetter selbst bestimmt und ist dabei bis zu seiner Schicksalsstunde am Chogolisa gut gefahren. Eine andere Eigenheit: er konnte auf Vorrat essen, dafür aber dann, wenn es sein mußte, viele Tage hungern. Doch das sind schließlich nur Aspekte, die sich auf das Physische beziehen. Was Hermann Buhl zu seinem Sonderfall in der Geschichte des Bergsteigens macht, liegt tiefer und bleibt im letzten unergründlich und rätselhaft. Sein sech-

zehn Stunden dauernder Alleingang am Gipfel des Nanga Parbat war eine Leistung, für die selbst erfahrene Psychologen keine zureichende Erklärung finden konnten, eine Leistung, möchte ich sagen, die alle bisherigen menschlich-alpinen Maßstäbe über den Haufen geworfen hat.
Ich bin Hermann Buhl zum ersten Mal während einer Filmaufnahme, die ich im Karwendel drehte, begegnet. In der Handlung war ein Lawinensturz vorgesehen. Es war an einem Sonntag im März, viel Schnee lag, hoch über uns ragte von der Sattelspitze eine auffallende Wächte weit über den Abgrund hinaus. Ich fragte einige Innsbrucker Bergsteiger, die vorbei kamen, ob sie versuchen würden, die Wächte zum Abbruch zu bringen. Die Burschen waren gleich dabei. Am Gipfel angelangt, begannen sie, gut gesichert, den großen Schneeüberhang mit ihren Eispickeln zu bearbeiten. Darsteller und Kameras standen bereit, aber die Wächte rührte sich trotz aller Bemühungen der Männer nicht. Mehrmals rief ich warnend zu den zornig auf dem ausladenden Schneedach herumstampfenden Männern hinauf, wollte das gefährliche Spiel aufgeben als einer von ihnen mit einem gewaltigen Satz über die Wächte hinaussprang, im aufspritzenden Firn landete und blitzschnell unter das Schneedach zurückeilte, um es von unten her zu bearbeiten. Meine besorgten Rufe, die Schneemasse könnte den Mann erschlagen, wurden überhört. Schon gellte der Ruf: »Drehen, drehen, die Wächte kommt ...« Lawinenartig stürzten die Schneemassen an uns vorbei in die Tiefe, wir drehten und es war wieder einmal alles gutgegangen. Als ich den waghalsigen Springer nach seinem Namen fragte, antwortete er: »Buhl, Hermann Buhl.«
Das war kurze Zeit nach Kriegsende. Ich hatte keine Ahnung von der stolzen Anzahl großartiger Touren, die der bescheidene Innsbrucker Skikantenmonteur damals schon aufzuweisen hatte. Da war der Todessturz eines Alleingängers in den Wet-

tersteinwänden, der dem damals siebzehnjährigen, unerfahrenen Buben gezeigt hatte, wie es gehen kann, da waren die Wände und Gipfel im Karwendel, im Kaisergebirge und im Wetterstein, die er mit seinen Kameraden durchstiegen hatte. Es gab auch das vernichtende Urteil der Älteren: »Laß du das bleiben, aus dir wird nie ein Bergsteiger werden!« und das er mit dem stummen Schwur beantwortete: »Ich werde euch schon zeigen, was ich noch werde.«

Was nach dem Krieg kam, wissen wir: Not, Armut und ein Existenzkampf, der dem mittellosen Heimkehrer nichts ersparte. Trotz allem, über den »geraden Weg« durch die Lalidererwand findet er von einem großen Erlebnis zum anderen, hinreißender Ehrgeiz und Begeisterung verleihen ihm Flügel, keine Askese ist dem mittellosen, von einem unglaublichen Feuer durchglühten Burschen zu hart. Er übernachtet in Heuhütten, hungert, friert, spart Kreuzer, kommt so oft er kann in die Dolomitenheimat seiner früh verstorbenen Mutter, geht an die Furchetta Nordwand, deren Erstersteigungsversuch mit Hans Dülfer ich einmal beschrieben hatte. In wenigen Stunden erreicht er die später als Dülferkanzel bezeichnete Wandstelle, zu der wir sechsunddreißig Jahre früher fast einen halben Tag benötigt hatten. So setzt Hermann Buhl in einem Sprung über zwei Generationen neue Maßstäbe. Felsfahrt auf Felsfahrt folgt. Der Marmolatapfeiler wird bei Kälte, Sturm und Hagel durchstiegen, die Zinnennordwände, die 1100 m hohe Civettawand, welche Leo Maduschka im September 1932 zum Verhängnis wurde, die Piz Badile Nordwand. Gipfel reiht sich an Gipfel. Schon locken die Eiswände der Westalpen. Im Inferno von Blitz, Donner und Sturmlawinen werden die Montblanc-Berge erkämpft. Biwaks in 4000 m Höhe bereiten dem stahlhart trainierten Körper keine Schwierigkeiten mehr, Hunger, Durst und alle Unbilden erträgt er mit demselben fröhlich-stoischen Gleichmut wie die Nächte in der Eigernordwand.

Kurze Zeit nach seiner Heirat besucht er mich gemeinsam mit seiner jungen Frau in Bozen. Er wirkt still und ausgeglichen, bittet mich um Rat. Es wird Zeit, daß er sich eine Existenz aufbaut, die ihm den Unterhalt einer Familie ermöglicht, sagt er. Sein Verdienst als Angestellter in einem Insbrucker Speditionsgeschäft reicht trotz eiserner Sparsamkeit kaum zum Leben. Bergsteigen kostet Geld, bringt aber keines. Hunger hatte er bei Gott schon genug gelitten, was er suchte war eine mit der Bergsteigerei verbundene Aufgabe als Berater in einem größeren Sporthaus. Da er in der Bergsteigerwelt schon sehr bekannt war, machte ich ihm den Vorschlag, mit mir nach München zu fahren und dort bei einigen Sportartikelfirmen und Bergausrüstern vorzusprechen. Ich war überzeugt, sofort eine günstige Arbeitsbasis für ihn zu finden. Wir wurden aber zu meiner Enttäuschung überall bedauernd abgewiesen. Ob Scheck, Bock oder Münziger, die Stellen eines alpinen Beraters oder Referenten waren besetzt. Schließlich landeten wir beim guten alten Vater Schuster, den ich seit Jahren kannte. Wenn auch das Angebot, das er Buhl machte, bescheiden war, so war es doch recht erfreulich, weil es ihm die Möglichkeit gab, an jedem Wochenende und auch sonst seinen alpinen Plänen nachzugehen. Buhl schlug ein, nun hatte er in der Bergsteigerstadt München eine Lebensbasis gefunden, die ihm vorerst einmal die Sorgen um das tägliche Brot für seine kleine Familie erleichterte. Im Dezember 1952 tritt er im Bergausrüstungshaus Gustav Schuster die neue Stelle an. Da und dort rüsten alpine Vereine bereits Expeditionen für die Achttausender aus. Dabeisein, das ist Hermann Buhls Wunschtraum, er ist längst »himalajareif«.

Überglücklich, an der Nanga-Parbat-Expedition Dr. Herrlighoffers von 1953 teilnehmen zu dürfen, durchsteigt er, um sich für das große Vorhaben zu prüfen, allein und ohne jemanden zu verständigen in einer gespenstischen Winternacht die tief verschneite 1800 m hohe Watzmann-Ostwand, die höchste der Alpen.

Das große, für sein Leben entscheidende Abenteuer am deutschen Schicksalsberg, an dem bereits 35 Menschen ihr Leben eingebüßt haben, wartet auf ihn. Das Drum und Dran der Willi Merkel Gedächtnisexpedition Herrlighoffers übergehend, versetzen wir uns in das am 2. Juli 1953 bezogene, 7000 m hoch gelegene Sturmlager V im Sattel unter dem Mohrenkopf. Ertl und Frauenberger verzichten wegen Platzmangel auf den Gipfeleinsatz und bringen die Träger zum Lager IV zurück.

Im kleinen Zweimannzelt sitzen nun Buhl und Kempter allein. Von Ertl und Frauenfeld ermutigt, werden sie am kommenden Tag, trotz Herrlighoffers Protest, den Gipfelangriff wagen. Die sehr kalte Nacht ist sternenklar. Um zwei Uhr morgens des 3. Juli verabschiedet sich Hermann Buhl von seinem Gefährten Kempter, der nachkommen will, schließlich aber wegen Atemnot zu Ertl und Frauenberger ins Lager IV absteigt.

In dieser Nacht tritt Buhl allein den Weg in die ungeheuere Einsamkeit an: 1200 Höhenmeter und 6 Kilometer Luftlinie trennen ihn noch vom heißersehnten Ziel. Was Alleinsein heißt, wird er in den nächsten 31 Stunden erleben. Der Leser wird in dem dramatischen Kapitel seines im Nymphenburger Verlag erschienenen Buches »4000 m drunter und drüber« den Bericht eines großen, tapferen Herzens erschüttert miterleben. 8125 m hoch ist der Gipfel, den Hermann Buhl als erster Mensch nach einem legendären Alleingang ohnegleichen erreicht. Fürwahr ein grandioser Sieg für den einfachen Mann, der in dieser Stunde den Tiroler Wimpel und die pakistanische Flagge an einen Pickel heftet.

Bewegungslos verbringt er jene lange Nacht in einer Nische auf dem Gipfel. Die Füße gefühllos wie Holzklumpen, die Schuhe hart gefroren, die Skistöcke krampfhaft umspannt . . .

Als ihn gegen 4 Uhr morgens die ersten Sonnenstrahlen treffen, erwachen in ihm neue Lebensgeister, er weiß jetzt, daß er die zweite Runde gewonnen hat, vielleicht die schwerste, denn ein Biwack in dieser Höhe, ohne jede Ausrüstung ist in 99 von 100 Fällen ein Todesurteil. Mit völlig versteiften Gliedern beginnt er abwärts in den glacierten, griffarmen Felsen, mit nur einem Steigeisen bewehrt, abzusteigen.

Doch ein eigenartiges Gefühl überfällt ihn in diesen Stunden höchster Anspannung. Er ist nicht mehr allein, da ist ein Gefährte dicht hinter ihm, der ihn behütet, bewacht, zu sichern scheint. Plötzlich vermißt Buhl seine Handschuhe. Er muß das schlimme Stück zurück: »Hast du meine Handschuhe gesehen?« fragt er den rätselhaften Begleiter. »Die hast du doch verloren«, antwortet dieser ganz deutlich, doch als sich Buhl umdreht – sieht er niemand. Bin ich jetzt wahnsinnig? fragt er sich.

Furchtbarer Durst quält ihn. Vor Müdigkeit schläft er, im Schnee sitzend, ein. Den Erwachenden narren Halluzinationen, bis er endlich begreift, wo er ist. In den Skistöcken hängend, müht er sich von Stein zu Stein weiter. Für 30 Meter braucht er eine Stunde, für zwei bis drei Schritte muß er zehn- bis zwanzigmal Atem holen.

Im Schneckentempo schleppt er sich über den Firn. Einen Skistock, der ihm entfällt, kann er sich nur auf allen vieren kriechend wieder holen. Die Stöcke, die stützenden Samariter, sind seine Lebensretter. Aber wieder bricht er zusammen, kann sich vor Erschöpfung lange nicht mehr erheben, glaubt, es sei das Ende.

Wieder narren Visionen, er hört seinen Namen rufen, sieht drüben am Silbersattel die wartenden Freunde, hört, wie sie sich unterhalten – ein Felsblock ist es, der ihn narrt. Es sind die merkwürdigen Halluzinationen der Todeszone, von der auch die Bezwinger der Annapurna berichteten.

Der Tag ist im Sinken. Wie ein Schatten schleicht Buhl hinter seinem eigenen, immer länger werdenden Schatten her, wie ein Betrunkener torkelt er über die elenden meterhohen Windgangeln, dem Silbersattel zu, der schon ganz nahe ist. Nur noch eine letzte leichte Gegensteigung ... Sie ist nicht mehr zu nehmen.

Da erinnert er sich des Pervitins. Jetzt kann es nicht mehr schaden. Um halb sechs Uhr abends steht er am Silbersattel, sieht tief unten die Zelte, die tieferen Lager, etwas wie Heimat. Aber alles scheint verlassen und tot zu sein. Weitum keine Menschenseele. Er hatte hier auf dem Hochfirn die Kameraden erwartet. Keiner da – also glaubten sie, daß er nicht mehr zurückkommen würde.

Da, – o Himmel, zwei Punkte. Nun weiß er, es ist die Rettung. Endlich, nach schweren, entsetzlichen 16 Stunden fällt er im Lager den Kameraden Ertl und Frauenberger, denen die Tränen kommen, in die Arme.

Sie laben ihn, verschaffen ihm die Sprache wieder, ziehen ihm die Schuhe aus, behandeln die erfrorenen Zehen, und er selbst, der wie ein alter Mann aussieht, begreift erst jetzt, welche Leistung hinter ihm liegt. Der Nanga Parbat, der »schwarze Berg«, der bisher 35 Menschenopfer gefordert hatte, war erobert. Dann steigen sie hinab in die Niederungen der Täler, hinab zu den Menschen.

Rätselvoll wie Buhls Leben war auch sein Tod. Nach der Bezwingung des 8047 m hohen Broad Peak im Mai 1957 mit Markus Schmuck will er noch im Juni mit Kurt Diemberger, den Spuren des Herzogs der Abruzzen folgend, die 7650 m hohe Chogolisa »im Handstreich« erobern. Es wird Hermann Buhls letzte Bergfahrt. Bergsteiger wissen, wie trügerisch und unberechenbar Wächten sind. Ähnliche Katastrophen hat es in der Geschichte des Alpinismus genug gegeben. Wahrhaft erschütternd ist der Bericht seines Kameraden Dr. Kurt Diemberger über die letzte Bergfahrt Buhls an der Chogolisa.

Als sie 400 m unterhalb des Gipfels stehen, steigern sie das Tempo, um den von Süden heranwälzenden Wolkenbergen zuvorzukommen. Bald, allzubald schon fegt aber ein orkanartiger Sturm wilde Schneefahnen aus den Tiefen herauf, droht die beiden Bergsteiger vom Grat zu werfen. Als der Sturm ein Loch in die Wolken reißt, steht der ersehnte Gipfel vor ihnen. 7300 m zeigt ihr Höhenmesser – nur mehr 300 m trennen sie vom Sieg! Aber der Sturm rast erbarmungslos weiter. In wenigen Minuten reift die Erkenntnis: »Wir müssen umkehren.«
Diemberger spurt im Abstieg vorsichtig vor, Buhl folgt ihm unangeseilt nach. Aus Sicherheitsgründen gehen sie im Abstand von 10 bis 15 Metern. Weiter tobt die weiße Hölle, nimmt den beiden jegliche Sicht. Mehrmals dreht Diemberger sich um und stellt beruhigt fest: Ja, der Hermann kommt nach.
Da bebt der ganze Berg unter Diembergers Füßen. Mit zwei, drei Riesenschrecksätzen kann er vom Wächtengrat in den gefährlichen Steilhang hinausspringen und gleich darauf entsetzt sich nach Hermann Buhl umschauen. Doch nichts rührt sich – und die erschütternde Erkenntnis, daß Buhl von der grundlosen Tiefe verschlungen wurde, wird zur qualvollen Gewißheit: Der treue Berggefährte vom Broad Peak ist nicht mehr da.
Diemberger konnte nur noch eine Aufnahme des Wächteabbruchs machen. Seine Rufe nach dem Freund verhallten ungehört in der drohenden Eiswüste. Nur die Spur, an der Hermann Buhls Leben endete gab Antwort. Vielleicht war es ihm vorgezeichnet, vielleicht hatte er geahnt, daß sein Dasein nur knapp bemessen war, und vielleicht hat er deshalb die Jahre, die ihm gegönnt waren, in so außergewöhnlicher Weise genützt. Wer weiß es.
Wie oft wohl mag Hermann Buhl seine Augen zu den Sternen aufgehoben haben, hinter denen die Unendlichkeit liegt, in die er, kaum 33 Jahre alt, an jenem 27. Juli 1957 eingegangen ist.

Unsere Erinnerung an einen Mann, den die Götter liebten, wollen wir dankbar wahren, er war die Verkörperung eines großen Bergsteigers.

Angelo Dibona

Ein Bergführerleben

Angelo Dibona war, wenn nicht der erfolgreichste Bergführer seiner Zeit, gewiß aber der universalste. Kein anderer Dolomitenführer kann ähnliche Leistungen aufweisen, auch unter den jungen wird es so bald keinen geben, der ihm gleichkommt an menschlicher Größe.

Arm, vergessen und kaum beachtet ist er im Juli 1956 in seiner Heimatstadt Cortina d'Ampezzo gestorben.

In den Tagen vom 27. bis 29. August 1976 erlebten wir, zwanzig Jahre nach seinem Tode, eine erhebende Feierstunde, als auf dem Hauptplatz von Cortina d'Ampezzo eine eindrucksvolle Bronzebüste des verdienten Bergführers enthüllt wurde. Erschienen war der Präsident des C.A.I., Senator Dr. Spagnolli, der Bürgermeister, die einheimische Führerschaft, eine Abordnung aus Frankreich mit der Witwe des unvergeßlichen Alpinisten und Expeditionsführers Lionel Terrays. Die Schweiz war durch Zermatter Führer, das Val d'Aosta durch Alpini aus Courmayeur vertreten. Das Fehlen deutscher, noch mehr aber österreichischer Freunde wirkte befremdend für den, der weiß, daß Dibona seine aufsehenerregenden Erstbegehungen im Alpenraum als österreichischer Bergführer durchgeführt und im Ersten Weltkrieg seine Heimat als Soldat verteidigt hat. Eine an den Verband der alpinen Vereine Österreich nach Wien gerichtete Einladung wurde bedauerlicherweise nicht wahrgenommen.

Eigentlich braucht man Angelo Dibona nicht vorzustellen.

Jeder Bergsteiger kennt seinen Namen, weiß, was dieser Mann geleistet hat, der mit seinen Gefährten, zu denen außer Angelo Dimai und Luigi Rizzi, die Brüder Guido und Max Meyer, der König Albert von Belgien, sowie die Präsidenten des englischen Alpine Club Mr. Broone und Mr. Corning gehörten, eine in der Geschichte des Alpinismus einmalige Erscheinung war. Nur einige seiner interessanten Erstbegehungen seien hier aufgezeichnet, vor allem die erste, 1910 erfolgte Durchkletterung der gefürchteten Nordwand des Einsers in den Sextenerdolomiten, die ihm nach einer Hundertkronen-Wette mit dem abgeblitzten Sepp Innerkofler in siebzehnstündigem Einsatz gelungen war. Im gleichen Jahr machte er mit den Brüdern Mayer die erste Ersteigung des Großen Oedsteins über die NW-Kante. Kurz darauf, am 18. 8. 1911 durchstieg er, wieder mit Rizzi und den Brüdern Mayer, die berüchtigte Laliderer Nordwand, an der die besten damaligen Bergsteiger gescheitert waren. Bereits ein Jahr zuvor hatte er mit der gleichen Seilschaft die gewaltige 1200 m Wand des Croz del' l'Altissimo durchstiegen.

1912 steigt er im Dauphinée mit seinen Gefährten Rizzi-Mayer vom Hirtendorf La Bérard zum Promotoitegletscher hinauf und steht drei Tage später auf dem Pic Central de la Meije (3987 m), den er als Sieger über die Südwand erstiegen hat, welche Emil Zsygmondi siebenundzwanzig Jahre früher und dem bayerischen Führer Emil Solleder zehn Jahre später zum Verhängnis geworden war.

Im Jahr 1913 gelingen ihm mit den gleichen Gefährten die sensationellen Erstbegehungen der 3920 m hohen Ailefroid über die Nordwand, des Dent de Réquin über die NO-Kante, des 3980 m hohen Dôme des Neiges des Ecrins über die NO-Kante und andere mehr. Darauf folgten dann im Montblanc-Gebiet eine Serie schwerster Eistouren, darunter die Petites Jorasses, und ein vom Schlechtwetter abgeschlagener Versuch der Grand Jorasses von Norden her. Im Berner Oberland wird das Schreckhorn, Wetterhorn, Finsterahorn, die Fiescherhörner, im Bernina und im Wallis verschiedene Gipfel, in den Julischen Alpen unter anderem die Triglav NW, der Jaluwec, Razor und Jof erstiegen, und schließlich führt Dibona in England seine Leute über die Granitwände des Pillar Rock, des Black Crag, und andere mehr, zum Gipfel.

Das erste Mal war ich Dibona 1911 in der Grohmann-Südwand begegnet, dann 1912 auf der Tofana di Roces und während des Ersten Weltkrieges 1916 bei der K. u. K. Hochgebirgsschule auf der Regensburgerhütte. Wir wurden Freunde. Dibona hatte gemeinsam mit Gustav Jahn, Rudl Eller, Erich Weinberger, Tino Untersteiner und Franz Barth als Kursleiter eigene Gruppen zu führen. Dabei zeichnete er sich durch seine Bescheidenheit auch dann aus, wenn seine Vorgesetzten vom Alpinismus mehr zu verstehen glaubten als der Meister. Seine Gutmütigkeit war rührend. Als er einmal, nachdem es reichlich spät geworden war, nicht zum Abendessen erschien, entdeckte ich ihn unterhalb der Hütte beim Holzhacken. Er war dabei, einem Soldaten zu helfen, dem strafweise befohlen worden war, ein Klafter Holz zu hacken.

Ein anderes Mal beobachtete ich ihn, wie er durch sein Fernglas zum Langkofel hinüberblickte. Auf meine Frage beschrieb er mir die ausnehmend kühne Führe über den Nordostpfeiler zum Gipfel. »Das wird eine ideale Kletterroute über die 800 Meterkante. Willst du mitmachen?« fragte er. Ich sagte sofort zu. Aus unserem Vorhaben wurde nichts, weil ich kurz darauf an die nahe Front abkommandiert wurde und Dibona den Dreitageurlaub zur Ersteigung des Pfeilers nicht erhielt, der zwei Wochen später von Eduard Pichl mit einem anderen Offizier erklettert wurde. Seither wird diese Dibona-Führe als Pichlroute bezeichnet.

Ende 1917 kamen wir bei der Bergführerkompanie des Kampf-

abschnittes Fanesturm oberhalb des Falzaregopasses wieder zusammen. Außer ihm waren die Ampezzaner Führer Bartolo Barbaria, Lacedelli, Luigi Valle und andere am Lagazuoi. Vom hart umkämpften Gipfel aus konnte man beinahe in das vom Gegner besetzte Heimatdorf hinuntersehen, in welchem die Ampezzaner ihre Familien zurückgelassen hatten, als sie 1914 mit den Tiroler Kaiserjägern an die russische Front mußten, ohne zu ahnen, daß Italien ein Jahr später Österreich den Krieg erklären und ihr Heimatdorf besetzen würde.
1918, nach dem Ersten Weltkrieg, fiel Südtirol an Italien. Dibona mußte nun, wie alle anderen Bergführer Südtirols, das vom D. Ö. A. V. verliehene Führerabzeichen gegen das des C. A. I. austauschen, seine Tapferkeitsmedaillen in die Schublade legen und sich der neuen Zeit fügen, in welcher Mussolini befahl, Cortina vom deutschen Südtirol zu trennen und der Provinz Belluno zuzuteilen, womit das ladinische Ampezzo seines österreichischen Charakters und der Doppelsprachigkeit beraubt wurde. Nach 1918 fehlte es an Touristen und damit auch an Verdienst. Trotzdem machte Dibona noch verschiedene Erstbegehungen, darunter die Fanesturmnordwand, die Südwand der Tofana di Roces und andere, in den Jülischen Alpen.

Gern lauschte ich seinen Erzählungen. Er hatte Paul Preuss gekannt, war mit dem jungen Dülfer in den Cadinspitzen, als dieser die Torre del Diavolo und den kühnen Campanile Dibona im Alleingang erstieg, oft beisammen. Mit Nieberl, Tita Piaz, Appolonio, Verzi, Fiechtl, Innerkofler, Julius Kugy und Adolf Witzmann war er gut Freund, spielte Gitarre und Klarinette, war gläubiger Katholik, hatte vier Töchter und drei Söhne, von denen Ignazio, der sein Nachfolger werden sollte, im Jahre 1942 als Skilehrer im Gran Sassogebiet durch eine Lawine umkam. Seine jüngste Tochter Antonia führt jetzt, als

Vermächtnis ihres Vaters, das von ihr erbaute Rifugio Dibona unterhalb der Fontana negra in der Tofanagruppe.

Der Zweite Weltkrieg zerriß Dibonas Verbindungen mit der Außenwelt vollends, die Brüder Mayer waren verschollen, König Albert durch Absturz tödlich verunglückt, die Engländer, die Deutschen, die Österreicher blieben aus. Manchen Teller Suppe, den uns seine brave Frau Angelina kochte, und manches Glas Rotwein tranken wir in jenen düsteren Jahren gemeinsam.

»Angelo, du hast soviel ich weiß, an die siebzig Erstbegehungen gemacht, darunter einige der idealsten Führer in den Alpen. Welches war deine schwerste in den Westalpen?«

»Die Meije, der Dent de Requin und die Ailefroide.«

»Und in den Dolomiten?«

»Die Nord des Einsers.«

»Wie hältst du es mit dem Haken?«

»Nur zur Sicherung, nie zum Weiterkommen.«

»Wie viele hast du geschlagen in all den Jahren?«

»Fünfzehn, davon sechs in der Laliderer, drei am Oedstein, zwei in der Croz dell' Altissimo und einen am Einser.«

»Was hat dir mehr Freude gemacht, das Gehen im Fels oder im Eis?« Ohne zu überlegen antwortete er: »Die Dolomiten.«

Erstes Gesetz war ihm stets die Sicherheit seiner Touristen und der Wunsch, ihnen Freude zu bereiten. Die Anwendung technischer Hilfsmittel beurteilte er skeptisch, meinte, Touren, welche die Verwendung raffinierter Hilfsmittel bedingen, verlangten von ungeübten Touristen zu starke nervliche Beanspruchungen.

1944 traf ich den italienischen Bergsteiger und Schriftsteller Severino Casara bei unserem Freund. Mit den Ampezzanern Otto Menardi und Walter Cavallini beschlossen wir, die noch unerstiegene Nordwestwand des Michel Innerkoflerturmes in der Cristallogruppe zu versuchen. Dibona führte uns trotz einfallenden Schlechtwetters sicher durch die regennasse, teilweise vereiste Wand. Tief unter uns erspähten wir durch ein Wolkenloch die dunklen Spalten des Cristallogletschers, auf dem Michel Innerkofler 1882 tödlich verunglückte. Am Gipfel errichteten wir ein Steinmandl und hinterlegten unsere Karten. Mit überlegenem Spürsinn führte uns Dibona durch die total vernebelte Felswildnis der Südwestwand zur Cristalloscharte. Es war die letzte Tour, die wir miteinander machten.

Jahre vergingen, Jahre der bitteren Not kamen und trafen den scheu gewordenen Mann, dessen bescheidene Ersparnisse durch Inflation und Arbeitslosigkeit aufgebraucht waren, hart. Wie schon Paul Grohmann hundert Jahre vor ihm, war auch Dibona gezwungen, von den Bergen Abschied zu nehmen. Die armutsbedingte Erniedrigung trug er in Zurückgezogenheit.

Ein wohlhabender Hotelier, den ich im Winter 1952 aufforderte, er solle seinen Verband veranlassen, dem Siebzigjährigen einen würdigeren Lebensabend zu verschaffen, meinte, es hätte gerade geschneit, da könne er ja schneeschaufeln ...

So schön und anerkennend es ist, daß man dem Mann, der durch seine Liebe zu Familie und Vaterland ein ideales Vorbild für die Gilde der Bergsteiger wurde, im Jahre 1976 ein Denkmal errrichtet hat, erfreulicher wäre es allemal gewesen, wenn ihm ein kleiner Teil der postumen Ehrungen bei Lebzeiten zugekommen wäre. Aber sei's drum: Zum Abschluß der Feier, am zweiten Tag, wurde frühmorgens oberhalb des von seiner Tochter Antonia geführten Rifugio Dibona an der Fontana negra in seinem Gedenken eine Feldmesse zelebriert, zu welcher ein Bläserchor die Haydnmesse spielte. In dieser schönen, weihevollen Stunde war es, als wehte, vom Gebet des Priesters emporgetragen, der Geist unseres Freundes Dibona über die Gipfel, auf denen er in seinen glücklichen Tagen sooft verweilte. Was bleibt, ist die kostbare Erinnerung an einen braven Mann und das Heimweh nach einer vergangenen Zeit.

Kameraden – Freunde – Berge

Meine ersten Kameraden waren der Meyer Peppele, der Spangler Ferdinand und der Stainer Wastl.

Der Peppele hat nie etwas gekonnt in der Schule, war stets zerrissen, bekam oder gab Prügel, hatte Sommersprossen, treue wasserblaue Augen und Haare, die wie Borsten einer Bürste in die Luft standen. Entweder saß er auf einem Baum und stahl Kirschen oder er fiel herunter und schrie. Er warf Steine und wurde selbst getroffen. Er ertrank fast im Bach und fand keinen Anfang und kein Ende in allen seinen ruhmvollen Taten.

Gelegentlich vertratschte er mich. Wir waren keine Freunde, aber doch gute Kameraden. Ohne Meyer Peppele wären meine ersten Schuljahre nicht denkbar.

Der Spangler Ferdinand hatte ein besonderes Talent, immer alles so einzurichten, daß wir die Prügel kriegten und er als neutraler Zuschauer unbeteiligt blieb. Nachher gab er uns dann seine wertvollen Ratschläge.

Der Stainer Wastl war dritter im Bunde, dünn, schmal, schlangenartig, trotz seiner mageren neun Lebensjährchen ein lebenskluger Philosoph. Er war sanft und mild, nicht fürs Raufen. Er war romantisch und träumerisch, trug eine unerklärliche Sehnsucht mit sich herum und verblutete 1914 als junger Soldat im Schlamm des Brückenkopfes von Zalescicki.

Zu diesen dreien kam später noch der Zenzl. Er turnte gut und war auf und auf voll Humor. Nun liegt er am Fuß der Rotwand in den Sextener Dolomiten, wo er 1916 neben seinem Bruder Christl gefallen ist.

Wir hatten alle einen oder mehrere Onkel, meist zählen diese sympathischen Verwandten, wenn sie nicht gerade in Amerika sind, auch zu unseren Kameraden.
Mein Onkel Leo arbeitete in den Tischlerwerkstätten des Großvaters. Er machte Kisten, in denen die Grödner Heiligenfiguren verschickt wurden. Mein Vater »faßte« diese aus dem gut riechenden Zirbelholz geschnitzten Figuren in schöne blaue und rote Farben.
Einmal nahm mich Leo, ich mochte etwa elf Jahre alt gewesen sein, in den Speisesaal eines Hotels mit. Da lagen links und rechts vom Teller silberne Messer, Gabeln, Löffel und es war sehr vornehm. Er bestellte Bier, Suppe und Kalbsgulasch mit Reis. Ich war unendlich stolz. Mit der Suppe ging alles gut, nicht ganz so gut mit dem Gulasch, weil ich gewohnt war, mit der rechten Hand die Speisen in den Mund zu praktizieren, ob mit Löffel, Gabel oder Messer, das war einerlei. – Plötzlich ein furchtbarer Schrei Leos: »Nimm's Messer aus dem Maul...« brüllte er. Ich erschrak fürchterlich und nie mehr in meinem Leben habe ich mit dem Messer gegessen.
Es kam die Zeit, da mich der Vater mit auf die Almen nahm und der Onkel Leo auf den Fermedaturm, damit wurden diese Respektspersonen meine ersten Bergkameraden, und als ich nach Innsbruck in die Mittelschule kam, war die Liebe zum Wandern, Steigen und Klettern schon geweckt. Innsbruck war der rechte Boden für mich. Wir hatten Lehrer, die sich auch außerhalb des Schulunterrichtes unserer jungen Gemüter und Temperamente annahmen. Einer davon, Hermann Seibert, führte uns auf die Grate der Nordkette, von denen mein überraschter Blick südwärts vom Brennerpaß den heißgeliebten Langkofel grüßte. Dort und damals in Innsbruck lernten wir die ersten Freuden des nordischen Skilaufs kennen, erhielten Chancen, bei Skikonkurrenzen unsere Ausrüstung zu ergänzen, einen Christiania oder Telemarkschwung zu lernen und auf

Sprunghügeln unseren Schneid zu beweisen. So wurden schon wir Buben Sportkameraden. Einer davon, der Kitzbüheler Maler Alfons Walde wurde dabei einer meiner besten Freunde.

In den Sommerferien begegnete ich eines Tages einem nur um wenige Jahre älteren, gleichgesinnten Studenten und Bergsteiger: Hans Pescosta. Hager war er, kühn und übermütig, entschlossen, besessen von der Liebe zu den Bergen. Im Gesicht hatte er etwas von einem Falken, in den Augen den Glanz eines frohen Menschen. Sein Vater war Bergführer.

Durch Hans kam ich auf den Gedanken, auch Bergführer zu werden.

Wir gingen ein schönes Stück unseres Lebens zusammen. Durch die sonnigen Sommer der Dolomiten, über Eisgrate im Ortlergebiet, durch zerklüftete Felswände und auch durch einige Semester der Hochschule.

Einmal, als wir uns in einer Felswand total verstiegen hatten und nicht mehr weiter wußten, trat er im Dämmerlicht auf eine Kanzel und rief eine Strafpredigt ins Tal hinunter: »Kommt herauf, ihr Spießer und Faulenzer, kommt doch herauf, ihr neidischen Krämer! Wie schön ist's, auf euch hinunterzusehen, auf euch kleine Leute tief im Tal, die ihr mich verachten möchtet, weil ich arm bin und mich um meine Freiheit beneidet!«

Noch sehe ich ihn an den abprallenden Wänden des Murfreitturms an winzigen Griffen hängen oder im Staub des Felssturzes an der Fünffingerspitze verschwinden, als wir glaubten, der Berg stürze ein. Noch heute sehe ich ihn im Irrlicht eines Gewitters an der Grohmannsüdwand und im eisigen Schneesturm am Dent di Mesdi.

Wir haben alles redlich geteilt, Freud und Leid: Haben auf den Vajolettürmen gemeinsam die letzte Zigarette geraucht und im Hotel »Post« an einem Abend den ganzen Verdienst eines Sommers brüderlich geteilt. Wir stritten uns um die Ehre des

Vorausgehenden. Wandstellen, Traversen, heikle Passagen waren seine, Kamine, Risse, Überhänge meine Sache.
Das erste große Erlebnis von den gewaltigen Drei Zinnen, dem Paternkofel und dem Zwölfer hatte ich im Winter 1912/13 nach den Tiroler Skimeisterschaften im österreichischen Cortina d'Ampezzo. Nach den Abfahrtsläufen fragte mich der damalige österreichische Meister Sepp Bildstein, ob ich Lust hätte, mit ihm auf Skiern über das Zinnenplateau nach Innichen zu gehen. Mit Fellen spurten wir am nächsten Morgen vom Tre-Croci-Paß hinauf zur Südseite der Zinnen, wo heute das Auronzo-Haus steht und querten hinüber zum Paternsattel. Es ist schwer, den gewaltigen Eindruck zu beschreiben, den die drei stummen Riesengestalten der Zinnen auf mich machten. In feierlicher Ruhe standen sie hoch über dem Plateau, während wir vorsichtig durch den unverspurten Schnee zogen. Kein Mensch, kein Laut weit und breit, nur das Schlürfen unserer Bretter war vernehmbar. Alles groß, still und ungeheuer eindrucksvoll. Nichts von der kommenden Tragödie des Krieges ahnend, saßen wir im Sonnenschein vor der Zinnenhütte und machten Zukunftspläne. Als wir in Innichen in die Bahn stiegen, wußte ich: Im Sommer, wenn's ans Klettern geht, da komme ich wieder. Bis zum nächsten Wiedersehen vergingen dann sechs lange Jahre.
Der Krieg von 1915 hatte die Ruhe in unseren Bergen zerschlagen, und erst als Friede herrschte in der Heimat, war es wieder wie einst, zwar nicht ganz so, wie unser Herz es sich wünschte, aber immerhin, die Wunden heilten langsam. Die Sextener bauten ihr Dorf wieder auf, die Zinnenhütte, Moos, die Wege und Steige wurden wieder hergerichtet. Bergsteiger aus Wien und München besuchten die Gipfel ihrer Sehnsucht. Neue Führer durch die furchterregenden Nordwände und Überhänge wurden gefunden, fast alle Wände von jungen Draufgängern kreuz und quer durchstiegen und durchnagelt.

Wer heute zur Auronzo-Hütte aufsteigt, dem mag es wohl so gehen wie einst unserem Freund Tartarin de Tarascon, der seinen Augen nicht traute, als er nach mühevoll langem Aufstieg den Rigi erklommen hatte und vor sich ein hell erleuchtetes Hotel und die Endstation der Zahnradbahn vorfand. Von der heute mittels Autos und Omnibussen bequem erreichbaren Auronzo-Hütte führt ein ehemaliger Alpinisteig an den Fuß der Kleinen Zinne, unterhalb des Paternsattels.

Dort steht jetzt die kleine Lavaredo-Hütte, und die Gefahr besteht, daß dieser »Weg«, der bereits von lärmenden Motorfahrzeugen benützt wird, bald bis zum Paternsattel und, was Gott verhüten möge, bis zur Zinnen-Hütte verlängert wird. Damit würde das Zinnenplateau entweiht und geschändet; man verzeihe das Wort, aber es scheint für solchen Frevel sogar noch zu mild.

Von Jahr zu Jahr geht der Angriff der Motoren und Maschinen weiter. Mögen nicht nur die Sextener das rechte Veto zur rechten Stunde deutlich in die Welt hinausrufen: Bis hierher und nicht weiter! Es geht um die Ruhe und den Zauber der letzten paradiesischen Höhen.

Der Bergführer Sepp Innerkofler ist für viele von uns Symbol der Treue zur Heimat und darüber hinaus zu den Bergen geworden. Neben ihm stehen noch manche Berufskameraden aus meiner damaligen Zeit: Angelo Dibona, der siebzig Erstersteigungen gemacht hat, daneben Tonio Dimai, der rätselhafte Barbaria, Agostino Verzi und Franz Wenter aus Tiers, die Brüder Nogler aus Gröden. Der ältere heißt Sepp und weiß von seinen Bergfahrten furchtbare Sachen zu erzählen, ich wiederum weiß, daß seine Taten bei weitem nicht so heiß sind wie die Suppen, die er kocht. Seppls jüngerer Bruder, der Engelbert, den Hut schief auf dem Kopf, eine Feder darauf, die Pfeife im Mund, ja, der Engelbert, das war ein Bursch aus purem Gold.

Saß er sehr nachdenklich neben mir auf der Führerbank und seufzte.
»Was hast denn, Engel?« fragte ich.
»O nix, an Buebn hat mei Frau kriegt, i brauchet an Taufpaten.«
»Ja, Herrgott«, sagte ich, »bist du denn überhaupt verheiratet, daß du schon an Buebn hast?«
»Wos, *oan* Buebn, mein Liaber, dös ist jetztn akkurat der siebente!«
Und ich hatte geglaubt, der Engelbert sei Junggeselle!
Noch viele sind da. Der Pacifico Kaßlatterer mit dem giftigen Blick, den rostroten Haaren, Sommersprossen und dem beißenden Neid. Der Schroffenegger Franzl aus Tiers, flink und gewandt wie eine Katze und manchmal auch besoffen. Der lustige Prugger und der alte Stachio Dapunt. Mager, verwettert, wie ein scheuer Gamsbock stiefelte er noch mit achtundsechzig Jahren wie ein Junger in den Felskaren herum. Der Tribulaun-Führer Rudolf Teißl, mit dem ich bei Hagel und Schneegestöber zwei Franzosen aus dem Schmittkamin herunterholte und der stille Zelger aus Tiers.
Fehlt noch der stotternde Luigi Rizzi, der mir in der Brenta mit dickverbundenem Kopf begegnete: »Was ist denn passiert, Rizzi, um Gottes willen?«
»St-Stoan-sch-sch-schl-log.«
Oder der Herr Söhnlein, Besitzer der Sektkellerei »Söhnlein Gold.« Herr Söhnlein »unkaschierte« (engagierte) mich, wie die Führer sagten. Auf der Hütte wurden abends bei Sekt die bevorstehenden Touren besprochen. Je besser uns der von Herrn Söhnlein spendierte Sekt schmeckte, desto höher und schwerer wurden die von ihm in Aussicht genommenen Klettertouren.
Frühmorgens zogen wir los. Am Einstieg angelangt, packte ich die Kletterschuhe aus, nahm ihn ans Seil und stieg in die

Wand ein. Nach der ersten Seillänge sollte Herr Söhnlein nachsteigen. Er kam nicht. Ich redete ihm zu. Er kam nicht.
Ich kletterte zurück: »Ja, warum kommen Sie denn nicht, Herr Söhnlein?«
»Ach was! Ich denke gar nicht daran, auf diesen idiotischen Steinklotz zu steigen. Ich hab mir's überlegt. Wir essen etwas von unserem Proviant, trinken hier eine Pulle Sekt, rauchen eine Zigarre und dann schlafe ich mich ordentlich aus!«
Alles gute Zureden war vergebens, er blieb bei seinem Entschluß, suchte sich einen bequemen Platz in der Sonne. »Hier bleiben wir, da ist es viel schöner als auf dem Gipfel.«
So machte er es in den Dolomiten, am Gran Sasso d'Italia, im Gesäuse und in der Ortlergruppe.
Das Honorar für den betreffenden Gipfel hat er mit Vergnügen bezahlt. Gegangen sind wir immer nur bis zum Einstieg. Abends auf der Hütte hat er dann erzählt, wie gefahrvoll der Tag war, so daß die Leute am Nachbartisch vor Respekt erschauerten.
Ende Oktober wurde jedes Jahr am Führertag ein Dankgottesdienst gehalten, dem ein fröhlicher Ausflug folgte. Bei dieser Gelegenheit mußten sämtliche Führer des Tales sämtliche Gasthäuser des Tales besuchen.
Der Tag war anstrengender als alle vorausgegangenen des Sommers. Abends schwankten die meisten, es gab heiße Köpfe, mittlere Räusche und manchmal auch handgreifliche Dispute.
Pescosta, Engelbert Nogler und ich saßen an einem solchen Abend beisammen. Pescosta forderte in weinseligem Übermut den Engelbert zum Hakelziehen auf. Unter allgemeiner Spannung umklammern sich die Mittelfinger der beiden. Einer gibt das Zeichen: »Eins – zwei – los.«
Der starke Engelbert gewinnt, ohne überhaupt die Pfeife aus dem Mund zu nehmen.

»Ja, ja, die Studentlen«, meint der dicke Schuldiener, der immer gescheit redet und in allen Menschen nur Schulbuben sieht.
»Die Studentlen sein noch nicht fertig«, sage ich und dann zum Nogler: »Engelbert, hakeln wir?«
»Jo, warum denn nit?«
Ich weiß, daß ich unterliegen werde, aber der Sieg soll dem Engelbert nicht leicht werden. Ich muß den Hansl und die Studenten der ganzen Welt herausreißen.
Wie ein Schraubstock zieht Engelbert an, ich halte kräftig dagegen, noch ist es nicht gefährlich. Wir messen vorsichtig Zug- und Klammerkraft der Finger, dann muß ich die Augen zumachen und einfach alles daransetzen ... keine der geschlossenen Fäuste rührt sich, unsere Köpfe werden rot, und die Muskeln zittern. Ich juble, er packt mich doch nicht. Plötzlich fliege ich zurück. Gewonnen! Nein. Es hatte ihm einen Fetzen Haut aus dem Mittelfinger gerissen.
Die Ehre der Studenten war für diesmal gerettet.

Mitten im Sommer von 1914 brach das Unglück des Weltkrieges herein.
Nun war es ernst geworden und am zweiten Augusttag 1914 stand ich am Kirchplatz von St. Ulrich mitten unter vielen hundert Grödenern.
Neben mir war der Stuflesser Johann. Er ließ den Kopf hängen. Der Pfarrer war auf einen Stiegenpodest getreten, um uns einige Worte des Trostes mitzugeben. Wir knieten nieder, und er segnete uns. Dann marschierten wir mit Köfferchen und Rucksack über die staubige Landstraße zum Tal hinaus.
»Was hast denn, Johann? Du machst ja ein so saures Gesicht?«
»Ja, weißt du, mein Lieber, ich geh nicht gern nach Rußland, um mich erschießen zu lassen.«

»Daß ich dich nicht auslache! Wir erledigen die Russen in zwei Monaten und sind dann wieder daheim!«
»Glaub mir, Luis, noch nicht einmal in zwei Jahren sind wir wieder daheim! Und glaub mir, von allen, die da lustig singend vor uns marschieren, kommen keine zehn Prozent mehr heim!«
»Du bist verrückt! Hast ja keinen Schneid.«
»Auch England hat uns den Krieg erklärt. Merk dir's: Der Engländer ist ein guter Rechner.«
Johann war weit in der Welt herumgekommen, so wollte ich ihm nicht länger widersprechen.
Später dachte ich noch oft an ihn . . .!

Von Rußland kam ich an die Südfront. Zuerst in ein Sperrfort Rocca altoc auf der Hochebene von Lavarone-Asiago oberhalb Trient, dann nach meiner Verwundung in die Dolomiten und schließlich ins Gebiet des Adamello.
Am 23. Mai 1915, dem Tage der italienischen Kriegserklärung, erhielt ich abends den Auftrag, mit zwei Mann auf Cote X zu marschieren, Telefonleitungen zu legen und dort draußen etwa eineinhalb Kilometer vor unseren Drahthindernissen eine Feldwache zu beziehen.
»Also alles verstanden? Sie gehen hinaus und bleiben, bis Sie zurückgerufen werden.«
»Jawohl, Herr Oberleutnant. Was habe ich im Falle eines Angriffs von seiten der Italiener zu tun?«
Er sieht mich eine Weile an, dann sagt er: »Langsam feuernd zurückziehen . . .«
Mit ganzen drei Mann sich langsam feuernd eineinhalb Kilometer zurückziehen, gar nicht so schlecht, denke ich mir und trete ab. Zwei alte Zeitungen, die ich unter der Post finde, nehme ich mit, um etwas zum Lesen zu haben.
Es wird eine böse Nacht. Der Sturm heult. Der Regen haut

nieder, es ist so finster, daß man seine eigene Hand kaum sehen kann. Die Orientierung ist schwer. Das Ereignis der gefürchteten und nun erfolgten italienischen Kriegserklärung hängt dumpf und schwer in der Luft. Gegen zehn Uhr nachts erreichen wir eine Mulde. Weit und breit kein Mensch. Oder doch, im Wald, weiter drüben, wimmelt es von feindlichen Soldaten.

Nie mehr im Leben, nicht früher und nicht später, hatte ich das Gefühl so vollkommener Verlassenheit wie in jenen Stunden. Gruppen von siebzig, achtzig, hundert feindlichen Soldaten zogen vorsichtig kriechend oberhalb und unterhalb vorbei. Ich hütete mich, zu schießen. Über unsere Köpfe heulten die ersten italienischen Granaten. Mißmutig kroch ich unter die Zeltplane, nahm eine Zeitung, es waren die »Münchner Neuesten Nachrichten« und las im schwachen Licht eines Kerzenstummels:

Wie ein Tiroler Held fiel und wie er begraben wurde
Kriegspressequartier, am 6. Mai 1915

Billige Phrasen eines Zeitungsschreibers, denke ich mir und lese doch. Lese von einem Angriff, von der schweren Verwundung des anführenden Fähnrichs, von dessen Dekorierung mit der goldenen Tapferkeitsmedaille auf dem Sterbebett. Lese, wie der Schwerverwundete stundenlang im Feuer russischer Gewehre liegen mußte, bis es endlich einem Kameraden gelungen sei, ihn, den kaum mehr Lebenden, hereinzuholen. Dann lese ich – und ein Stich geht mir durch's Herz, daß dieser Fähnrich Hans Pescosta geheißen habe und der Sohn des Bergführers Josef Pescosta aus St. Ulrich gewesen sei.

In den zitternden Händen hielt ich seinen letzten Gruß, eine Karte aus Russisch-Polen: »Lieber Luis, es geht mir gut, ich fürchte mich vor nichts mehr.«

Lange litt ich an der Nachricht, die mich so schwer getroffen und so traurig gemacht hatte. Mein bester Freund war tot . . .
Wenige Tage später hänge ich im Geprassel eines übermächtigen Infanterieangriffs am Telefon: »Hallo, hallo, Stützpunkt Basson, melden Sie sich doch . . . Hallo, Ordonnanz . . . melden Sie sich endlich . . .!«
Verzweifelt warte ich auf Antwort vom gefährdeten Basson. War die Leitung zerschossen, die Stellung verloren? Endlich ein rauhes Räuspern:
»Jo, hallo, wos isch denn? Hier ischt Telefonordonnanz Stützpunkt Basson.«
»Warum melden Sie sich nicht? Sagen Sie Ihren Namen und wo Sie sind! . . . Holen Sie den Leutnant Godowski ans Telefon!«
»Ja, jo, hallo, hier ischt Telefonordonnanz Basson, mein Name ischt Bergführer Franz Schroffenegger.«
»Um Gottes willen, Schroffenegger! –hier ischt Trenker – wie geht's denn, könnt's euch noch halten?«
»Jessas, du bist es, kommt's außer! Helft's uns! Sonst ischt der Basson verloren, es schaugt nit guet aus do.«
Das war also der Franz Schroffenegger – zwei Stunden später schüttelten wir uns die Hand.
Den wildesten Teil der Tofana, den Kampfabschnitt Fanesturm befehligte der Hauptmann Karl von Raschin, dem ich 1916 mit der Bergführerkompagnie No. 10 zugeteilt wurde. Sehnsüchtig schaute ich von der Lagazuoistellung aus mit dem Glas hinunter in das vom Gegner besetzte Cortina. Schnee lag über der Landschaft, ich suchte die Häuser Dibonas, Barbarias oder anderer Führer aus Cortina, die seit Kriegsausbruch in unseren Reihen kämpften. Täglich konnten sie in das vom Gegner besetzte Heimatdorf hinuntersehen, die Qual über das ungewisse Schicksal ihrer Familien konnte man in ihren Gesichtern lesen.

Eines Tages war Bartolo Barbaria aus unserem Kampfabschnitt verschwunden. Er hatte seit längerer Zeit heimlich Lebensmittel zusammengespart, hieß es. Verdacht stieg auf. War er desertiert?
Drei Tage und Nächte blieb er verschollen. Es war ihm gelungen, unbemerkt von unseren Feldwachen in das Felsenlabyrinth des Travenanzestales zu gelangen und durch die feindlichen Hindernisse zu schleichen, um seiner Frau und den Kindern die von seinem Munde abgesparten Konserven zu bringen. Als ich ihn fragte, wo er die drei Tage gewesen sei, meinte er treuherzig: »Ah, lieber Herr Leutnant, das möchte ich Ihnen lieber erst nach dem Krieg erzählen!«
Die Sehnsucht nach Frieden ließ unseren Herzen keine Ruhe mehr. Während dumpfe Schüsse durchs Felstal grollten, deklamierte einer im lawinenbedrohten Unterstand aus Rilkes Cornet: »Und der Mut ist so müde geworden – und die Sehnsucht so groß . . .«
Der schwarzumrandete Brief einer trostlosen Mutter wurde mir gegeben: Hans Dülfer, der Kamerad von der Furchetta-Nordwand, bei Arras gefallen.

Im November 1917 sitzen die Instruktionsoffiziere der Alpinkurse in der Regensburger Hütte beim Kartenspiel. Der Wiener Maler und Bergsteiger Gustav Jahn neben mir, im Ofen knistert das Feuer. Schrill läutet das Telefon. Ein Unteroffizier geht an den Kasten, nimmt die Muschel ans Ohr. Sein Gesicht wird blaß, seine Gestalt nimmt Habachtstellung an: »Jawohl, jaa . . . jawohl«, dann eine Drehung zu uns: »Meine Herren, melde gehorsamst . . . so eben die Nachricht . . .« er stottert und schluckt einige Male » . . . gehorsamst, Seine Majestät, der Kaiser Franz Josef . . . soeben gestorben . . .«
Stille folgt den Worten, fragende, erschreckte Gesichter. Man hört kaum das Atmen. Gustl Jahn bricht als erster den Bann.

»Na ja, kannst nix machen, allweil hat er ja a net leben können. – Wer spielt aus?«

Wir ahnten nicht, was der Tod Franz Josefs bedeuten sollte.

Nach der Zeit des großen Durchbruchs bei Tolmein vergeht wieder ein Jahr, der Krieg geht endlos weiter, hört nicht auf.

In Cortina begegnet mir der hagere, großartige Tonio Dimai.

Eine kühle Biwaknacht auf dem Gipfel der Tofana vergeht mit Wachen und Erzählen. Vergessen und Versinken schwebt vom Himmel herab auf die Riesen, von deren Scheiteln der Firnschnee herübergrüßt. Neben dem Feuer schlafen wir in Decken gehüllt ein.

Es folgen die furchtbaren Kämpfe an der Isonzofront, um den Monte Pasubio und an der Ortigara, es kommt der Hunger, die Not, und das Elend von 1918.

Alles Halten und Kämpfen, alles Fallen und Sterben ist sinnlos geworden. Die Prophezeiungen des österreichischen Feldmarschalls Conrad von Hötzendorf, der lange vor 1914 seine Regierung in Wien davor gewarnt hatte, an die Bundestreue Italiens zu glauben, sind eingetroffen, die Tragödie geht ihren Weg.

Karl I., der kraftlose Nachfolger Franz Joseph I. war kein Kaiser mehr, sondern nur ein Spielball feindlicher Mächte.

Neben einem mageren alten Klepper, dessen Knie vor Schwäche versagten, marschiere ich mit einigen meiner Leute heimwärts. Im dämmerigen Dunkel kommen wir aufs Grödnerjoch und setzen uns zur Rast nieder. Mein Blick wandert zurück zu den Tofanen, zu den Fanestürmen, zum tapfer verteidigten Col di Lana, zum Lagazuoi, dessen Silhouetten dumpf in den Himmel der kalten Novembernacht starren. Der treue Rizzi und der Teißl Rudolf sitzen neben mir. Düster und trösend zugleich ragen die nahen Wände der Sella und des Langkofels auf. Unweit von uns, wo die Jochstraße ihren höchsten Punkt überschreitet, steht ein Kreuz, unter dessen Dach ein verwittertes Kruzifix hängt.

Trotz aller Not hatten gläubige Hände Zeit gefunden, einen Strauß Alpenblumen an die Füße des Erlösers zu binden.
Ich neige meinen Kopf und schließe die Augen. Vorbei ziehen die dunklen, zerfurchten Gesichter der Märtyrer, die sich kreuzigen ließen.
Der Teißl Rudolf räuspert sich verlegen. Hier trennen sich unsere Wege. Es heißt Abschied nehmen. Der Dimai, der Valle und der Dibona gehen mit einigen anderen zurück nach Cortina, der Rizzi mit mir ins Grödnertal. Blaß, mit zuckenden Lippen stehen sie da. Jeder dieser Männer hat das wahre Fegefeuer kennengelernt, vier Jahre alles ertragen, alles geopfert und alles gelitten, was ein Mensch erleiden kann.

Wie der Wind die Blätter, verwehte die zerrissene Zeit der folgenden Jahre Beziehungen, Kameradschaften und Schicksale.
Ich überdauerte, indem ich versuchte, Geschäfte zu machen, Feigenkaffee zu brennen und mich recht und schlecht durchzuschlagen.
In den Sextener Bergen war mir während des Krieges der Meraner Rechtsanwalt Erich Weinberger begegnet, wir wurden Freunde. Mit ihm sah ich vom Gipfel des Ortlers die Sonne aufgehen, mit ihm wanderte ich über die Eisfelder der Ötztaler Ferner, gemeinsam bargen wir den jungen Münchner Kadner aus einer Spalte der Wildspitze.
Auf einem Motorrad fuhren wir die gesegneten Weingärten Oberitaliens entlang durch das Aostatal, an der eisgepanzerten Grivola vorbei, dem Riesenbau des Montblanc entgegen. Die Augen Erichs leuchteten, als er die Eisflanken des Montblanc vor uns aufragen sah. »Ja, das ist der Montblanc«, sagte er, »in drei Tagen sehen wir die Welt von seinem Gipfel aus!«
Ein Schneesturm von ungeheurer Gewalt trieb uns vom Peutereygrat zurück.

Zwei Jahre später sagte meine Mutter zu mir: »Denke dir, der Doktor Weinberger ist seit drei Tagen vermißt, wenn ihm nur nichts passiert ist.« – Mir fuhr ein Stich durchs Herz. Später als vereinbart war ich aus Berlin gekommen, Weinberger hatte dann über die Weihnachtstage allein eine Skitour unternommen. Von jener Tour ist er nicht mehr heimgekommen. Erst im April wurde er unterhalb des Penserjoches im Schnee gefunden. Ein Schneehang war ins Rutschen gekommen und hatte ihn verschüttet. Nun ruht der Freund unter einem Ahornbaum im Kirchhof von Stilfes.

Nach Beendigung der Studien an der Technischen Hochschule in Wien hatte ich gemeinsam mit Clemens Holzmeister in Bozen ein Architekturbüro eröffnet. Holzmeister war damals bereits Professor an der Akademie der bildenden Künste in Wien. Er scheute die unbequemen Reisen nach Tirol nie, obwohl sie ihn mehr Geld kosteten als einbrachten. Hemdsärmelig saß er in unserem Atelier, entwarf, verbesserte und korrigierte, lobte und verwarf. Wenn ich ihm eine Freude bereiten wollte, nahm ich ihn auf die Felstürme der Sellagruppe mit. Dort kletterte er an meinem Seil durch Kamine, Schluchten und Risse, ob er auch vor Müdigkeit und Anstrengung fast zerbröselte. Am Gipfel war alles wieder vergessen und seine Freude unbeschreiblich.

Dr. Arnold Fanck von der Berg- und Sportfilm, Freiburg im Breisgau, lernte ich 1923 kennen, er hatte das richtige Empfinden, daß mit Sportsleuten und Bergsteigern im alpinen Film mehr zu machen sei als mit Schauspielern. So entstand in gemeinsamer Arbeit der erste stumme Kletterfilm der deutschen Produktion »Der Berg des Schicksals« in den Dolomiten. Es folgte der Ufafilm »Der heilige Berg«. Bald trennten wir uns und ich drehte in Hinkunft die Filme nach meinen eigenen Vorstellungen, als ersten den »Kampf ums Matterhorn.«

Mussolinis Faschisten benahmen sich in Südtirol immer unverschämter. Das Leben und Arbeiten war für die Deutschsüdtiroler unter dem Faschistenbeil fast unerträglich geworden. Daran änderte auch die Geschmacklosigkeit Hitlers nichts, der an Mussolinis Siegesdenkmal in Bozen von seiner SA Kränze mit dem Hakenkreuz niederlegen ließ! Der Terror der Schwarzhemden zwang uns, das Büro in Bozen zu sperren, ich übersiedelte nach Berlin, das mir Glück und Erfolg brachte.

Im Sommer darauf stand ich mit den Kameramännern Sepp Allgeier und Albert Benitz auf dem Gipfel des Matterhorns und des Monte Rosa. Wir arbeiteten zäh, getrieben und gejagt von einer Idee, die uns allen in der Seele brannte: der Bergfilm, der Film vom Berg!

Müde warfen wir uns nach der Arbeit auf die harten Pritschen der Schutzhütten, um morgens mit Laternen über die dunklen Riesenflanken zu steigen. Als Helfer fand ich drei großartige Zermatter Bergführer: Hugo Lehner, der flinke Mann mit dem Spitzbart, der seit jener Zeit in keinem meiner Filme mehr fehlte. Er fror mit uns in der Arktis, saß virginiarauchend im D-Zug, fluchte in den Höhlen von Demänowa und schlug in den Eiswänden der Bernina Stufen für uns. Er konnte Skilaufen, Klettern, Scheinwerfer bedienen, verwalten, disponieren, abstürzen und wieder aufstehen. Er war immer da, frühmorgens und spätabends. Er schleppte die schwere Aufnahmekamera tagelang bergauf, bergab, holte und schickte Leute, wußte alles, kurz, ohne Lehner war die Sache nicht zu machen.

Neben ihm der Otto Furrer. Souverän jeder Schritt, jede Geste dieses Mannes im Fels, im Eis, am Ski und am Seil. Er hatte alle Eigenschaften des großen Führers in hervorragendem Maße: Ruhe, Kraft, Vorsicht und eine tiefe Liebe zu den Bergen.

Der dritte dieser Runde hieß Peter Aufdenblatten. Nicht frech wie Lehner, nicht kühn wie Furrer, aber vorsichtig wie beide zusammen. Er vertrat die Rolle des Warners, sein ständiger Spruch auf dem Südgrat des Matterhorns, an der Dent Blanche oder auf dem Lyßkamm war: »Mine Heare, s'kunt schlacht, die Wölkle gefalln'n mier gar nit guet.«

Dazu kamen die Biener, Perren, Fux, Graven, Julen, die braven Brüder Kronig und Taugwalder. Die bergfreudigen Innsbrucker Luis Gerold, Hans Jamnig, Karl Kirchner und Franz Weinberger. Jeder von ihnen ein ganzer Kerl, nie murrend und jeder stets auf seinem Posten.

Die reinen Bergsteigerthemen wurden bald erschöpft. Filme wie »Piz Palü«, »Der Sohn der weißen Berge«, »Der König vom Montblanc«, »Der Kampf ums Matterhorn« lösten einander ab. Man mußte neue Wege gehen. Ich suchte nach Themen, die zwar in den Bergen spielten, aber nicht nur das bergsteigerische Erlebnis behandelten und gestaltete in »Berge in Flammen« das tirolische Kriegsdrama von 1914-1918. Der Film wurde in deutscher und französischer Sprache gedreht. Viele Nächte arbeitete ich mit meinen stets gut gelaunten, zu allen Opfern bereiten Arbeitskameraden in Eis und Schnee, in Sturm und Kälte. Keine Mühe war ihnen zu groß, vor keiner Plage oder Gefahr schreckten sie zurück.

»Berge in Flammen« entstand in einem damals völlig neuen Stil. Die Österreicher ließ ich Deutsch, ihre Gegner, die Italiener, italienisch sprechen. Das gab, da fast sämtliche Szenen im Hochgebirge mit ehemaligen Soldaten gedreht wurden, eine außerordentliche lebensnahe Wirkung.

Der Film lief in Japan und Frankreich, in Schweden und Australien, in Kanada, Ecuador und China, ja – was selten in der europäischen Filmgeschichte der Fall war – die Amerikaner kauften ihn und beauftragten mich, die englische Fassung unter Verwendung meiner in den Bergen gedrehten Originalaufnahmen, in den Ateliers von Hollywood nachzudrehen.

Während der Fertigstellung der amerikanischen Fassung entwarf ich den nächsten Film, der ein Jahr später unter dem Titel »Der Rebell« in deutscher und englischer Fassung durch die Lichtspielhäuser der Welt lief. »Der Rebell« hatte Episoden aus den Tiroler Freiheitskämpfen von 1809 zum Inhalt. Die Handlung spielte in den Bergen, diese hatten darin so gut ihren Anteil an dem dramatischen Ablauf wie die nach Freiheit dürstenden und von der Diktatorenfaust Napoleons niedergehaltenen Tiroler Bauern.

Amerika hatte bei meinem ersten Aufenthalt auf mich einen großen Eindruck gemacht. War es die gewaltige Weite und Größe jenes Kontinents oder die Freiheit, die man in diesem Lande körperlich und geistig fühlte, war es die Grandiosität der Bahnen, Bauten und Unternehmungen, die romantische Farbigkeit und Vielfalt der amerikanischen Bevölkerung, die mich bannte, – ich weiß es nicht. Ich liebte das Land und die völlig unbekümmerte Lebenskraft der Amerikaner vom ersten Tag an, und ich bin die Amerikasehnsucht seither nie mehr ganz losgeworden. Vielleicht wohl auch deshalb, weil ich nicht drüben geblieben bin, was ich manchmal bereute, manchmal aber auch nicht.

Wieder in Berlin, litt ich ständig unter Heimweh nach Südtirol, nach der verlorenen Heimat, die von Hitler verraten, unter Mussolinis rücksichtsloser Aussiedlungs- und Italianisierungspolitik schmachtete. Das Heimweh begleitete mich um die halbe Welt. Ich litt darunter in Wien als junger Student genauso wie als Gast im St. Moritz-Hotel am Centralpark in New York oder als kaltgestellter Regisseur während des Krieges in Rom und Venedig. In Berlin schrieb ich aus dieser ungestillten Sehnsucht den Roman und gleichnamigen Film vom »Verlorenen Sohn«. Dies wurde vielleicht mein ureigenster Film, er spielt in den Bergen Südtirols und in der fremden Welt New Yorks.

Überall in Italien konnten die Kinobesucher den »Verlorenen Sohn« sehen, nur in Südtirol nicht. Das war bitter, denn für die Südtiroler hatte ich ihn gedreht. In Bozen herrschte 1935 der faschistische Präfekt Mastromattei, ein Mann, der sich durch besonders dummen Deutschenhaß auszeichnete und der es nicht vertrug, daß man den Südtirolern zeigte, wie schön ihre Heimat, wie tief verwurzelt ihr Gottvertrauen und wie erhebend ihre religiösen Bräuche sind. Meine persönlichen Vorhaltungen wurden in Rom zwar freundlich angehört, doch sagte man, es sei leider nicht möglich, etwas gegen die Entscheidung des Präfekten zu unternehmen. In Rom die Auszeichnung, in der Kolonie Südtirol das Verbot, so sah es aus.

Weiter ging die Arbeit, deren Erfolge ich neben dem technischen Mitarbeiterstab besonders dem Komponisten Dr. Giuseppe Becce, den Mitautoren, Produktionsleitern und vor allem immer wieder dem naturliebenden deutschen Publikum verdanke. Eines habe ich gelernt: Wer sich durchsetzen will, muß kämpfen, darf sich von keiner Niederlage, vor keiner Enttäuschung niederwerfen lassen, muß kämpfen ohne den Humor zu verlieren.

Hatte ich mich bei der Arbeit zum »Verlorenen Sohn« voll Liebe dem hingegeben, was wir unserer europäischen Tradition verdanken, versuchte ich im »Kaiser von Kalifornien« das große Abenteurerschicksal eines schweizerischen Auswanderers zu gestalten. Wieder reisten wir nach Amerika. Diesmal nicht in die Weltstadt, sondern in die weite Landschaft Arizonas und Kaliforniens.

Noch während wir den Sonnenuntergängen, Gewittern und Indianern nachgingen, kam eine Einladung aus Italien, einen Film aus dem Leben Giovanni di Medicis zu entwerfen.

Bei der Biennale in Venedig wurde der »Kaiser von Kalifornien« zum besten internationalen Film des Jahres 1935 erklärt. Inzwischen hatte ich den Entwurf zu »Condottieri« geschrieben, er behandelte den Gegensatz zwischen disziplinlosen Söldnern, Landsknechten und vaterländischen Truppen im mittelalterlichen Italien. Über sechs Monate lang arbeiteten wir mit einem großen Aufgebot von Darstellern in den schönsten Gegenden Italiens, im August 1936 wurde dieser Film fertig. Darin kam der Gegensatz zwischen Goebbels und mir neuerlich zum Ausbruch. Meine Auffassung von der Sendung des Christentums war im Werk deutlich sichtbar geworden, der Film wurde verboten, über Einspruch der Italiener wieder erlaubt, dann zerschnitten und schließlich endgültig zurückgezogen, ich selbst als Pfaffenknecht von den Nazibonzen verschrien.

Im Laufe eines großen Sommers hatten wir Italien erlebt und liebengelernt. Aus vollem Herzen wünschte ich, einmal wiederkommen zu dürfen in dieses schöne Land, das der Menschheit so viel an geistigen Werten und Schönheiten geschenkt hat. Vorsorglich hatte ich am Abend vor meiner Abreise aus Rom eine Kupfermünze in die Fontana di Trevi geworfen, mit dem Rücken zum Brunnen gekehrt, wie es der Brauch verlangte.

Das Matterhorn hielt uns noch immer im Bann, und noch einmal drehte ich die Tragödie Whympers und Carrels unter dem Titel »Der Berg ruft« in einer deutsch-englischen Fassung mit Albert Benitz und Klaus von Rautenfeld an der Kamera.

1938 folgte das mit dem Wiener Autor Hanns Saßmann geschriebene Skilustspiel »Liebesbriefe aus dem Engadin«, das überall gut aufgenommen wurde.

Aus Ablehnung gegen Hitler und seine Rabauken raffte ich mich im ersten Kriegsjahr 1939 noch einmal zur Gestaltung eines Freiheitsthemas auf. »Der Feuerteufel«, dessen Handlung ich nach dem Tiroler Volkshelden von 1809 Josef Speckbacher, frei gestaltete, erlebte ein merkwürdiges Schicksal. Schon während seiner Herstellung wurde er verboten, dann doch wieder erlaubt, am Ende mußte dann die Handlung von Tirol nach Kärnten verlegt und der Name Speckbacher durch einen anderen Namen ersetzt werden, weil Hitler angeblich das Wort Tirol nicht mehr hören wollte.

Als 1939, nach Ausbruch des Krieges, Hitler und Mussolini von den Südtirolern verlangten, ihre Heimat aufzugeben und auszuwandern, widersprach ich. Man fälschte mein Bekenntnis zur Heimat in einen »Verrat« um und stempelte mich zum Renegaten, der sein Vaterland verleugnet. Das von Goebbels verhängte Arbeitsverbot zwang mich, Deutschland zu verlassen. Es kamen bittere Jahre der erzwungenen Untätigkeit. Mein großartig eingearbeiteter und in vielen Jahren und Mühen herangezogener Arbeitsstab, der sich zu einer brüderlichen Kameradschaft zusammengefunden hatte, wurde zerschlagen, meine Firma aufgelöst. Mir blieb kein anderer Ausweg, als Berlin zu verlassen und nach Rom zu gehen.

In der Ewigen Stadt drehte ich den Jubiläumsfilm »Pastor Angelicus«, der anläßlich des fünfundzwanzigjährigen Bischofsjubiläums Papst Pius XII., Eugenio Pacelli, vom Centro Cattolico Cinematografico hergestellt wurde. Im Verlaufe dieser Arbeit hatte ich oft Gelegenheit, den Heiligen Vater, der den Thron Petri in schwerer Zeit, kurz vor Kriegsbeginn, bestiegen hatte, zu sehen. Wie oft rief der Papst in jenen Jahren zur Besinnung auf, wie oft erinnerte er später die Sieger, »daß keines Volkes Glück auf dem Unglück eines anderen Volkes aufgebaut werden kann«.

Das Ende des Zweiten Weltkrieges erlebte ich in Italien. Gleich nach dem Waffenstillstand kehrte ich nach Südtirol zurück, das von alliierten Soldaten besetzt war. Glücklicherweise war die Heimat nur wenig zerstört, so konnten wir manchem deutschen Flüchtling Hilfe gewähren. Mit tiefer Betrübnis erlebten wir die Not jener Menschen, die im Osten ihre Heimat verloren hatten und nicht zurück konnten.

Es dauerte fast ein Jahr, bis ich Frau und Kinder aus dem gastlichen Kitzbühel ins eigene Heim nach Gries bei Bozen bringen konnte.

Das Leben ging weiter, und ich mußte an Arbeit und Verdienst denken, denn ich hatte alles verloren. Die Berliner Villa zerstört, das Geld entwertet, die Filme beschlagnahmt oder verboten, die Bücher seit Jahren nicht mehr gedruckt, die Verleger verzogen. Vorerst schrieb ich das Drama Südtirols aus den Jahren 1939 bis 1945 unter dem Titel »Heimat aus Gottes Hand« als Vorlage zu einem Film. Aber es war nicht möglich, die Finanzierung durchzubringen, man schwelgte bereits im »Silberwald«, also blieb ich vorderhand in Italien und drehte zwei Spielfilme. Wieder in München, bereitete ich die Herstellung eines großangelegten Andreas-Hofer-Filmes zur 150-Jahresfeier der Tiroler Freiheitskämpfe von 1809 mit internationaler Besetzung vor. Charles Boyer war als Napoleon, De Sica als Verteidiger Hofers, Erik Frey als Kaiser Franz I. vorgesehen. Dieses schöne Projekt europäischen Formats wurde durch die Mißgunst einiger im Jahre 1956 »führenden« Nordtiroler Politiker verhindert, die heute längst vergessen sind. Durch kleinliches, von Neid und Dummheit diktiertes Verhalten wurde damit eine wertvolle Chance für das ganze Tirol zerschlagen. Im eigenen Land solchem Mißverständnis zu begegnen, nahm mir die Freude zu diesem Vorhaben, dessen Finanzierung bereits auf internationaler Basis vorbereitet war. Das Drehbuch, an dem ich ein Jahr gearbeitet hatte, kam in die Schublade, in der es noch heute liegt.

Mehrmals versuchte ich vergeblich an die Tradition der alten Filme anzuknüpfen und entsprechende Themen anzufassen. Auf der einen Seite überschwemmten die Amerikaner den Filmmarkt, auf der anderen die neuen Produzenten, welche nach der Zerschlagung der großen deutschen Firmen zum Zuge kamen und sich mit geringen Ausnahmen den Schnulzen zuwandten. Gezwungen, etwas zu verdienen, versuchte ich mit besten Vorsätzen einen Bergfilm über den Eiger zu gestalten, doch der Produzent torpedierte seinen eigenen Film. Es nützte nichts, daß Toni Sailer und andere gute Leute mit dabei waren, der ganze Eiger, das ganze herrliche Jungfraugebiet kam gegen das Unverständnis der Produzenten, die über Besetzungen und Durchführung bestimmten, nicht auf. Daß ich beim Skilauf fünfmal umlernen mußte, machte mir nichts aus, aber das Umlernen auf die Schnulzen, die brutale Krimi- oder gar die Sexwelle, das brachte ich nicht mehr zusammen.

Es hatte bald wenig Sinn, den Produzenten mit Drehbüchern nachzulaufen. Die Jungfilmer schrien lauthals »Papas Kino ist tot«, ohne besseres zu bringen, gewisse Geldgeber witterten Sex, später Pornographie und heute liegt der deutsche Film vollends am Boden! Die »goldene« Leinwand für Oswalt Kolles Filme stellt einen nicht zu übersehenden Markstein der deutschen Filmgeschichte dar. Die öffentliche Moral, wie sie sich heute in einer Reihe von Film- und Druckerzeugnissen bei uns dokumentiert, dürfte auf einen Tiefstand abgesunken sein, der nirgends in der Welt unterboten wird. Ich wuchs in einer Welt auf, in der Religiosität, ideale Weltanschauung, Opfermut und treue Kameradschaft als das Schönste galt, was das Leben geben kann. Dies ist anders geworden. Werte werden zunehmend in Frage gestellt, meist stimmen auch die Worte nicht mehr und wo die Begriffe fehlen, liegen Moral und Recht im argen.

Ein neues großes Betätigungsfeld verdanken Filmregisseure, Darsteller und Autoren der unerwartet raschen Entwicklung des Fernsehens, das vielen von uns und vor allem den Jungen Möglichkeiten zur künstlerischen Betätigung gab. Wie dankbar bin ich einem Schicksal, das mir erlaubte, dem gewählten Beruf weiterhin treu bleiben zu dürfen.

Besonders erfreut war ich über einen Auftrag des Z.D.F., der mich 1971 wieder an jenen Berg führte, der mich vom ersten Augenblick an fasziniert hatte: das Matterhorn. Das Z.D.F. brachte die Dokumentation im Oktober 1974. Meine zahlreichen Fernseherzählungen brachten immer wieder Einladungen zu Vorträgen.

Im Lauf der letzten Jahre habe ich etwa in 120 deutschen und österreichischen Städten gesprochen. Solche Engagements können, so erfreulich und anregend sie auch sind, sehr anstrengend sein, jeden Abend in einem anderen Saal, vor anderem Publikum, tagsüber im Zug, Flugzeug oder Auto, das kostet Nerven, Ruhe und bringt Streß. So kam es, daß ich, älter geworden, nach einer 16tägigen Tournee, in Berlin einen Magendurchbruch erlitt, der mich so schwächte, daß ich kaum mehr im Stande war, mein Hotel zu erreichen. Die durch meine treue Sekretärin am folgenden Tage angerufene Notärztin, eine Frau Dr. Nerdel, der ich verdanke, daß ich noch lebe, war gleich da und brachte mich zu dem hervorragenden Chirurgen Dr. Dietrich Cassau in die Schloßparkklinik in Charlottenburg. Dieser übersah den Ernst meines Zustandes sofort. – – »Verbluten lasse ich Sie nicht. Sie bleiben gleich bei uns. Morgen sehen wir weiter.« – Das war an einem Freitag. Am Sonntag nachmittag um vier Uhr sagte er: »in einer Stunde operieren wir«. Während der Narkose hörte ich sprechen, glaube sogar einzelne, von den Ärzten gesprochene Worte verstanden zu haben. Als ich erwachte, litt ich unter schier unerträglichen Schmerzen, doch die leise, angenehme Stimme der Operationsschwester linderte mein Elend. Ich konnte das himmlische Wesen nur durch eine Art Schleier wahrnehmen, nie werde ich diesen Engel vergessen, auch die anderen Schwestern nicht, die mich geduldig pflegten, besonders eine Blonde, Lustige, die Dora hieß. Dr. Cassau, dieser großartige, liebe Mensch kam täglich zwei bis dreimal, setzte sich an mein Bett, ließ sich Geschichten aus den Bergen erzählen, wir hatten gemeinsame Bekannte, darunter auch den hervorragenden Bergführer Anderl Heckmeier aus Oberstdorf. Cassau liebte die Berge, er war Vollwaise, Flüchtlingskind aus Pommern, hatte die Ordensschule in Oberstdorf besucht. Wir wurden Freunde, ich hatte ihn sehr in mein Herz geschlossen.

Nach vier Wochen durfte ich die Klinik verlassen. Hilda und Florian begleiteten mich nach München, es war, Gott sei Dank, »alles gutgegangen«. Rascher als erwartet erholte ich mich. Dr. Cassau kam mit seinen beiden reizenden Buben nach Südtirol. Gemeinsame Wanderungen in den Bergen meiner Heimat vertieften die Freundschaft. Auch sein Oberarzt, Dr. Ruf und dessen Frau Helga kamen zu uns. Es wurde ein schöner Sommer voll Dankbarkeit.

Doch schlug im Dezember 1975 wie ein böser Blitz die Nachricht ein, Cassau sei tödlich verunglückt, der junge, hervorragende Mensch, Arzt und Helfer nicht mehr am Leben.

Ich konnte und wollte diese schreckliche Nachricht nicht fassen. Erst bei der Trauerfeier in der Dahlemer Dorfkirche erfuhr ich die tragische Ursache. Es war alles so unsagbar traurig. Deutschland hatte einen genialen Arzt, viele Menschen einen edlen Freund, seine vier unmündigen Kinder ihren liebend-sorgenden Vater verloren ...

Über allem was ich empfand, stand stets die Ehrfurcht vor der Schöpfung, die Achtung vor dem Alter, die uneingeschränkte Liebe zu den Eltern und Kindern und der Respekt vor den Erziehern unserer Jugend. Der Ansicht gewisser Kreise, die ganze Erde sei Heimat, konnte ich nie recht folgen, denn wer dies behauptet, kann keine wahre Heimat haben und entbehrt damit vielleicht das Beste was uns dieses Leben gibt.

Es ist lange her, seit ich mit Hans Pescosta die ersten Bergfahrten machte, seit die besorgte Mutter meinen Rucksack packte und mir der Vater Ratschläge mit auf den Weg gab. Und es ist lange her, seit wir in jugendlicher Begeisterung zu den ersten Berg- und Skifilmen ausrückten. Manch guter Kamerad weilt nicht mehr unter uns, einige blieben in den Bergen, andere an den Fronten der beiden Weltkriege, wieder andere verloren Heimat und Existenz im Osten. Mit all der Liebe und Anhänglichkeit, deren mein Herz fähig ist, gedenke ich ihrer.

Fast alle meine Freunde habe ich in den Bergen kennengelernt. Die Liebe zu ihnen ist das Tor zur großen Bruderschaft, der wir alle angehören, wir Kameraden der Berge.

ca. 350 Seiten · Efalin
zuzüglich ca. 32 Seiten Kunstdruck (z. T. farbig)